지속성장 가능한
천년기업의 비밀

지속성장 가능한 천년기업의 비밀

초판 1쇄	2019년 07월 12일
지은이	류호택 김선희 김재중 박성희 엄상경 이대우 이지미 이홍민 최익성
발행인	김재홍
디자인	이근택
교정·교열	김진섭
마케팅	이연실
발행처	도서출판 지식공감
등록번호	제396-2012-000018호
주소	경기도 고양시 일산동구 견달산로225번길 112
전화	02-3141-2700
팩스	02-322-3089
홈페이지	www.bookdaum.com
가격	18,000원
ISBN	979-11-5622-459-4 03320
CIP제어번호	CIP2019023172

이 도서의 국립중앙도서관 출판예정도서목록(CIP)은 서지정보유통지원시스템 홈페이지(http://seoji. nl.go.kr)와 국가자료공동목록시스템(http://www.nl.go.kr/kolisnet)에서 이용하실 수 있습니다.

千年企業秘密

지속성장 가능한

천년기업의 비밀

류호택 · 김선희 · 김재중 · 박성희 · 엄상경 · 이대우 · 이지미 · 이흥민 · 최익성

《경영철학》 《조직제도》 《필요역량》 《조직실행》

지식공감

천년기업을 만들겠다고 주장하면 어떤 이야기를 들을까? 십중팔구 "미친놈!"이란 말을 듣는다. 어쩌면 천년기업은 미친놈들이 하려는 짓인지 모른다. 하긴 요즘같이 2~3년도 예측하기 어려운 상황에서 천년기업을 논한다는 것은 미친 짓일 것이다.

열심히 노력한다고 해서 모두 성공하는 것은 아니다. 하지만 성공한 사람에게 물어보면 모두 열심히 노력했다고 한다. 마찬가지로 천년기업을 꿈꾼다고 해서 천년기업을 만드는 것은 아니다. 하지만 천년기업 꿈을 가진 사람 중에서 천년기업가가 나올 것이다.

마스터풀 코칭 창시자 로버트 하그로브는 불가능한 미래(Impossible Future)를 설정하고 이를 달성하기 위한 계획을 수립하고 실행하는 것이 리더십 역량을 진단한 후, 부족한 리더십을 개발하거나 강점 리더십 역량을 더욱더 발전시키는 것보다 훨씬 효과적이라고 주장했다.

필자 역시 이 주장에 동의한다. 문제는 '불가능한 미래'라는 개념이 모호해서 그런지 보통 사람들은 금방 이해하지 못한다는 점이다. 상당한 설명이 뒤따라야 한다. 실제로 필자도 마스터풀 코칭 개념을 적용하여 모 은행그룹 부행장 다섯 분을 코칭 한 적이 있는 데, 불가능한 미래 목표 설정 세션에서 난관을 만났다. 부행장 중 한 분이 이런 말씀을 하셨다. "불가능한 미래 목표를 왜 설정해야 합니까? 불가능한 목표는

말 그대로 불가능한 목표인데, 굳이 그런 목표를 설정할 필요가 있습니까? 그리고 업의 특성상 그런 목표를 세우기도 어렵습니다."라는 반론이었다. 참으로 난감했다. 어쨌든 마스터풀 코칭은 1년 이상 진행하는 과정이다. 여기서 막혀 버리면 앞으로 나갈 수가 없다.

장애물은 하나 더 있었다. 당시 마스터풀 코칭을 국내에 접목하기 위해 학습그룹에 참여했는데 그 그룹에는 나보다 회사 직위가 상당히 높았던 대기업 그룹 부회장 두 분이 계셨다. 이분 들을 대하는 나의 태도는 지극히 부정적이었다.

심리학적으로 자기보다 지위가 높은 사람을 만났을 때 대응하는 방법은 크게 두 가지이다. 그중 하나는 내가 그들과 친밀함을 보임으로써 나의 지위를 그 사람들 지위로 끌어올리는 방법이다. 다른 방법은 그들을 나보다 못한 사람으로 만들거나 동등한 지위로 만드는 방법이다.

필자는 자신도 모르게 두 번째 방법이 자연스럽게 표출되었다. 그래서 모 부회장께서 어떤 제안을 하더라도 부정적으로 받아들이고 있었다. 마치 별것 아닌 것을 주장한다는 것처럼 이렇게 말하고 있었다. "부회장님! 말씀하신 것 말이죠. 그거 안됩니다. 제가 해 봤거든요."처럼 말이다.

코치는 다른 사람을 있는 그대로 보고 그 사람의 장점을 발굴하여 칭찬도 하고 공감도 해야 한다고 말은 잘하면서도 나는 정작 부정적인 사람이 되어버린 것이다. 이 두 가지가 내가 해결해야 할 숙제였다.

그래서 나 자신에게 이런 질문을 해 봤다. "너는 불가능한 미래 목표를 지금 가지고 있는가? 너도 안 가지고 있으면서 다른 사람에게 불가능한 미래 목표를 설정하라고 요청하는 것은 사기꾼이 하는 짓 아닌가? 코치라면 다른 사람의 장점을 있는 그대로 보고 칭찬해야 하는 데 너는 지금 부정적인 사람이 되어 칭찬도 제대로 하지 못하고 있는 것 아닌가!" 이런 내면의 대화를 했다. 순간 많은 것을 깨우쳤다.

물론 불가능한 미래 목표를 세우고 이를 실천한 경험은 있다. 불가능할 것 같았던 100킬로 울트라 마라톤도, 철인 3종 킹 코스도, 오산 종주도 도전해서 완주했다. 하지만 지금은 아니었다. 그래서 나 자신 불가능한 목표를 세워 보기로 마음먹었다. 그 목표를 "나는 매출 10조 회사의 CEO가 된다. 아니다. 나는 이미 매출 10조 회사의 회장이다."라고 세웠다. 그런 목표를 세우고 나니 내 의식이 지금과는 몇십 배 높게 즉시, 수직으로 상승했다. 대기업 그룹 부회장도 별것 아닌 것처럼 보였다. 의식이 높아지니 칭찬도 쉬워졌다. 원래 칭찬은 윗사람이 아랫사람에게 하는 것이 지극히 정상적이긴 하다. 아랫사람이 윗사람을 칭찬하는 것이 아부로 비추어질 수도 있기 때문이다.

지속성장 가능한 천년기업의 비밀

이 경험을 통하여 나는 소중한 것을 깨달았다. 자신의 마음속 지위는 아무 때나 무한대로 얼마든지 높게 올릴 수 있다. 그런 지위로 사람들을 바라보면 직위에 상관없이 사람들의 장단점을 있는 그대로 볼 수 있고 업무의 해결책도 쉽게 발견할 수 있다는 것을 몸소 체험했다. 이런 경험을 바탕으로 모 은행 부행장님께 "제가 불가능한 미래 목표를 세우다 보니 제 칭찬 역량이 수직으로 상승했습니다. 부행장님도 그런 경험이 있으실 것 같은데 어떠신가요?"라고 질문하니까 부행장께서 쉽게 이해하셨다. 물론 그 이후 마스터풀 코칭이 잘 마무리됐음은 두말할 필요가 없다.

또 다른 경험은 중소기업 사장 코칭 세션에서 임원들의 인사처리가 이슈였다. 그래서, 해결책을 찾을 수 있도록 다양한 질문을 했으나 해결책을 찾지 못했다. 한참을 고민하다가 "사장님이 만약 천년기업가라면 이 이슈를 어떻게 해결하시겠습니까?"라고 질문하니까 그 사장님은 편안하게 "내가 천년기업가라면 이렇게 하겠습니다."라고 하는 것이었다. "옳다구나 이거로구나!"라고 하면서 무릎을 '탁' 쳤다. 이분에게는 불가능한 미래나 10X 개념이나, Moon Shot Thinking 같은 개념을 설명할 필요가 없었다. 바로 "당신이 천년기업가라면 어떻게 하시겠습니까?"라는 질문만 하면 됐다.

그런 경험이 있고 난 후 천년기업을 실제로 만들어야 하겠다는 꿈을 가졌다가 '천년기업가를 양성하는 방향'으로 전환했다. '성공한 기업가가 강의를 시작하거나 잡지 표지 모델을 장식하면 그 회사는 망하게 된다.'는 말이 마음을 뒤흔들었다. 성공한 기업가가 강의를 시작하면 회사 일에 몰두하는 것보다 자신을 드러내고 자랑하는 데 많은 시간을 쏟게 된다. 더구나 과거의 성공 경험이 새로운 상황에서는 걸림돌이 되는데 시간에 쫓기다 보니 지시할 수밖에 없다. 이런 상황이 계속된다면 회사가 망하겠다는 생각을 했다. 이런 통찰이 천년기업가를 양성하겠다는 생각으로 마음을 굳힌 이유이다

천년기업 리더십이란 굉장히 높은 목표를 세운 후 성과를 달성하면서도 지속성장 가능한 기업을 만드는 것이다. 좀 더 간단히 줄이면 BHAG와 함께 천년 동안 지속성장 가능한 기업을 만드는 리더십이다. BHAG는 굉장히 높은 목표로 Big Hairy Audacious Goal의 약자이다.

천년기업 리더십은 사장에게만 필요한 건 아니다. 부하가 1명이라도 있다면 자기가 맡은 업무를 천년기업이라고 생각한 후, 사장이 이미 됐다는 생각으로 리더십을 발휘하라는 것이다.

지속성장 가능한 천년기업의 비밀

　필자는 천년기업가 양성과정을 2018년 3월 5일부터 2019년 2월 25일까지 1년간 운영했으며 8명의 졸업생을 배출했다. 이 중에는 CEO도 있지만, 임원이나 팀장급도 있다. 이들 중 CEO가 아닌 분들도 자기 업무를 하나의 회사로 생각하고 회사에 다니는 동안에도 천년 기업가 정신으로 일하고 있다. 괄목할만한 성과도 내고 있다.

　2기는 2019년 3월 4일부터 1년간 진행된다. 필자는 이 과정을 힘이 닿는 데까지 참여자들과 함께 운영할 것이다. 그분들 중에 누군가 이 과정 진행을 이어받을 것이고, 그분들 중에 천년기업의 기초를 다진 후 후계자에게 물려주는 천년기업가가 나올 것이다.

　본 저서는 이 과정에서 사용한 칼럼과 참여자의 글, 그리고 워크숍에서 작성해 보았던 내용을 모아서 수정 편집 후 발간하는 것이다. 부디 우리나라에 많은 천년기업가가 나오길 기대한다. 특히 천년기업가 과정 졸업생 중에 천년기업가가 나오길 기대하면서 이 책을 펴낸다. 이 책 출판에 도움을 주신 모든 분에게 감사를 드린다.

2019년 6월

대표 저자 **류호택**

추천사

100년 기업을 넘어서 1000년 기업의 영속하는 비밀은 무엇일까? 책을 읽어보면 천년기업은 실제적 의미보다는 은유적 의미가 담겨 있다. 한 마디로 시간을 초월해서 작동하는 기업의 원리가 있다면 어떤 원리일까를 규명한 책이다. 천년기업이 되었다는 것은 어떤 원리가 시간의 검증을 통과했다는 뜻이다.

저자는 자신이 체득한 경영의 노하우와 코치로서의 경영자들과의 대화, 천년기업 리더십 과정을 운영하면서 성찰한 모든 지식을 원리로 단순화해서 이 책에 녹였다. 인생을 살아가면서 많은 고난을 극복해 얻은 체득한 값진 지혜들을 이 책 한 권을 통해서 습득할 수 있다는 사실이 놀랍다.

책에는 특히 천년기업의 경영자로서 가져야 할 리더십에 대해서 많은 실질적 혜안들이 담겨 있다. 천년기업의 경영자들은 어떤 경영철학을 준비해야 할까? 조직의 사명과 비전을 정했다면 이들과 정렬된 조직을 어떻게 설계해야 할까? 조직이 천년기업으로의 원활한 행보를 위해 어떤 역량을 훈련해야 할까? 실제로 조직을 운영하는 데는 어떤 난관이 있을 수 있으며 이를 어떻게 극복해야 할까? 이와 같은 리더들이 마주칠 수 있는 현실적 질문들에 대해 현실적 시각을 잃지 않고 답변하고 있다. 또한, 저자는 동서양의 고전에 대한 해박한 지식을 동원해 이런 경영의 과정을 제대로 함을 통해 경영자의 인격이 어떻게 제대로 숙성

될 수 있는지에 대해서도 조언을 아끼지 않는다.

또한, 이 책은 공동저술서이기도 하다. 실제 천년기업 리더십 과정에 참여하신 분들의 천년기업에 대한 설계도와 리더십에 대한 경험도 담겨 있어서 창업을 꿈꾸는 분들에게는 특별히 값진 선물이다.

아무쪼록 천년기업을 향한 혜안들을 천년기업을 꿈꾸는 사람들이 창업을 시작할 수 있는 시작점으로 받아들여서 이 원리들을 더 나은 자신만의 원리로 진화시키고 그 결과 자신만의 천년기업들이 완성되는 체험을 할 수 있기를 기원한다.

2019년 6월
이화여자대학교 경영대학 **윤정구** 교수

천년 지속 가능한 기업이 존재할 수 있을까! 이 담대한 주제로 책을 쓴다는 것은 '생각의 크기'가 크기 때문에 가능한 일이다. 우리는 오랫동안 '생각의 깊이'를 강조하는 환경 속에서 살아왔다. 한 우물을 깊이 파야 성공하던 시절이었다. 지금은 생각이 커야 성공하는 시대가 되었다. 이 세상 모든 것이 연결되는 연결 경제의 시대가 되었기 때문이다. 스티브 잡스도, 빌 게이츠도, 소프트뱅크의 손정의 회장도, 알리바바의 마윈 회장도 생각의 크기로 성공할 수 있었다. 생각이 커야 생태계도 키워갈 수 있고 플랫폼도 키울 수 있다.

국가공무원 교육을 책임지고 있는 중앙공무원교육원에 원장으로 취임해서 교육 혁신을 할 때 내걸었던 지표가 '생각의 틀을 바꾸자'였다. '첫째, 생각의 크기를 바꾸자. 둘째, 생각의 속도를 바꾸자. 셋째, 생각의 순도를 바꾸자.' 였다.

명칭은 국가공무원인데 임용 후 몇 년만 지나면 국가공무원이 아니라 부처공무원으로 전락하고 마는 게 현실이다. 이렇게 해서는 국정 전반이 보일 리 없고 부처 간 협업도 이뤄질 수 없다. '부처의 벽을 넘어 나라 전체를 생각하라. 국경을 넘어 지구촌 전체를 생각하라. 그리고 과거와 현재를 넘어 넓은 미래를 생각하라.' 이런 목표를 가지고 교육과정을 근본적으로 고쳐나갔다. 생각이 좁으면 현실에 안주하게 되고 성장이 멈추다가 결국 쇠퇴하게 된다.

지금 대한민국 경제가 어렵다고 아우성이다. 경제뿐만 아니라 사회적
으로도 대변혁과 그에 따른 불확실성으로 불안감이 퍼지고 있다. 사실
이럴 때가 통찰력과 지혜, 그리고 도전정신이 필요하다. 저자는 바로
이 문제를 지적하고 있다. 지금 새롭게 도전해서 천년기업의 씨앗을 뿌
리자는 것이다. 참으로 시의적절한 제안이다. 코칭의 소중함도 새삼 일
깨워주고 있다. 담대한 꿈을 실행하는 것은 자신의 역량만으로는 불가
능하다. 지혜로운 코치가 필요한 것이다.

스티브 잡스와 빌 게이츠는 동년배로 21세기 신문명을 개척한 위대
한 기업인들이다. 천재성은 스티브 잡스가 더 높았다는 게 세상의 평이
다. 그러나 스티브 잡스는 온갖 굴곡을 겪으며 사업에서도 부침이 컸고
가정적으로 행복하지 못했다. 결국, 젊은 나이에 병을 얻어 일찍 세상
을 떠나고 말았다. 반면에 빌 게이츠는 사업으로도 큰 성공을 했고 부
인 멜린다 게이츠와 자선재단을 세워 인류 공헌을 지속해서 하며 많은
사람의 존경을 받고 있다. 이 위대한 기업인들의 운명을 바꾼 요인이
바로 코칭이다. 빌 게이츠 곁에는 워런 버핏이라는 위대한 코치가 있었
다. 버크샤헤서웨이 회장으로 미국에서 가장 현명한 투자가이자 현인

이라는 명성이 있는 워런 버핏 회장과 빌 게이츠는 오랫동안 멘토와 멘티로, 코칭 파트너로 사업뿐만 아니라 인생사를 상의해 왔다. 모든 면에서 빌 게이츠가 전혀 뒤질 게 없었는데 결정적 차이는 바로 코칭에 있었다.

　제4차 산업혁명이라는 거대한 신문명이 시작된 지금 이 책이 많은 분에게 통찰력을 일깨우는 데 큰 도움이 될 것으로 기대한다.

2019년 6월
한국협업진흥협회 **윤은기** 회장

C O N T E N T S

머리말   4
추천사   10

Chapter 1 | 천년기업 경영철학과 비전

천년기업의 경영철학과 시스템   23
천년기업가의 비전   28
불가능한 미래에 도전하라   34
천년기업가가 가져야 할 기업가 정신   37
미래기업의 영속조건 사회공헌   41
천년기업가의 존재 방식   44
사장의 경영철학과 비전은 공명한다   49
천년기업가의 자기발견   52
천년기업가의 자기 믿음   56
천년기업가는 항상 깨어있어야 한다   61
천년기업가의 제품 철학   65
천년기업가의 회계철학   69
구성원들의 기업가 정신을 어떻게 만들 것인가?   73

Chapter 2 | 천년기업 조직문화와 운영 시스템

변화시도 뒤에는 항상 새로운 문제가 똬리를 틀고 있다　　81

작은 징후에서 큰 징조를 발견하라　　84

천년기업가라면 미래학자처럼 변화를 연구하라　　88

기업가 정신은 사장이 만든다　　93

천년기업 비전으로 예측경영 문화를 정착하라　　96

천년기업가의 인재육성 시스템　　99

천년기업가의 인재선발 시스템　　103

천년기업가의 초석 후계자 선발육성 시스템　　109

천년기업가의 후계자 선발육성 시스템　　113

천년기업가의 리더 발굴육성 시스템　　118

천년기업가의 마케팅과 이노베이션　　123

천년기업가의 실패학　　127

좋은 기업문화가 천년기업을 만든다　　132

Chapter 3 | 천년기업 리더의 필요 역량

천년기업 리더십 왜 필요한가   139

리더의 4가지 유형   143

난관은 축복에 앞서 신이 우리에게 준 선물   149

사장의 겸손함은 변화 적응의 필수조건   153

리더의 겸손   156

리더의 결단력   159

결단도 중요하지만 초심유지는 더욱 중요하다   162

리더의 약속   167

리더의 질문   171

회장의 질문   174

리더의 시간 관리   178

리더의 기다림   182

리더의 시각   188

천년기업가의 젊은 세대의 이해   194

천년기업가의 스트레스 조절   199

천년기업 사업가의 협상대화모델   203

창의성이 4차 산업혁명의 승패를 좌우한다   209

무관심보다는 부정적 피드백   213

운동과 영성   216

직장인의 성공요소 PRO-A   220

천년기업가의 영업철학과 대화모델 ENVCP   227

존중과 기대를 담은 분명한 요청은 마음을 흔든다   232

감동적인 관계는 성과는 물론 건강과도 연결된다   235

중년위기 리더가 자신에게 해야 할 질문   240

중년위기 리더에게 가족은 마지막 버팀목이다   243

Chapter 4 | 천년기업 리더의 실행력

청년기업가의 경영자문 그룹   249
선언의 힘을 활용하여 실행력을 높여라   253
실행력 어떻게 높일 것인가?   257
천년기업가의 성공적 경영혁신   263
천년기업가의 조직 한 방향 정렬   267
천년기업가의 조직실행력   271
구성원의 마음을 얻어야 4차 산업혁명에서 살아남는다   279
천년기업가의 걸림돌   283
천년기업가의 위기관리   287
임원에게도 동기부여가 필요하다   291
환경변화에 선제적으로 대응하라   294

Chapter 5 | 천년기업가 과정 사례와 참여자 소감

천년기업의 비결   301
모든 구성원이 공감하는 경영철학만이 살아남는다   306
천년기업가는 구성원을 어떻게 대하면 좋을까?   309
교육과정에서 얻은 통찰   312
천년기업가 과정에서 천년기업 가능성을 보았다   317
조직은 절대 리더의 크기를 넘어설 수 없다   320
천년기업가과정 참여자 플랜비디자인의 사례   323
천년기업가 과정 참여자 선언   338

에필로그   358
부록   367

Chapter **1**

천년기업
경영철학과 비전

천년기업의
경영철학과 시스템

천년기업을 주장하면 '미친놈'이란 말을 듣는다. 하지만…

"천년기업가가 된다고 하니까 사람들이 '미친놈'이라고 합니다." 천년
기업가 과정에 참여하고 있는 어느 사장님의 이야기다.

천년기업을 주장하면?

우리나라에 천년기업은 없었다. 앞으로는 어떨까? 천년기업을 꿈꾸는 사람이 한 명도 없다면 천년기업은 존재하지 않을 것이다. 하지만 천년기업 꿈을 가진 사람이 한 명만 있더라도 가능성은 제로가 아니다. 그런 면에서 필자가 1년 과정으로 운영하는 천년기업가 양성과정 1기에 8명이 졸업하였다. 2019년 3월 4일 2기가 10명으로 출범하였다. 매년 3월 새로운 사람이 천년기업가 양성과정에 참여할 예정이니 천년기업가가 나올 확률은 그만큼 높아지고 있음은 확실하다.

우리나라엔 없는 천년기업이 일본에는 7개나 된다. 놀랄 일 아닌가. 그 중 대표적인 기업이 백제인이 만든 곤고구미이다. 곤고구미는 건축 장인인 류중광[柳重光, 곤고 시게미쓰(金剛重光)]이 서기 578년에 세운 건축회사로 1428년간 존속했다. 곤고구미는 2006년 1월 16일, 40대 당주 곤고 마사카즈가 투자를 잘못하여 파산했지만 지금도 회사명은 그대로 유지되어 명맥을 이어오고 있다.

한국은행 발표자료에 따르면 전 세계에 200년 이상 된 기업은 41개 국에 5,586개사인데, 이중 절반 이상인 3,146개사가 일본기업이다. 다음으로 독일기업이 837개사로 뒤를 잇고 있으며, 네덜란드가 222개사로 세 번째이고, 프랑스는 196개사로 네 번째이다. 반면에 한국에는 200년 이상 된 기업이 하나도 없다. 100년 이상 된 기업도 두산(1896년)과 동화약품(1897년) 정도이다. 반면에 일본에는 1천 년 이상 된 기업이 7개, 500년 이상 기업이 32개가 있으며 100년 이상 기업은 5만여 개라고 한다. 이들 장수기업의 비결은 다음과 같다.

지속성장 가능한 천년기업의 비밀

■ 장수기업의 비결

> ① 본업 중시　　　　② 신뢰 경영　　　③ 장인 정신
> ④ 혈연을 초월한 후계자 선정　⑤ 보수적 기업 운영

위 내용을 요약하면, 중심축 역할을 하는 경영철학이 정신적인 버팀
목으로 살아 숨 쉬었다는 것이다.

그렇다면, 천년기업이 되려면 경영자는 어떤 경영철학으로 기업을 운
영해야 할까?

첫째, 인간의 근본을 바탕으로 한 경영철학이 있어야 한다.
경영철학은 정신적 통일을 이루게 함은 물론 목적지를 가리키는 역
할을 한다.

둘째, 핵심가치가 실제로 작동해야 한다.
핵심가치는 배의 방향키와 같은 역할을 한다. 어떤 기준으로 일할 것
인지를 알려준다.

셋째, 구성원들이 천년기업가 마인드로 일해야 한다.
포함할 내용에는 구성원과 고객은 물론 사회에 어떻게 이바지할 것
인지에 대한 철학을 구성원들이 공유해야 하며, 이런 철학을 바탕으로
제품을 생산하고 공급하고, 서비스를 제공해야 한다.

넷째, 행동철학이 있어야 한다.

경영자 자신뿐만 아니라 구성원들이 소명의식을 가지고 자발적으로 움직일 수 있는, 인간 심리를 이해하는 행동철학이 필요하다.

다섯째, 태도의 철학이 있어야 한다.

태도가 모든 것(Attitude is everything)이란 말을 깊이 되새겨 봐야 한다.

여섯째, 조직운영 철학이 있어야 한다.

인구는 시대에 따라 변한다. 변하는 세대가 구성원이 되기도 하고 소비자도 된다. 진화하는 세대에 적용될 수 있는 조직운영철학으로 조직을 한 방향 정렬시킬 수 있어야 한다.

일곱째. 기업이 어떻게 사회에 공헌할 것인지 공표해야 한다.

지금처럼 초연결 시대에 독이 되는 기업은 생존하지 못한다. 얼마 전 만난 고위 공무원이 말한 "기업 내부의 비리가 정부 감사기관에 거의 실시간으로 제공되고 있다."라고 한 말을 경영자는 깊이 생각해 봐야 한다.

여덟째, 천년기업을 만들기 위해 매일 할 것을 정해야 한다.

행동하지 않는 꿈은 염불에 불과하다.

다음으로 천년기업가는 철학이 담긴 시스템을 만들어야 한다.

■ 철학이 담긴 시스템 항목

① 후계자 발굴육성   ② 인사관리   ③ 회계관리   ④ 영업
⑤ 생산   ⑥ 품질   ⑦ 서비스   ⑧ 마케팅

천년기업은 미친놈들이 하는 짓일지 모른다. 하지만 '미치지 않으면 미치지 못한다.'라는 말을 되새겨 봐야 한다. 꿈꾸지 않고 노력하지 않았는데 어느 날 갑자기 기적이 일어난 예는 없다. 꿈꾸고 노력한다고 해서 모두 성공하는 것은 아니다. 그러나 성공한 사람에게 물어보면 모두가 다 꿈꾸고 노력했다고 한다.

일본인이 가장 존경하는 사람은 '료마'이다. '료마'는 하급 무사 출신이지만 일본의 메이지 유신의 근본 철학을 만들고 일본을 선진국으로 만든 '미친놈'이다. 불행하게도 우리에겐 료마 같은 '미친놈'이 근세에 한 명도 없었다. 그래서 36년간 일본에 종속됐던 것 아닌가?

아직도 우리나라 기업 중에 천년기업이 될만한 회사가 잘 보이지 않는다. 왜 우리나라 기업인들은 자기 밥그릇 챙기기에만 그렇게도 급급할까? 안타깝다. 천년기업가는 '료마'처럼 없던 길을 개척해 가는 사람이다. 그만큼 힘들 것이다. 이럴 때 자기의 고민을 함께 나누고 상의할 생각 파트너 코치를 두면 좋다. 적당한 코치가 없다면 자신 분야의 전문가들을 자주 만나는 것도 좋고, 천년기업가 과정에 있는 사람과 교류하거나 천년기업과 과정에 참여해도 좋다.

분명한 것은 천년기업가의 꿈을 가진 사람 중에 반드시 천년기업의 기초를 다지는 사람이 나올 것이고, 후세에 천년기업이 나올 것이라는 점이다.

천년기업가의 비전

비전은 갑자기 떠오르지 않는다. 평소에 생각하고 또 생각하고, 머리가
터지도록 생각해야 겨우 떠오른다. 2~3일 정도 생각했더니 번쩍하고 떠
오를 만큼 간단한 것이 아니다. - 손정의

호구지책(糊口之策)으로 기업을 운영하겠다는 사장과 천년기업을 만들
겠다는 사장은 무엇이 다를까? 아마도 근본적인 기업 운영철학이 바뀔
것이다.

실제로 월수입 천만 원만 보장된다면 환갑이 됐을 때, 회사 경영을
접겠다는 50대 사장에게 위의 질문을 해 봤다. 이 질문에 그는 삶의
활력을 찾았음은 물론 지금과는 전혀 다른 경영을 하고 있다. 구성원
들을 중요한 자산으로 보기 시작했으며 천년기업을 만들기 위한 경영
철학을 다시 한번 정리하는 시간을 가졌다. 기업의 재무적 투명성과 소
통의 중요성을 깨닫고 후계자를 어떻게 양성할 것인지 고민하고 있다.

그에게 통찰을 준 또 다른 질문은 "사장님이 몇 세까지 살 수 있겠느
냐?"는 질문이었다. "100세 시대를 살아야 하는 지금 60세에 은퇴하면

나머지 40년은 무엇을 하겠느냐?"는 질문이다. 40년이란 시간은 결코 짧은 시간이 아니다. 대학을 졸업하고 30세에 직장생활을 시작해서 60세에 은퇴했다면 그 시간은 30년이다. 은퇴 후 앞으로 그것보다 더 긴 시간이 될 수도 있는 "3~40년을 아무것도 하지 않고 사는 삶이 과연 행복할까?"라고 질문하자 그는 깊은 생각 끝에 천년기업을 만드는 것이 좋겠다고 다짐했다. 물론 이분이 천년기업의 기초를 만들 수도 있고 못 만들 수도 있겠지만, 어떻든 경영 스타일은 완전히 바뀌었다.

천년기업을 만들겠다는 생각을 하든, 하지 않든, 고도화된 정보화 사회는 이런 기업 경영마인드를 요구한다. 그렇지 않은 기업은 도태될 수밖에 없다. 한마디로 재무적 투명성이 보장되지 않는 기업, 소비자나 이웃을 생각하지 않는 기업은 그 사실을 숨길 수 없는 사회가 도래했다.

비전은 기왕이면 큰 비전을 갖는 것이 좋다. 50년 기업을 만들겠다는 사람과 1000년 기업을 만들겠다는 사람의 생각은 다를 수밖에 없다.

생각의 폭이나 깊이도 달라진다. "비전은 현명한 도박이다. 얻을 때는 모든 것을 얻을 것이고 잃을 때는 하나도 잃은 것이 없다. 그러므로 주저하지 말고 비전을 믿어라."라고 한 '블레즈 파스칼'의 말을 곰 씹어 볼 필요가 있다. 천년기업 비전을 갖는다는 것은 잃을 것이 없는 게임이다.

지금까지 천년을 이어온 기업은 별로 없다. 국가도 별로 없다. 단지 로마나 신라 정도가 천년을 이어온 국가이다. 천년기업을 만들겠다는 마음을 가진 사장이라면 이들 두 나라에 배워야 할 것이다. 이들 두 나라가 천년을 이어온 배경에는 정신적인 통일을 기할 수 있는 이념이 있었다. 신라는 불교라는 종교이념으로, 로마는 기독교라는 종교이념을 바탕으로 정신적 통일을 기했다. 이들 종교의 밑바탕에는 인간의 근본을 생각하는 철학이 깔렸기 때문에 2천 년 이상을 유지해 왔으며 지금도 번성하고 있는 것으로 보인다. 다행히 우리나라는 500여 년을 유지한 고려나 조선이 있다. 이들 두 나라는 불교와 유교란 정신적 통일 이념 외에 왕과 소통할 수 있는 제도와 전횡을 금지하는 제도로 백성을 생각하는 정치를 하도록 시스템화한 것이 큰 역할을 한 것으로 보인다. 한편 중국 왕조는 길어봐야 300여 년을 유지했다. 천하를 통일한 진시황은 진나라를 통일 후 겨우 16년(진秦, 기원전 221~206)을 유지했을 뿐이다.

이유는 무엇일까? 가장 큰 원인은 백성을 생각하지 않은 것이라고 본다. 어떤 왕은 백성을 자신의 재산으로 생각하고 사냥 연습대상으로 백성에게 활을 쏜 군주도 있다.

당신이 만약 천년기업을 만들겠다는 꿈이 있다면 먼저 구성원과 이웃을 먼저 생각하는 경영이념과 가치, 그리고 비전을 만들어야 한다. 그렇게 되면 자신의 리더십 스타일과 경영 스타일이 지금과는 전혀 다른 모습으로 나타나 구성원들의 마음을 얻을 수 있게 된다.

어떤가? 천년기업을 만들어 보겠다는 생각으로 기업을 경영하는 것은 잃는 것이 없는 게임이라고 생각되지 않는가?

회사는 리더의 비전만큼 성장한다. 천년기업 비전이 천년기업을 만든다

'우리 회사는 어느 정도까지 성장할 수 있을까?'

최고경영자의 비전만큼 성장한다. 그 이상은 절대 성장하지 못한다. 만약 어쩌다 그 이상으로 성장했다면 중대한 위기에 봉착했다는 신호이다. 머지않아 핵심인재가 빠져나가게 될 것이고 회사는 쪼그라들 것이다. 그 원인은 대부분 최고경영자가 경영철학이나 시스템으로 운영되지 않거나, 역량이나 실행력이 부족하기 때문이다.

구성원들이 가장 싫어하는 것은 공과 사를 구별하지 못하는 것이다. 내 돈이 회삿돈이고 회삿돈이 내 돈이라는 생각을 하게 되면 회사는 절대 성장하지 못한다. 이런 경우, 최고경영자가 약간의 리더십을 변화시키는 것만으로는 문제를 해결하지 못한다.

아인슈타인은 매일 같은 행동을 반복하면서 다른 결과를 기대하는 것은 '미친 짓'이라고 했다.

리더의 그릇 크기는 최고경영자의 경영이념 또는 사명, 핵심가치와 같은 경영철학과 비전으로 결정된다. 경영이념이나 사명에는 공과 사를 구별한다는 내용 외에 이웃과 사회에 공헌하겠다는 내용이 포함되어야 하며 이것이 실제로 작동해야 한다. 즉 경영이념이나 핵심가치가 액자 속에서 잠자면 안 된다.

최고경영자의 진정성은 조직문화에 절대적 영향을 준다. 기업 성장과 영속성 유지에 중요한 요소다. 최고경영자에게 진정성이 없다는 것은 외부로 유출되면 안 되는 치명적 약점을 가지고 있다는 말이다. 지금처럼 높은 도덕성이 요구되는 초연결 사회에서 회사의 치명적 약점을 숨기기는 불가능하다. 이 점은 기업뿐만 아니라 국가도 마찬가지이다. 대통령의 진정성은 경제 성장에서 제일 중요한 요소다.

사업 초기부터 원대한 꿈을 가지고 사업을 시작하는 것도 좋다. 하지만 이보다 먼저 비전체계를 정립해야 한다. 비전체계에는 경영철학이 포함된 경영이념, 구성원들이 일하는 방식의 기준 역할을 하는 핵심가치, 가슴 설레는 꿈이 포함된 비전, 꿈을 실현하게 하기 위한 전략이 포함되어야 한다. 꿈은 클수록 좋다. 단 이런 경우 목표를 잘게 나눠서 매년 달성할 구체적 목표를 설정해야 한다.

회사 기반이 닦여진 경우라면 근본인 경영철학부터 점검해 볼 필요가 있다. 경영체계에는 인간 심리를 바탕으로 한 경영이념이 밑바탕에 깔려있어야 하며 사장은 몸소 이를 실천해야 한다. 도중에 이 일은 한다는 것은 뼈를 깎는 고통을 수반하게 된다. 이를 감내할 준비를 하고 실행해야 한다. 혁신은 몸을 바꾸는 과정이기 때문이다.

회사 규모가 작다고 해서 철학이 작을 필요는 없다. 단지 관리 시스템은 다르게 해야 한다. 1인 회사는 자신이 모든 걸 다 해야 하지만, 10명, 100명, 10,000명인 회사는 모두 다르게 권한위임을 해야 한다.

조직문화는 처음부터 천년기업이 된 것처럼 아주 크게 만들어 운영하는 것이 좋다. 그 후 새로운 사람이 들어왔을 때, 그들로 인해 기업문화가 흔들리게 해선 안 된다. 이미 만들어진 천년기업문화에 그들이 녹아들 수 있도록 해야 한다.

사업 초기부터 천년기업가의 입장으로 기업을 시작하는 것과 10년 기업을 만들겠다고 시작하는 것은 발상과 해결책이 전혀 다른 모습으로 나타난다. 이런 점에서 로버트 하그로브가 제창한 마스터풀 코칭 개념은 아주 유용하다. 마스터풀 코칭 개념은 자신의 부족한 리더십 역량을 보완해서 성과를 내는 것이 아니라 처음부터 굉장히 높은 목표, 즉 불가능한 미래(Impossible Future) 꿈을 만들어 놓고, 역으로 어떤 리더십을 발휘할지를 생각해 보고 행동하라는 것이다. 이는 다른 말로 표현하면 Reverse Re-engineering Leadership이다. '불가능한 미래'라는 말은 일반인들이 이해하기 어렵다. 여기서는 이 개념에 '지속성장 가능 경영'이란 개념을 합쳐 '천년기업' 또는 '천년기업리더십'으로 정의한다.

지속성장 가능한 천년기업의 비밀

천년기업의 꿈을 가졌다면 지금부터는 어떤 난관도 감사하게 배우면서 극복한다는 자세로 매일 하루하루를 최고로 멋있게 사는 것이다. 천년기업리더십은 과정을 먼저 즐기는 것이다. 그런 생활이 지속되면 천년기업은 덤으로 얻게 된다. 너무 큰 꿈을 매일 쳐다보면 지친다. 천년기업이란 방향성 또는 목적지를 잃지 않으면 된다.

북한산을 오르다 보면 중턱에서 끝이 보이지 않는 계단을 만난다. 그 끝을 바라보고 올라가다 보면 포기하고 싶은 마음이 든다. 포기하기도 한다. 하지만 한 발짝을 갈 수 있는지에 집중하다 보면 어느새 정상에 다다르게 된다.

한 계단도 올라갈 수 없을 정도로 힘이 빠졌다면 멈춰 서서 쉬는 것이 좋다. 에너지를 보충될 때까지 쉬는 것이 좋다. 쉬면서 자신에게 이런 질문을 해 보라. "정말 나는 한 계단도 올라갈 수 없을 만큼 힘이 빠졌는가? 한 발자국을 올라갈 수 없는지 증명해 보았는가?"라는 질문을 하면서 한 발짝을 내디뎌 보라. 한 발짝이 띄어지면 한 계단을 올라가라. 힘들면 다시 쉬면 된다.

이 방법은 필자가 오산 종주를 완주하면서 얻은 교훈이다. 오산 종주란 불암산–수락산–사패산–도봉산–북한산을 13시간 안에 완주하는 경주다. 오산 종주의 마지막 산이 북한산인데 북한산 정상을 가기 전에 중턱에서 까마득한 계단을 오르면서 완주한 경험을 나타낸 것이다. 이런 방식으로 하루하루를 살다 보면 천년기업의 초석을 다지는 문화를 만들어질 것이다. 이런 문화 속에서 다음 세대들이 역사에 남을 천년기업을 만들어 갈 것이다.

불가능한
미래에 도전하라

우리는 흔히 엄청난 업적을 이룬 사람을 만났을 때 자신의 초라함을 함께 본다. 이때, 자신을 비하하기도 하지만 그들이 운이 좋았을 뿐이라고 폄하도 한다. 반면, 그들을 자기 수준으로 끌어내려서 동류로 만들기도 한다. 친밀감을 나타내며 그들과 동류라고 자랑하기도 한다. 이런 행동은 심리적으로 현재의 자신을 보상받기 위한 지극히 정상적인 행동이다.

하지만 리더로서 이런 행동은 존경받을 만한 행동은 아니다. 사람은 자신의 생각과 다르게 행동할 순 있지만, 표정을 바꾸긴 어렵다. 어느 누구라도 조금만 주의를 기울이면 겉과 속이 다름을 금방 알아차릴 수 있다.

리더라면 자신보다 훌륭한 사람들의 장단점을 객관적으로 바라보고 그들의 장점을 칭찬할 수 있어야 한다. 자신보다 훌륭한 부하나 상사의 마음을 얻는다는 것은 유비가 제갈량을 얻는 것, 또는 유방이 장량을 얻는 것만큼 소중한 일이다. 겸손한 사람은 이런 행동이 쉽겠지만 자만심이 있는 사람은 이런 행동을 절대 못 한다.

마음을 얻는 방법은 객관적으로 그들을 바라보고 장점을 칭찬하는 데서 시작한다. 하지만 이것이 쉽지 않다. 더구나 부하가 상사를 칭찬하는 것은 여간 어려운 것이 아니다. 이런 경우, 자신의 의식 수준이나 마음속 지위를 그 사람보다 높게 올려놓으면 객관적으로 그들을 바라볼 수 있다. 칭찬도 쉽게 할 수 있다. 그들이 부회장이라면 의식 수준을 회장으로, 그들이 국내 기업의 회장이라면 세계적 기업의 회장으로 의식을 올려놓으면 된다. 천년기업가로 의식을 올려놓으면 된다. 그렇게 되면 아무리 훌륭한 사람이라도 객관적으로 바라볼 수 있다. 있는 그대로 그들의 장점을 칭찬할 수 있다.

이렇게 그들의 장점을 칭찬해 주면서 도움을 요청하면 그들은 기꺼이 당신을 도울 것이다. 사람들은 다른 사람을 도울 때, 더욱더 큰 행복을 느끼기 때문이다.

칭찬은 상사가 부하에게 하는 것이 지극히 자연스러운 일이다. 부하가 상사를 칭찬하는 것은 아부일 것 같아 사람들이 꺼린다. 하지만 상사보다 마음속 지위를 높게 올려놓으면 그들도 부하가 된다. 훌륭한 사람보다 마음속 지위가 높으면 이들을 질투하거나 부러워할 이유가 없어진다. 그냥 객관적으로 바라볼 수 있는 대상이 된다.

이런 마음을 아래와 같은 글로 표현해 봤다.

휘몰아치는 태풍에 꿋꿋하게 서 있는
장엄한 바위를 바라보면
놀랍기도 하지만 왠지 자신이 위축된다.

수천 년을 살아온 큰 고목 앞에 서서
하늘을 찌를 듯한 나뭇가지를 바라보면
시원도 하지만 인생의 짧음도 느껴진다.

인간으로서 도저히 해낼 수 없을 것 같은
위대하고 훌륭한 업적을 만든 사람을 만나면
존경스럽기도 하지만 자신의 초라함도 함께 본다.

더구나 그런 사람 옆에 서면
왠지 부정적인 사람이 되기도 한다.

그러나
우리에게 의식의 한계는 없다. 꿈의 한계도 없다.
자기의식을 지금보다 수십 또는 수백 배
높게 올려놓으면

모든 것은 찻잔 안의 태풍이 된다.
모든 것이 긍정적으로 보인다.

모두 별것 아니다.

가슴 설레는 높은 목표는 이따금 바라보면서
오늘 하루를 최고로 멋있게 즐기는 데 집중하면
불가능한 목표 달성은 그냥 덤이다.

천년기업가가 가져야 할
기업가 정신

어떤 경영철학을 바탕으로 시스템을 만들고 기업문화로 정착할 것인가

미국의 경제학자 슘페터(Joseph Alois Schumpeter)는 "이윤 추구를 위해 새로운 방식으로 새로운 상품을 개발하는 기술 혁신을 통해 '창조적 파괴(Creative destruction)'에 앞장서는 기업가의 노력이나 의욕"을 '기업가 정신'이라고 정의하면서, 혁신가가 갖춰야 할 요소로서 6가지를 제시했다.

> ① 신제품 개발   ② 새로운 생산방법의 도입
> ③ 신시장 개척   ④ 새로운 원료나 부품의 공급
> ⑤ 새로운 조직의 형성   ⑥ 노동생산성 향상

철학적 배경이 없는 이런 정의가 지금처럼 고도화된 정보화 사회에서 천년을 이어갈 '기업가 정신'의 지주 역할을 할 수 있을까?

사피엔스의 저자 '유발 하라리(Yuval Noah Harari)'는 먹고 살기 위해 모인 원숭이 조직은 규모에 한계가 있다고 지적하면서 '인간이 만든 국가

나 민족은 스토리가 있는 신화로 뭉쳤기 때문에 규모의 한계가 없다.' 라고 하였다.

우리나라가 '단군신화'와 널리 인간을 이롭게 한다는 '홍익인간'이란 스토리를 가진 것과 비슷하게 대부분 국가는 건국신화를 가지고 있다. 2천 년 이상 유지된 기독교는 '사랑과 평등'의 철학을 가지고 있다. '자비와 해탈'이라는 깨달음의 종교인 불교는 2천6백여 년이 지난 지금도 번성하고 있다. 2천7백 년 전 공자로부터 시작한 유교는 인간이 지녀야 할 기준으로 지금도 손색이 없는 도덕 철학 기준을 제시하고 있다. 이들은 모두 철학적 배경을 가지고 있다.

천년을 이어온 기업은 많지 않다. 역사적으로 볼 때 천년을 이어온 나라도 신라나 로마 정도를 꼽을 수 있다.

『로마인의 이야기』를 쓴 '시오노 나나미'는 로마사는 위기와 극복의 연속이라고 주장하면서 한 민족이 강한 정신력을 지녔을 때는 활력과 기개가 있고, 자신에 대한 긍지가 있으므로 난관을 만났을 때 재기가 가능했고 다시 한번 흥륭할 수 있었다고 했다.

그는 '로마가 천년을 유지한 이유는 통치자가 자기 이익을 앞세우지 않았기 때문이라고 주장한다. 유럽의 다른 나라는 거대한 왕궁이나 개인의 대저택이 많지만, 로마는 개인 유적이 별로 없다. 중요한 건 다 공공시설 유적'이라고 하면서 '피라미드는 굉장하지만 단 한 사람을 위한 것인데 반해 로마는 살아있는 모든 사람을 위한 것을 만든다.'는 로마인의 정신을 소개했다.

우리는 왜 지금 시점에 천년기업을 생각해야 하는가? 고도로 성숙한 정보화 시대에 살고 있기 때문이다. 이로 인해 인간을 생각하지 않

　지속성장 가능한 천년기업의 비밀

는 기업의 행태는 즉각적으로 전 세계에 알려진다. 이런 현상은 자기만을 생각하는 기업이 생존하지 못하는 환경을 조성한다. 한마디로 인간을 생각하지 않는 기업은 생존할 수 없다는 것이다. 점점 더 이런 생각은 퍼질 것이다. 지금 우리가 처한 상황에서 살아남으려면 천년기업을 만들겠다고 생각으로 기업을 운영해야 한다는 말이다.

농경사회는 7천 년간 유지됐지만, 산업화 사회는 200년간 유지됐다. 3차 산업혁명인 정보화 시대는 겨우 40여 년을 유지했을 뿐이다. 지금 우리가 직면하고 있는 4차 산업혁명인 자동화 시대는 더 빨리 왔다가 지나갈 것이다. 하지만 아무리 시대가 바뀌어도 인간의 중요성은 줄어들지 않고 증가할 것이다. 아무리 크고 강한 기업도 인류사회에 해를 끼치는 기업은 도태될 수밖에 없다. 천년기업을 만들겠다는 생각으로 기업을 운영해야 할 필요성이 여기에 있다.

구성원들에게 "기업가 정신으로 일하라!"고 하기 전에 사장이 태도로 이를 먼저 보여줘야 한다. 사장의 태도는 기업문화를 형성하는 데 절대적인 영향을 미친다. 막강한 영향력을 가진 사장이 천년기업을 만들겠다는 생각을 가지면 지금과는 전혀 다른 행동을 하게 된다. 이것이 기업문화로 정착된다.

천년기업이란 굉장히 높은 목표이기도 하지만 영원한 지속성장 가능 경영을 의미한다. 이를 위해 '존 엘킹턴과 요헨 자이츠'가 제안한 지속가능 기업요건으로 제시한 4가지 사회와의 약속을 참고하여 천년기업가의 경영철학을 만들어 운영하면 좋겠다.

'첫째, 사장은 먼저 지구에 끼치는 해를 줄이고 회복하도록 지원할 것이라는 약속을 할 수 있어야 한다.

둘째, 사장은 인류 행복을 최우선 순위에 두겠다고 약속을 할 수 있어야 한다.

셋째, 사장은 누구나 최고경영자에 도전할 수 있는 지배구조를 만들고 그 투명성을 지키겠다고 약속할 수 있어야 한다.

넷째, 시대 상황에 적합한 기업운영을 위해 개선에 힘쓰겠다는 약속을 할 수 있어야 한다.'

급변하는 환경 속에서 천년 동안 지속가능한 기업이 되기 위해서 경영자는 자신의 경영철학을 손수 실천하는 모범을 보이면서 구성원들의 동참을 끌어내야 한다.

당신이 천년기업가라면 어떤 경영철학을 바탕으로 시스템을 만들고 이를 기업문화로 정착할 것인가? 깊이 고민하면서 먼저 실천하라. 그렇게 해야 구성원들의 마음을 얻어 자발적 동기부여를 이끌어 낼 수 있다. 당신이라면 어떻게 하겠는가?

미래기업의
영속조건 사회공헌

인간은 협력하며 산다. 이웃에 해를 끼치는 기업은 생존하지 못한다

무엇 때문에 기업에 도덕성이 요구될까? 살아남기 위해서다. 발암물질 생리대로 거론되는 회사가 그렇고 협력업체에 갑질 논란으로 재판받는 피자 업체 사장도 그렇다. 뇌물과 불법으로 기업 경영권을 취득했다는 회사도 생존위기에 처했다. 이렇듯 초연결 사회에서 비도덕적인 회사의 소문은 삽시간에 전 세계로 퍼진다. 결과적으로 생사기로에 서게 된다.

인간은 홀로 살지 못한다. 주위 사람과 협력해야만 생존할 수 있다. 인간은 무리 지어 협력하며 살아왔기 때문에 번성했다. 지구 역사상 어떤 동물도 인간처럼 협력하며 살아가는 생명체는 없다. 협력적 생활이 인종의 번식에 영향을 준 것이다. 힘이 센 백수의 왕 사자도 인간이 보호하지 않으면 멸종한다. 전 세계에서 가장 큰 덩치와 힘을 자랑한다는 한국 호랑이도 우리나라 산야에서 사라진 지 오래다.

도덕성은 인간이 서로 협력하며 함께 살아갈 최소한의 규범이다. 지금까지 예의를 지키지 않고도 기업들이 살아남을 수 있었던 것은 정보의 폐쇄성 때문이었다. 고도화된 정보화 사회에서는 도덕성이 모자란 기업은 살아남지 못한다. 현세대가 요구하는 기업 윤리는 도덕성을 뛰어넘어 이타심의 수준까지다.

세계적인 미래학자 윌리엄 하라 교수는 2020년이 되면 지식사회를 지나 지식 이상의 가치와 목표를 중시하는 영성의 시대가 온다고 했다. 『메가트렌드 21』의 저자 애버딘도 우리가 살아갈 21세기는 영성의 시대가 될 것이라고 예상했다.

여기서 말하는 영성이란 종교적 영성보다는 포괄적 의미의 영성으로, '다양한 존재와의 연결성을 자각하는 것이며 사랑, 섬김, 자비, 깨달음, 봉사, 연민, 도덕성, 정직, 용서, 존경, 존중, 이타심과 같은 태도의 발현이며 삶의 의미나 목적을 발견하고 실천하려는 인간의 본질적인 내면의 선한 마음의 실현'으로 정의되는 포괄적 영성의 의미다.

기업의 성공조건은 먼저 구성원의 마음을 얻는 것이다. 손발만 얻어서는 성공하지 못한다. 인간은 자신의 존재 의미를 인정해 주고 자기 일에서 보람을 느낄 때 최선을 다한다.

자기 회사가 사회에 해를 끼친다는 사실을 알게 되면 그는 절대 회사에 충성하지 않는다. 오히려 이런 사실을 세상에 고발한다. 회사를 적으로 삼는다. 이런 이유로 기업에서는 상생, 인간존중, 정직, 인류사회 공헌, 깨달음, 봉사와 같은 영적 표현이 담긴 핵심가치나 경영이념에 담고 있다. 문제는 이런 개념들이 잘 작동하지 않는다는 것이다.

경영전략의 권위자 몽고메리는 "당신 기업이 사라지면 소비자가 아쉬워할 만큼 중요한가? 만약 당신 기업이 문을 닫으면 고객이 큰 손해를 보는가?"라고 질문한다. 이 질문에 당신 회사는 긍정적으로 답변할 수 있는가?

'갓뚜기(God+오뚜기)'란 이름으로 명성을 얻은 오뚜기 식품은 착한 기업의 대명사처럼 쓰인다. 물론 이 기업도 계열사에 일감 몰아주기, 내부거래, 상호출자처럼 바람직하지 않은 기사도 있지만 '갓뚜기'란 명성은 그냥 얻은 것이 아니다. 삼성가와는 다르게 1,500억의 상속세를 냈는가 하면 비정규직을 거의 없앴고 남다른 선행도 많이 했다. 이런 '갓뚜기'의 선행이 과거의 잘못으로 묻혀서는 안 될 것이다. 인간은 누구나 잘못은 한다.

믿음의 대명사로 불리는 '아브라함'도 그의 첫째 부인인 사라의 의견을 좇아서 둘째 아내 하갈과 그에게서 얻은 친자식 이스마엘을 물 한 모금 마시기 힘들고 그늘도 없는 광야로 내치는 비정함을 보였다. 그런데도 아브라함을 믿음의 조상으로 떠받든다. 과거의 잘못을 자꾸 들춰내기보다는 그들 스스로 미래의 '갓뚜기'로 거듭나기 위한 노력하는 회사는 존중해 주어야 한다.

분명한 것은 고도화된 정보화 사회는 나쁜 기업들을 순식간에 매장하지만 착한 기업에는 오히려 좋은 기회를 제공해 준다는 사실을 잊어서는 안 된다. 기업의 도덕적 건전성과 사회적 공헌을 요구하는 이유가 여기에 있다.

천년기업가의
존재 방식

천년기업가의 존재 방식으로 현실을 바라보면 전혀 다른 관점을 얻는다

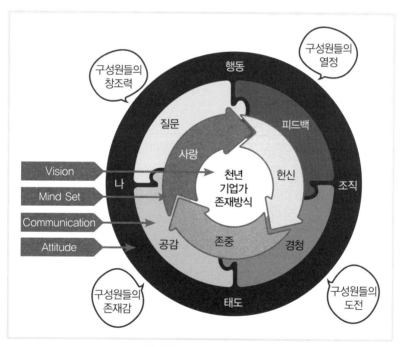

천년기업가의 존재 방식

지속성장 가능한 천년기업의 비밀

천년기업 사장의 존재 방식이 왜 중요할까? 사장의 존재 방식은 기업 문화 형성에 절대적인 영향요소이기 때문이다.

10년 기업을 만들겠다는 사장과 천년기업을 만들겠다는 사장의 존재 방식은 달라질 수밖에 없다. 구성원들에게도 다른 영향을 준다.

입사 초기에는 산을 들어 올릴듯한 열정을 가진 신입사원도 사장의 태도나 행동 때문에 금방 사그라들기도 한다. 사장의 말과 행동이 일치하지 않을 때 구성원들의 실망감은 훨씬 더 크다. 아무리 좋은 경영이념과 핵심가치가 있더라도 작동하지 않으면 핵심인재가 회사를 떠나기 시작하면서 경영위기를 맞게 된다. 힘들게 재기하기도 하지만 사장의 존재 방식이 변하지 않는 한 반복적으로 경영은 롤러코스터를 타게 된다.

그렇다면 천년기업가라면 어떤 방식으로 존재해야 할까?

첫째, 사장으로부터 구성원들이 존재감을 느낄 수 있어야 한다.
사장의 태도나 행동은 구성원들의 존재감은 물론, 열정이나 창의력 또는 도전정신에 절대적 영향을 준다.

사장의 생각은 이심전심으로 구성원에게 전달되지 않는다. 적극적인 소통으로 전달된다. '이심전심'이란 도량이 높은 사람들의 소통방법이지 일반적인 사람들의 소통방법이 아니다.

무한한 가능성이 있는 존재로 구성원들을 인정하고 질문을 통해 사장이 이들의 아이디어를 구할 때 구성원들은 존재감을 느낀다. 이럴 때, 회사를 위해 헌신할 마음이 생긴다.

둘째, 적극적 소통으로 자신의 존재 방식을 알려야 한다.
다양한 소통방법으로 일하는 방식, 회사의 목적, 추구하는 방향 등을 구성원들에게 알려야 한다. 활발한 소통은 창의력 발휘의 원동력이다. 창의력은 블루오션을 만들어내는 필수 요소다. 그만큼 중요하다. 하버드대학 에드워드 글래드 교수는 큰 도시에서 창의력이 커지는 이유는 소통이라고 발표했다. 그는 1900년 파리 박람회에 전시한 에스컬레이터가 유원지의 놀이기구였지만 이를 운반기구로 개발하였다는 점 등을 예로 들었다.

셋째, 공감, 경청, 질문, 피드백을 활용한 소통을 해야 한다.

공감과 경청은 사람의 마음을 열게 한다. 공감은 아픈 마음을 치유하며 경청할 준비를 하게 한다. 공감은 상대의 공격적인 행동도 멈추게 한다. 포크포크에서 제공한 '왕따를 중지시키는 방법'의 동영상은 실제 사례를 잘 보여주고 있다. 이 동영상에서는 공격하는 상대의 말을 긍정해 주고 공감하니까 상대는 더는 공격의 구실을 찾지 못한다. 오히려 자신의 행동을 공감해 준 상대에게 고마움을 느낀다.

공감과 경청은 질문에 대답할 수 있는 분위기를 만든다. 자신의 잠재력을 알아차리고 스스로 행동하게 한다. 자신이 중요한 존재라는 점도 느끼게 한다. 질문을 통해 스스로 찾은 해결책은 스스로 실행한다. 바람직하지 못한 행동이나 태도가 바뀌도록 요청하는 솔직한 피드백도 필요하다. 사랑과 배려라는 이름으로 포장된 무관심보다는 부정적 피드백이, 그보다는 긍정적 피드백이 훨씬 좋다는 점은 증명된 사실이다.

넷째, 사랑과 존중과 헌신의 마음으로 소통해야 한다.

말에는 마음이 묻어난다. 전화할 때 조금만 주의를 기울이면 상대의 마음을 충분히 읽을 수 있다. 마인드 셋(Mind set)이 중요한 이유이다. 진정성 있는 사랑의 정신, 존중의 정신, 헌신 정신이 담겨 있지 않으면 상대는 즉시 알아차린다. 구성원들의 손발만이 아니라 지혜를 활용하려면 끊임없이 자신의 내면의 선한 마음을 표현해서 문화로 정착시켜야 한다. 잭 웰치는 700번을 이야기하라고 했다. 천년기업가(NYME: New Young Millennium Entrepreneur) 1기 과정에 참여하고 있는 사장님 한 분은 1,000번을 이야기하지 않은 것은 말하지 않은 것과 같다는 생각으로 구성원들과 소통한다. 이심전심이 통하지 않는다는 말이다.

다섯째, 큰 꿈이 내재된 마인드 셋이 필요하다.

10년 목표를 가진 사업가와 천년기업 목표를 가진 사업가는 다르다. 보다 큰 가슴 설레는 비전은 마음이나 태도로 은연중 나타난다. 천년기업을 만들겠다는 것 자체가 큰 비전일 수 있다. 여기에 더하여 구성원과 함께 성장해서 인류사회에 공헌한다는 비전이 포함되면 그들의 가슴도 설레게 된다.

인류사회에 공헌한다는 비전이 실행되면 고객의 마음도 얻을 수 있다.

사람은 누구나 흔들린다. 옆길로 새기도 한다. 인천에서 부산까지 자전거 국토 종주를 해 본 사람은 안다. 자전거 도로 거리로 633km로 표기되어 있지만, 국토를 종주하다 보면 633킬로를 훨씬 넘는 거리를 가게 된다. 때로는 주로에서 벗어났다는 의미다. 잘못된 길을 가기도 하고 역주행도 하지만 목적지가 분명하므로 결국 최종 목적지인 부산 낙동강 하굿둑에 도착하게 된다.

천년기업 꿈도 마찬가지다. 때로는 방황하고 좌절한다. 너무 힘든 현실의 벽에 부딪혀 포기하고 싶을 때도 있다. 반면에 기업이 잘 나갈 때는 현실에 안주하게 된다. 그렇더라도 자신을 질책하거나 실망하는 대신, 이 자리까지 온 자신을 격려해주고 칭찬해 줘야 한다. 포기하지 않는 한 목적지에 도달할 수 있기 때문이다.

여섯째, 천년기업 꿈을 과감하게 선언하는 것이다.

천년기업가가 되겠다고 과감하게 선언하면 행동도 달라진다. 행여 주로에서 이탈했을 때는 솔직히 잘못을 시인하고 다시 마음 되잡았음을 선언하라. 선언은 포기하지 않게 하는 데 도움이 된다. 선언은 비전을 잠재의식에 내재화하는 효과가 있다. 선언하면 행동하게 된다. 성취 욕구가 강한 사람은 일부러 어려운 도전 목표를 세우고 주위 사람에게 선언한다. 나태하게 되었을 때 자신을 되돌아보고 다시 실행 의지를 되살리기 위해서다.

천년기업이란 당대에 이뤄지는 꿈이 아니다. 몇백 세대가 유지될 수 있는 기업문화를 만드는 것이다. 시대 변화에 적응할 수 있는 터전을 만드는 것이다. 천년기업을 꿈꾼다고 해서 현실을 무시하면 안 된다. 북극성만 바라보고 달리면 현실이라는 돌부리에 걸려 넘어진다. 천년기업가는 현실과 미래 둘 다 동시에 봐야 한다. 현실적 이슈의 해결책을 미래의 관점에서도 바라보는 존재 방식으로 생활해야 한다.

100세 시대를 사는 우리는 모두 누구나 언젠가는 사장이 된다. 1인 기업이든 그렇지 않든 사장이 된다. 그렇다면 당신도 지금 위치에서 현재, 하는 일에서 천년기업 사장이 되었다고 생각하고 천년기업가 리더십을 발휘해 보라.

사장이 아닌 중역이나 팀장이라도 상관없다. 부하가 1명이라도 있다면 자신의 의식을 천년기업가 위치로 올려놓고 현실을 바라보라. 이슈를 바라보라. 그러면 지금과는 전혀 다른 모습, 전혀 다른 행동을 하게 될 것이다. 천년기업가 과정에 참여한 사람들이 이를 증명했다. 지금의 난관에 오히려 고마움을 느낄 수도 있다. 모든 난관은 기적을 만들어 내는 중요한 재료이기 때문이다.

사장의 경영철학과
비전은 공명한다

100마리 원숭이 현상은 비전이 공명한다는 사실을 보여준다

사장은 "바담 풍" 하는데 구성원들은 "바람 풍"하는 회사가 있을까? 사람을 매출액 달성 도구로만 생각하는 사장을 보면서 열정적으로 일할 직원이 있을까? 불가능하다. 사장 자신이 그 누구보다도 먼저 자신이 하는 일에 열정을 느낄 수 있는 비전과 경영철학이 있어야 한다.

사장 자신이 열정을 불러일으킬 정도의 꿈을 가지고 있든 그렇지 않든 사장의 생각은 회사 내에서 공명한다. 100마리 원숭이 현상이라는 행동이론이 있다. 1950년 교토대학교 영장류 연구소는 고지마 섬의 원숭이들에게 진흙 고구마를 주면서 행동을 관찰했다. 맨 처음 원숭이들은 진흙이 묻은 고구마를 손과 발로 털어서 먹었다. 그러다가 3년 후인 어느 날 암컷 한 마리가 강물에 진흙 고구마를 씻어 먹기 시작했다. 7년 후에는 20마리 중 15마리가 고구마를 씻어 먹었다. 그런데 고구마를 씻어 먹는 원숭이가 100마리 정도 늘어나자 놀라운 일이 일어났다. 고지마 섬에서 떨어진 오분현 지역에 서식하는 원숭이들까지 고구마를 씻어 먹기 시작했다는 점이다. 서로 접촉이 되지 않는 지역에서 동일한 행동 양식이 나타났다는 놀라운 결과다. 미래학자 라이얼 왓슨은 그의 저서 『생명 조류』에서 이런 현상을 '100마리째 원숭이 현상'이라고 이름 지었다. 고구마를 씻어 먹는 원숭이의 수가 임계치를 넘어서면 행동이 공간을 초월해 다른 집단으로 전파된다는 이론이다.

　회사에서 경영철학이나 비전은 엄밀히 말하면 사장의 경영철학과 비전이다. 경영철학과 비전을 공유한다는 의미는 사장의 경영철학과 비전을 구성원들에게 전파하는 과정이다. 전파 과정에 구성원들의 의견을 반영할 수는 있겠지만, 사장의 생각은 거의 절대적이다.

　경영철학과 비전이 조직 구성원들에게 살아 움직이게 하려면 그 꿈이 원대하고 공평해서 자신도 이 회사에서 성장할 수 있다는 믿음을 갖게 만들어야 한다. 사장 스스로 회사의 비전과 경영철학을 생각하면 가슴이 요동칠 정도로 설레야 함은 두말할 필요가 없다. 사장의 열정 없이 구성원들의 열정을 끌어낸다는 것은 소가 웃을 일이다.

　『성공하는 기업의 8가지 습관』의 저자 짐 콜린스는 성공한 기업들은 사교 같은 기업문화가 있다고 했다. 경영철학과 비전이 마치 종교처럼 기업에 문화로 자리 잡고 있다는 말이다. 이런 조직문화를 만들기 위해서는 먼저, 사장 자신이 가슴 설레는 비전과 경영철학이 있어야 한다. 지금처럼 고도화된 정보화 사회에선 인류사회에 공헌 방법이 반드시 포함되어야 한다.

　다음으로, 가슴 설레는 비전과 경영철학이 조직에 스며들어야 한다. 잠재의식에 내재되어야 한다. 잭 웰치처럼 700번을 이야기할 필요도 있다. 아예 채용할 때부터 사장의 경영철학과 비전을 제시하고 동의하는 사람만 뽑는 것도 방법이다. 평가를 통해 주기적으로 확인하는 방법도 있다.

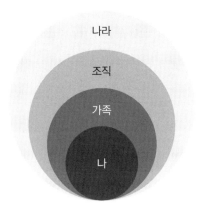

내가 먼저 변해야 한다

    사장의 생각은 조직에 공명한다는 점을 잊어서는 안 된다. 매년 1,000가지 이상의 화합 물질이 지구상에 생성되는데, 누군가 한 실험실에서 새로운 화합 물질을 만드는 데 성공하면 다른 실험실에서도 머지않아 만든다고 한다. 최초의 성공이 멀리 떨어진 실험실에도 영향을 미친다는 것이다. 영국의 과학자 루퍼드 셜드레이크는 이러한 공명(共鳴)을 발생시키는 힘의 정체를 시공의 제한을 받지 않는 파동처럼 멀리 떨어진 장소와 시대를 넘어 전해지거나 유전된다고 발표했다.

    사장은 경영의 주요 요소다. 주식시장에서 사장의 건강은 주가 등락에 지대한 영향을 미치는 이유도 이런 연유다. 사장에 따라 회사 경영이 달라지기 때문이다. 춘추전국시대에 인재들의 주군 선택 기준은 '그가 어떤 생각을 하고 있는지, 조직운영 철학은 무엇인지, 꿈의 크기는 어느 정도인지'였다.

    천년기업 리더는 자신이 공명의 중심점에 서 있다는 걸 잊지 말아야 한다.

천년기업가의 자기발견

조직운영 철학을 정립하기 전에 먼저 자신을 발견하라

많은 사람이 회사 은퇴 후 식당을 차려 운영해 보지만 성공확률은 그리 높지 않다. 2017년 통계청 자료에 의하면 신생기업 절반인 49.3% 가 창업 2년 만에 문을 닫았다. 5년을 넘긴 회사는 28.5%에 불과했다. 그중 1인 기업 생존율은 27.3%에 불과했다.

창업 후 기업 생존율이 왜 이렇게 낮을까?

첫째 업종에 대한 깊은 이해 없이 창업하기 때문이다.

블루오션이라고 해서 뛰어들었지만, 현실은 레드오션인 경우다. 사실 영원한 블루오션이란 없다. 언제든 블루오션은 레드오션으로 바뀐다.

손정의 회장은 사업을 하려면 아예 블루오션이나 틈새시장을 생각하지 말라고 조언한다. 설령 블루오션이 있다고 하더라도 그 시장은 크지 않다고 하면서 시장이 큰 레드오션에서 일등이 될 방법을 찾아서 창업하는 것이 좋다고 권한다.

특히 은퇴한 직장인이라면 자신이 잘 알고 있는 분야에서 창업하면 쉽게 사기당하지는 않는다. 더구나 그 분야에서 1등 할 수 있는 아이템이면 더욱 좋다.

둘째, 회사의 경영철학이나 비전체계 없이 창업하기 때문이다.

회사 경영철학이 없다는 것은 중심축이 없다는 것이다. 중심축이 없으면 흔들린다. 오래가지 못한다. 이런 사례는 주위에서 쉽지 않게 볼 수 있다. 『사피엔스』의 저자 유발 하라리는 식량을 위해 군집을 이룬 침팬지는 150마리를 넘지 못하지만, 신화로 뭉친 인간은 수억 명이라도 함께 할 수 있다고 하면서 종교 단체를 예로 들었다.

회사에도 신화를 대신할 수 있는 경영철학과 비전이 있어야 하는 이유다. 철학 없이 회사를 운영하다가 접는 경우를 주위에서 안타깝게 목격하기도 했다. 이와는 반대로 회사 설립 전, 경영철학과 비전체계를 분명하게 정립한 후 회사를 운영한 사장은 지금도 구성원들과 합심하여 회사를 잘 운영하고 있다. 물론 이 회사가 천년기업이 되기 위해서는 설립 당시 초심을 잃지 말아야 한다.

중요한 것은 이런 경영철학이나 비전이 자신의 것이어야 한다는 점이다. 좋은 경영철학을 참조하는 것은 좋지만 베끼는 것은 바람직하지 않다. 복사한 경영철학은 그것을 운용하는 사람이 다르기 때문에 제대로 작동하지 않는다. 다른 사람의 성공 방식이 누구에게나 맞는 것은 아니다. 천년기업가가 자기를 먼저 발견하고 자신에게 맞는 경영철학과 비전을 만들어야 하는 이유가 여기에 있다.

자기를 찾기 위해 이런 질문은 도움을 준다. "나는 어떤 존재인가?" 이 질문은 평생 해도 답 찾기 힘든 질문이긴 하다. 그래도 찾아야 한다. 이 질문이 힘들다면 "나의 삶의 의미나 목적은 무엇인가?"라고 질문하거나, "나는 어떻게 살기를 바라는가?"라고 질문 해봐도 좋다. 『죽음의 수용소에서』의 저자 빅터 프랭클린은 왜(Why) 살아야 하는지를 아는 사람은 그 어떤(How) 상황도 견뎌낼 수 있다고 하면서 의미치료 기법을 창시했다. 그는 삶의 의미 발견은 어떤 상황에서도 살아남을 힘이 있다고 주장한다. '삶의 의미'는 흔들리지 않는 중심축이 된다. 천년기업가도 마찬가지다. 자신의 존재 의미를 발견해야 한다. 이것을 회사 경영철학과 연결했을 때 흔들리지 않는 중심축 역할을 한다.

셋째, 조직의 경영철학과 비전체계 없이 창업하기 때문이다.

사장은 회사의 운영방침을 만들어야 하고, 본부장은 본부의 운영방침을 만들어야 하고, 팀장은 팀의 운영방침을 만들어야 한다. 각 조직의 리더는 회사의 경영철학과 한 방향 정렬된 조직 운영방침을 구성원들에게 공표하고 실행되도록 해야 한다. 사실 리더는 이 목적달성을 위해 존재한다.

실행되지 않는 경영철학은 없는 것보다 못하다. 액자 속에서 잠자는 경영철학은 구성원들의 신뢰를 공개적으로 잃게 하는 표징이 되기 때문이다.

초연결 사회에서 경영철학에는 이웃을 생각하는 영적 요소가 반드시 포함되어야 생존할 수 있다. 영적 요소 포함은 성과 창출을 위해서도 필요하다. 톰슨은 영성을 강조한 기업은 그렇지 않은 기업보다 순이익, 투자 대비 수익률과 주주가치 면에서 400~500% 실적이 앞섰다고 했다. 이외에도 많은 연구가 이를 증명해준다.

경영철학은 반드시 문화로 정착되어야 한다. 이 과정에서 저항이 일어난다. 실험에 의하면 안 하던 칭찬도 갑자기 하게 되면 거부 반응을 보인다. "칭찬은 고래도 춤추게 한다."고 했는데 말이다. 잭 웰치는 이를 위해 700번 말해야 조직에 정착된다고 했다. 그만큼 노력이 필요하다는 의미다.

경영철학의 정착방법을 최고경영자는 늘 생각하고 모범을 보이면서 실행해야 한다. '선언의 효과'를 잘 활용하는 것도 방법이다. 리더는 자신의 존재 이유가 조직을 한 방향 정렬시켜 성과를 창출하는 것이라는 점을 잊어선 안 된다. 이 역할을 제대로 하지 못하는 리더는 리더십이 부족하다는 평가를 받다가 그 자리에서 내려오게 된다.

천년기업가의 자기발견이란 자기가 회사에서 천년기업가로 존재하는 이유를 찾는 것이다. 기업이 인류사회에 존재하는 목적을 발견하는 것이다. 목적 발견은 천년기업가가 난관에 부딪혔을 때 북극성과 같이 방향을 제시해 준다. 주저앉아 포기하고 싶을 때 다시 한번 일어설 수 있는 용기를 준다.

천년기업가의
자기 믿음

리더가 구성원들에 대한 믿음을 가지면 그들은 이에 보답한다

"제 부하들은 열정이 없습니다. 시키는 일만 합니다. 믿고 맡길만한 놈이 한 놈도 없습니다. 할 일이 너무 많아 휴가도 못 갑니다."라고 말하는 리더라면 먼저 자신에게 "이런 조직문화는 누가 만들었습니까?"라고 질문해 보라.

히딩크 감독은 약체로 평가받던 한국축구팀을 월드컵 4강에 올려놓은 후 국민 영웅이 되었다. 박항서 감독은 아시아 축구에서 명성을 얻지 못하던 베트남 축구팀을 이끌고 스즈키 컵 우승을 차지해서 베트남의 영웅이 됐다. 이들 두 감독은 하위 팀으로 평가받던 선수를 이끌고 기적을 만들어냈다.

이런 리더는 먼저 구성원들의 가능성을 믿는다. 『파워풀』의 저자이며 넷플릭스의 인사담당 중역이었던 '패티 맥코드'는 "리더는 직원들에게 권한을 부여하는 것이 아니라 구성원들이 충분한 역량을 보유하고 있다는 사실을 상기시키고, 그들이 실제 힘을 행사할 수 있는 상황 조건을 만들어 주는 것이다."라고 했다. 그는 구성원들이 얼마나 엄청난 힘

을 발휘하는지 경험해 보라고 하면서 "회사가 직원들을 어른으로 대할 때, 직원들도 어른으로서 행동한다."라고 했다.

구성원들을 어른으로 대하려면 리더가 그들을 믿기 전에 자기 자신부터 믿어야 한다. 리더 스스로, 자신은 조직을 잘 이끌 수 있는 잠재력이 있으며, 구성원들의 장단점을 객관적으로 파악하고 그들의 장점을 살릴 수 있는 리더라는 믿음을 가져야 한다. 이런 믿음을 겉으로만 피상적으로 표현해선 안 된다. 마음 깊은 곳에서 울림이 있어야 한다.

어떤 리더라도 자기감정을 완벽하게 숨기지 못한다. 정도의 차이가 있긴 하지만, 자신의 내면의 마음은 얼굴에 나타난다. 관심을 기울이지 않더라도 직관으로 알 수 있다. 우리는 이미 어렸을 때 이를 경험했다. 부부싸움을 하던 도중 어린 자녀가 들어왔을 때 싸움을 멈추고 싸움을 안 한 것처럼 아무리 연극을 해도 애들이 금방 알아차리고 자기 방으로 조용히 사라진다. 여러분도 이런 경험이 있지 않던가.

부하에게 열정이나 비전 없음을 비난하기 전에 먼저 리더 자신이 자기 일에 대한 열정과 비전이 있어야 한다. 반드시 이뤄진다는 확고한 신념의 비전을 열정적으로 추진해야 한다. 이런 태도가 구성원들에게 전달된다. 구성원들이 비전 달성의 가능성을 믿게 된다. 구성원들이 열정이 없다고 말하기 전에 "나는 이 일에 열정을 가지고 있는가? 성공을 믿고 있는가?"라는 질문에 확실하게 대답해야 한다. 리더 자신이 열정을 느끼지 못하면서 구성원들에게 열정을 기대하는 것은 '죽은 자식 불알 만지기'이다.

조직문화는 외부에서 망쳐 놓은 게 아니다. 리더 자신이 그렇게 만든 것이다. 리더가 자신을 의심하고 부하도 의심하면 의심하는 일이 현실이 된다. 알렉산드로 뒤마는 "자신을 의심하는 사람은 마치 적군에 가

담하여 자신에게 총을 겨누는 사람과도 같다."고 했다. 존 하첸은 "단순한 진흙이라도 뛰어난 도공의 손에 들어가면 아름답고 유용한 것이 된다."고 했다.

　탁월한 업적을 이룬 리더는 절망 속에서도 희망이 있다는 자기 믿음으로 무장하고 행동하면서 성공담을 만들어낸다. 훌륭한 리더는 깊은 절망 속에서 우리의 가슴을 저미게 하는 난관을 극복한 성공신화를 만들어낸다. 『몰입』의 저자 황농문은 며칠 동안 고민하던 수학 문제가 어느 날 아침에 풀리듯, 어떤 문제라도 깊게 집중하면 반드시 해결책을 찾을 수 있다고 주장했다. 어떤 문제라도 집중하면 해결책을 찾을 수 있다는 말이다. 기업가 정신으로 몰입하면 해결책을 찾는다는 말이다. 문제는 기업가 정신을 갖기가 어렵다는 점이다.

　하지만 직장인들 모두는 사장이 된다. 운이 좋아 60세 중반 이후에 조직에서 물러나더라도 사장이 된다. 어떤 직위에 있었건 상관없이 사장이 된다. 은퇴 후에는 아무도 조직에서 받아주지 않기 때문이다. 100세 시대를 사는 우리에게 주어진 현실은 은퇴 후 30~40년 이상 자기 사업을 해야 한다는 것이다. 창업 실패율이 85% 이상이라고 하지만 어쩔 수 없다.

　지금까지 경험하지 않은 분야에서 사업을 시작한다면 실패 확률은 훨씬 더 높다. 경쟁이 없던 블루오션이라고 하더라도 금방 레드오션이 된다. 자기가 해 보았던 분야의 사업은 경쟁이 너무 치열해서 음식점에 도전해본다? 실패가 기다리고 있다. 자기가 모르는 분야에서 성공하는 것보다 하기 싫더라도 자신이 잘 알고 있는 분야에서의 사업을 시작하는 것이 성공확률이 훨씬 높다. 아무리 자기가 싫어하는 일이라도 삶의 목적을 발견하려면 얼마든지 할 수 있다. 거의 모든 물품이나 용역은 인류사회에 기여하기 때문이다. 그래도 일에서 자기 삶의 목적을 찾지 못했다면 일을 목적달성 수단으로 생각하면 된다. 경제적 여유를 통하여 자신의 목적을 달성하는 수단으로 생각하면 된다. 그런데 사실은 어떤 일이라도 인류사회에 도움을 주는 것이라면, 그것에서 목적을 충분히 발견할 수 있다.

직장인이라면 회사에 다닐 때 사장되는 연습을 해야 한다. 팀장이라면 팀 업무로, 본부장이라면 본부 업무로 사업을 한다고 생각하고 사장 연습을 미리 해 보는 것이다. 그러면 지금까지의 업무 스타일이 완전히 달라진다. 구성원들을 자산으로 생각하게 된다. 자신의 산출물을 사용하는 사람을 고마운 고객으로 생각하게 된다.

실제로 이런 자세로 회사에서 근무하다가 성공한 대리점 사장을 인터뷰한 적이 있는 데, 이런 마음으로 회사생활을 하면 성공하지 못할 사람이 없을 것이라는 깨달음을 얻었다.

성공한 사람들의 공통점은 '그 사람은 어떤 일을 하더라도 성공할 것이다.'라는 말을 듣는다. 성공 경험을 한 사람은 자신은 어떤 일을 해도 성공할 것이라는 믿음으로 일을 한다. 그러니 성공할 수밖에 없다.

실패할 것이라고 믿는 사람은 실패할 수밖에 없다. 부정적 생각이 실패의 기운을 빨아들이기 때문이다. 구성원들도 이를 감지한다. 실패를 암시하면 실패를 느낀다. 성공을 믿는 사람은 성공에 도움이 되는 해결책을 발견하지만, 실패할 것이라는 믿음을 갖게 되면 밝은 생각이 들어오지 못한다.

학교에서 저능아이기 때문에 퇴학 처분을 한다는 통보서를 받은 에디슨 어머니는 "에디슨이 너무 뛰어난 사람이라 학교에서 가르칠 수가 없기 때문에 집에서 가르치는 것이 좋겠다."라고 글을 모르는 에디슨에게 고쳐 읽어 준 후 그를 집에서 천재로 대했다.

그 결과 에디슨은 세계 최고의 발명왕이 되었다. 그런데 어머니가 돌아가신 후 우연히 학교에서 온 그 편지를 읽은 에디슨은 눈물을 흘리며 어머니에게 감사했다. 그리고 이 편지를 세상에 공표했다. 사실 편지 내용은 어머니가 읽어 준 것과 정반대였다.

"당신의 아들은 저능아입니다. 더 이상 학교에서 가르칠 수 없기 때문에 퇴학 처분합니다. 집에서 가르치시기 바랍니다."라는 내용이었다. 에디슨은 이 편지를 읽으면서, 자신은 바보였지만 천재로 키워준 어머니에게 얼마나 감사함을 느꼈을지 따뜻한 마음이 전해지지 않는가.

천재들의 모임인 멘사 클럽 회장인 '빅터'는 자신이 천재임에도 초등학교 시절 담당 교사가 IQ 175를 75로 잘못 알려줘서 중년기까지 바보처럼 살았다. 그는 우연히 자신의 IQ가 의심되어 조사해 본 결과 담임 선생님이 175를 75로 기재했다는 사실을 뒤늦게 발견한 후 멘사 클럽 회장이 되었다.

어떤 부분에 재능이 있는지 발견하지 못할 뿐, 인간의 가능성은 무한하다. 구성원들의 재능을 발견해서 개발해 주는 것이 리더의 역할이다. 우리는 평생 자기 뇌의 10%를 사용한다고 한다. 몰입과 자발적 동기부여를 통하여 자신의 뇌를 지금의 두 배인 20%를 사용한다면 우리는 모두가 천재가 될 수 있다는 말이다. 리더는 이런 믿음으로 구성원들의 장점을 발견 육성해야 한다.

지속성장 가능한 천년기업의 비밀

천년기업가는
항상 깨어있어야 한다

자신을 냉철히 돌아보고 부족함을 메우겠다는 겸손함을 유지해야 한다

성공한 사람들은 특징은 성공하겠다는 자신감으로 충만해 있다. 작은 기업이든 큰 기업이든, 과거에 잘 나갔던 기업이든 지금도 잘 나가고 있는 기업이든 기업을 일군 사람들의 제1 성공 요인은 자신감이다. 그런데 아이러니하게도 기업이 망하는 제1 요인도 지나친 자신감이다. 지나친 자신감은 자만심으로, 자만심은 교만으로 변하게 되면 기업은 내리막길을 걷는다.

교만하게 되면 다른 사람 말을 듣지 않게 된다. 자신만큼 똑똑한 사람이 없다고 생각한다. 그래서 '멍청한 놈'이란 말을 입에 달고 산다. 자신의 우월함만 강조한다. 주위엔 머저리만 보인다. 머저리들과 일하려고 하니 짜증이 날 수밖에 없다. 그러다 보면 주위에 예스맨들만 남게 된다. 물론 이런 상황에서도 회사를 떠나지 않는 훌륭한 인재가 있을 수는 있다. 만약 그런 사람이 전문 경영인이라면 그는 다음 기회에 사장이 될 가능성을 믿고 기다리는 겸손한 사람이겠지만 이런 사람을 기대하긴 힘들다.

"산 중달이 죽은 공명을 못 이긴다."는 고사가 있다. 제갈공명이 공격은 하지 않고 수성만 하는 사마 중달에게 싸울 것을 종용하기 위해 여자 옷을 보내면서 조롱했지만, 중달은 껄껄 웃으면서 그의 건강과 일상생활과 같은 사소한 것들만 묻고는 사신을 돌려보냈다는 것이다. 하지만 그는 이 대화에서 공명이 얼마 살지 못할 것이라는 점을 간파하고 공격하지 않고 기다리자, 결국 건강이 좋지 않은 제갈공명은 죽음을 맞이하게 된다.

사마 중달은 퇴각하는 초나라 군사를 공격했지만, 나무로 만든 공명이 수레에 앉아 있는 것을 목격하고는 꽁무니가 빠지게 몇십 리를 도망쳤다고 기술되어 있다. 그런 사마중달, 사마의가 결국은 천하를 통일하는 대업적을 이루게 된다. 이런 사실을 나중에 알게 된 사마의가 "나는 제갈량에게 미치지 못하는구나!"라고 탄식했다는 얘기는 자신의 겸손함을 아주 잘 드러낸 일화다.

이런 말은 아무나 할 수 있는 말이 아니다. 더구나 적장을 칭찬한다는 것은 자신의 초라함을 드러내는 말인데 그럴만한 용기가 있는 사람은 흔치 않다. 이는 마치 경쟁회사 영업본부장을 자신의 부하 앞에서 칭찬하는 것과 같다. 범인은 흉내 내기 어려운 행동이다. 하지만 사마의는 솔직히 자신의 부족함을 드러내는 겸손함을 보였다. 더구나 그는 자신이 부족함을 보완해 나갔다. 현실을 정확하게 인식하고 자신의 갈 길과 해야 할 일을 찾았다. 기업의 리더에게도 이런 겸손한 자세가 필요하다.

군주가 자신을 지칭할 때 과인(寡人)이라 칭한다. 과인(寡人)이란 뜻은 "덕이 부족한 사람"이란 뜻이다. 과(寡)의 의미는 ①적다. 모자라다. 부족하다. ②과부. 남편이 없는 ③싱겁다. 라는 뜻이 있다. 왜 군주는 자신을 부족하거나 외롭거나 싱거운 사람으로 칭했을까? 한마디로 교만해지지 않고 늘 깨어있기 위함이다. 자신의 위치를 일깨우려는 말이다. 혼자서 어려움을 극복해야 한다는 말이다.

물론 지금은 군주 시대가 아니다. 하지만 군주처럼 막강한 힘을 가진 사람이 있다. 바로 돈을 가진 사람이다. 금권력(金權力)도 정치적 권력만큼 막강한 힘을 자랑한다. 세습도 할 수 있다. 대부분 돈 앞에서는 고개를 숙인다. 어디를 가든 최고의 대우를 받는다. 그러다 보니 자신이 더는 오를 곳이 없는 사람처럼 느낀다. 자만심의 극치에 이르기도 한다.

"성공한 사장이 강의를 시작하거나 잡지 모델로 등장하게 되면 그 회사는 내리막길을 걷는다."는 말이 있다. 성공 가도를 달리던 사장이 성공의 정상에 오래 머무르지 못하고 나락으로 떨어지는 예를 심심치 않게 뉴스에서 보게 된다. 왜 이런 일이 발생할까? 사장이 많은 시간을 강의에 할애하는 것도 원인이겠지만 그것보다는 지나친 자신감이 교만으로 변하기 때문이다. 어떤 일이든 깊은 생각 없이 쉽게 해결할 수 있다고 생각하고 지시하기 때문이다. 지시 사항이 먹히지 않으면 짜증을 내기 시작한다. 교만이 극치에 이른 것이다.

임진왜란 당시 일본을 다녀온 두 사람의 통신사 중 서인 황윤길은 일본이 반드시 침범할 것이니 대비해야 한다고 주장하지만, 동인인 김성일은 절대 그런 일은 일어나지 않을 것이라는 주장을 했다. 이런 보고를 받은 선조는 김성일의 의견을 받아들이고 아무 준비도 하지 않았다. 자기가 듣고 싶은 것만 들은 것이다. 물론 김성일의 보고가 백성의 동요를 막기 위함이었다고 주장하는 학자도 있긴 하다. 그렇더라도 현실을 정확하게 인식하고 겸손하게 전쟁에 대비한 준비를 해야 했다.

성공하고 싶은 리더라면 난관을 만났을 때 자신감으로 무장하고 선두에 서서 이를 극복하는 모습을 보여야 하겠지만 돌아서서는 자신을 냉철히 돌아보고 부족함을 메우겠다는 겸손한 모습도 보여야 한다. 리더는 자만이나 교만을 방지하기 위해 자신에게 늘 이런 질문을 해야 한다. "이것이 최선인가? 나는 항상 배우려는 자세로 다른 사람 말을 잘 경청하는가?" 이런 질문을 통해 리더는 항상 해답을 찾으려 노력해야 하며 늘 깨어있어야 한다.

천년기업가의 제품 철학

천년기업은 제품에도 스토리, 철학, 예술성과 같은 제품 철학이 필요하다

"천 년을 이어갈 제품이라는 게 존재할 수 있을까?" 쉽지 않겠지만 그 실마리를 몇몇 사례에서 찾아볼 수 있다.

첫 번째는 인간의 기본 욕구에 충실한 업종의 제품이다.
의식주는 사람들에게 꼭 필요하다. 이들 중에 음식에 대한 취향은 쉽게 변하지 않는다. 그래서 음식점 중에는 오랜 전통을 자랑하는 곳이 많이 있다. 우리나라에도 역사 깊은 음식점이 많이 있지만, 일본만큼 역사가 깊지는 않다. 일본의 메밀국숫집인 '오와리야(尾張屋)'는 543년(1465년 창업)이란 역사를 자랑한다. 오와리야는 지금도 일 왕가 사람들이 교토에 내려올 때면 찾아오는 곳이기도 하지만 한국 여행객도 많이 방문하는 관광명소이다.

이곳이 장수하는 비결은 전통적인 맛 유지를 위한 장인 정신과 고객의 부담을 덜어주기 위한 薄利多賣(박리다매)의 경영철학 때문이다.

두 번째는 예술성이 있는 제품을 만드는 기업이다.

1939년에 설립한 파텍필립은 세계 최고 명품시계를 만드는 179년 된 가족경영회사이다. 파텍필립 시계는 수천만 원에서 수억대 이상을 호가하기 때문에 일반인들로는 접하기 힘들지만, 얇게 만드는 기술과 디자인의 예술성 때문에 누구나 갖고 싶어한다. 그 디자인만 보면 파텍필립 시계인지 알아볼 수 있다. 롤렉스 시계 역시 마찬가지다. 독특한 베젤 디자인 때문에 누가 봐도 롤렉스임을 알 수 있다. 이들 제품의 공통점은 디자인에 철학과 예술성이 담겨 있다는 점이다. "인생은 짧고 예술은 길다."라는 말처럼 제품에 예술성이 담겨 있는 기업에서 천년기업이 나올 가능성이 크다. 하지만 이런 파텍필립이나 롤렉스 역시 전자시계가 나왔을 때 위기를 맞기도 했지만, 이들만의 고유한 '제품 철학' 홍보로 이를 극복했다.

세 번째는 꿈을 파는 기업 제품이다.

'할리 데이비슨'이 그런 예다. 할리에서 나온 오토바이크는 속도가 빠르지도 않고, 내구성이 뛰어나지도 않고, 코너링도 좋지 않다. 더구나 소음도 많다. 하지만 '모든 남자의 로망'이라는 수식어를 달고 다닌다. 1903년에 설립된 할리는 116년의 역사를 자랑한다. 이처럼 감성을 장악한 제품을 만드는 곳에서 천년기업이 나올 가능성이 크다. 물론 '할리'도 일본에서 싸고 성능 좋은 오토바이가 나왔을 때 어려움을 겪기도 했지만, 기본으로 돌아가 이들만의 '제품 철학'으로 난관을 극복했다.

네 번째는 혁신적인 아이디어를 창출하는 기업 제품이다.

애플이 만든 아이폰은 세상을 바꿨다. 애플은 상품을 출시한다고 하면 며칠째 잠을 설쳐가며 대기하는 충성고객들을 많이 갖고 있다. 아

지속성장 가능한 천년기업의 비밀

이폰 역시 제품의 혁신성 외에 디자인의 예술성과 일관성을 가지고 있다. 이런 기업에서 천년기업이 나올 가능성이 크다. 문제는 제품주기가 짧을 경우, 혁신성이 계속 유지되기가 어렵다는 점이다. 이런 제품은 혁신성 없는 예술성만으로는 천년기업을 유지하기는 어려울 듯하다.

  이처럼 천년을 이어갈 기업의 제품에는 예술성과 혼이 담겨 있어야 한다. 근본에 충실해야 하며 감성적인 공감을 할 수 있는 제품이어야 한다. 이를 다른 말로 '제품 철학'이라고 하겠다. 근본에 충실한 기업으로는 일본의 메밀 국숫집 오와리야가 될 것으로 보인다. 사람이 아무리 바뀌더라도 음식에 대한 취향은 바뀌지 않기 때문이다. 그래서 사람들은 해외여행을 갔을 때 그곳 음식보다는 고향의 음식을 더 그리워한다. 퓨전 음식을 먹고 자란 젊은 세대들도 해외에 가면 한국 음식이 그리워지는 것은 근본이 한국 사람이기 때문에 그렇다. 천년기업 제품도 이처럼 인간의 근본을 생각하는 기업이어야 할 것이다. 인문학이 기업에서 인기를 끌고 있는 것도 이런 이유일 것이다.

  다음으로 천년기업 제품 철학에는 예술성이 포함되어 있어야 할 것이다. 명화는 아무리 시대가 흘러도 그 가치가 하락하지 않는다. 기업에서 만든 제품에도 예술성이 덧붙여진다면 파텍필립과 같은 회사가 될 것이다. 파텍필립은 시계가 아니라 예술품이라고 선전한다. "당신은 파텍을 소유하고 있는 게 아니라, 다음 세대를 위해 그저 간직해 두고 있는 것뿐입니다"라는 파텍의 카피 문구가 예술성과 스토리를 잘 말해 준다.

  제품주기가 짧은 경우도 제품철학과 스토리는 중요한 의미가 있다. "애플에서 단독 주택을 짓는다면 어떤 모습일까?"라고 질문하면 사람들은 대부분 그 집 모습을 상상한다. 아마도 애플에서 집을 짓는다면 색깔은 흰색 계통일 것이고, 단순하면서도 대칭적인 이미지를 갖고 있으며, 편리한 집을 상상할 수 있다. 애플에서 이런 '제품 철학'을 잃어버리게 되는 날 역사의 뒤안길로 사라질 가능성도 있다.

천년기업을 유지한다고 해서 반드시 회사가 커야 할 필요는 없다. 작지만 강한 회사가 오히려 천년기업이 될 수도 있다. 중요한 것은 사장이 천년기업을 만들겠다는 비전과 스토리가 있는 제품 철학을 가지고 있어야 한다는 점이다. 그 밑바탕에는 '인간존중' 철학이 있어야 한다. 이를 위한 질문으로 "우리 회사는 스토리가 있는 '제품 철학'을 가지고 있는가?", "우리 회사는 시대 변화에 적응할 수 있는 '조직문화'를 가지고 있는가?"라는 질문에 긍정적인 대답을 할 수 있어야 한다.

천년기업가의 회계철학

천년기업은 실제로 작동하는 회계 처리 기준인 회계철학이 있어야 한다

천년기업이 되기 위해서 꼭 만들어야 할 가장 중요한 시스템 3가지는 후계자 육성 선발 시스템, 인사관리 시스템, 그리고 회계 시스템이다.

사실 천년기업이 되기 위해서는 시스템을 만들기 전에 먼저 경영철학을 정립해야 한다. 경영철학이 없으면 경영실적이 롤러코스터를 타다가 결국은 추락하게 된다.

경영철학이 있더라도 이것이 제대로 작동하지 않으면 없는 것보다도 못하다. 경영철학과 다른 행동을 하게 되면 오히려 더 내부 불만이 쌓이기 때문이다. 이런 대표적인 예가 최근의 대한항공과 아시아나 항공이다. 이들 회사는 분골쇄신하지 않으면 유사한 사건들이 계속 발생할 것이고 결국은 사회가 이들을 용납하지 못할 수준까지 도달할 것이다.

'회계를 모르면 경영을 하지 말라'는 말이 있다. 회계가 그만큼 중요하다는 말이다. 이런 회계에도 철학이 담겨 있어야 한다. 특히 천년기업이 되기 위해서는 살아 움직이는 회계철학이 있어야 한다.

회사의 존재 목적 중 하나는 이익을 창출하여 사회에 공헌하는 것이

다. 이익은 매출을 늘리거나 비용을 줄이면 된다. 이익은 매출에서 비용을 뺀 것이다. 그렇다고 이익이 모두 현금으로 손에 쥐어지는 것은 아니다. 이익이 발생했더라도 외상 매출금이나 재고자산에 묻혀있기 때문에 발생한 이익만큼 현금이 없을 수도 있다.

반대로 손실이 발생했는데도 현금흐름이 좋은 예도 있다. 이런 경우는 비용으로 계상된 감가상각 비용이 이전에 지급된 비용이기 때문일 수 있다. 이런 점을 고려해 경영자는 회계 경영철학에 기초한 현금흐름 경영을 해야 한다. 현금이 흐르지 않으면 기업 생명은 거기서 멈추기 때문이다.

회계철학과 현금흐름 경영에 대한 전문적인 서적이 아닌 실제 사례를 참고하고 싶다면 '이나모리 가즈오'의 『아메바 경영』이나 『회계 경영』을 참조하면 좋다.

이나모리 가즈오는 1959년 교세라를 창립한 이후 60년간 한 번도 적자를 내지 않은 경영을 한 인물로 유명하다. 그는 2010년 파산한 일본항공인 JAL의 경영을 맡아 3년 만에 역대 최대의 흑자를 낸 인물로도 잘 알려져 있다. 그는 1984년 이나모리 재단을 설립했으며, 노벨상에 버금가는 교토 상을 제정했는데 1998년 백남준이 이 상을 받기도 했다. 그의 회계철학을 바탕으로 천년기업가가 가져야 할 회계철학에 대해 논해 보고자 한다.

첫째, 투명해야 한다.

지속 가능한 기업이 되기 위해서는 회계의 투명성이 전제되어야 한다. 한마디로 회삿돈과 개인 돈을 구분해서 투명하게 관리되어야 한다. 사장이 회삿돈과 내 돈을 구별하지 못하면 결국 직원들이 회사를 떠나게 된다. 작은 기업이 성장하지 못하는 가장 큰 이유 중 하나가 이것 때문이다. 고도화된 정보화 사회에서 투명하지 않은 경영을 하게 되면, 내부 폭로 사태가 빈번하게 일어날 것이고 회사가 문을 닫게 되는 경우도 발생하게 된다.

둘째, 회계는 실제 경영 지표를 제시할 수 있어야 한다.
1년에 한 번 결산하는 것이 아니라 실시간으로 회사 경영을 누구나 알 수 있게 하는 시스템이 만들어져야 한다. 과거에는 이런 시스템을 만들기 어려웠지만, 요즘은 큰 비용 투자 없이 이런 시스템을 만들 수 있다. 중요한 것은 이런 시스템을 만들기 전에 제도가 정비되어있어야 하며, 실제로 작동해야 한다는 점이다.

셋째, 구성원 개개인이 회계 시스템을 통하여 자신의 회사 공헌도를 알 수 있어야 한다.
아메바 회계 경영은 이의 좋은 본보기가 된다. 각각의 아메바 리더는 자기 조직의 경영상태를 거의 실시간으로 알 수 있도록 경영지원부서에서 자료를 제공하고 있다. 이런 시스템을 운영하면서 사업가를 만들고 후계자를 양성한다.

넷째, 현금흐름 경영이다.
장부상의 이익보다 더 중요한 것이 현금흐름이다. 지금은 그렇지 않을 것이라고 믿고 싶지만, 전문경영인가 오너 경영인의 가장 큰 차이점도 현금흐름 경영이다. 전문 경영인은 장부상 이익을 더 중요하게 생각하지만, 오너 경영인은 현금흐름을 더 중요하게 생각한다. 결국, 현금이 흐르지 않으면 아무리 흑자를 냈더라고 도산하기 때문이다.

다섯째, 이중 체크 회계 시스템이다.

사람을 못 믿어서가 아니라 시스템적으로 부정을 방지하는 시스템을 만드는 것이 더 좋다. 그 방법의 하나가 이중 체크 시스템이다. 실제로 돈을 사용하는 쪽과 비용을 정리하는 부분이 달라야 서로 견제가 가능하다.

여섯째, 단순 원칙이다.

경영자는 물론 구성원들이 간단하게 회계 시스템을 이용하여 회사의 경영상황과 자기부서 또는 자기의 회사 경영에 대한 공헌도를 알 수 있어야 한다. 제품이나 용역의 흐름이 장부와 일치해야 하는 것도 필요하다.

회계 시스템에서 예산 제도는 좋은 점도 있지만 바람직하지 못한 부분도 많이 있다. 정부에서 연말이 되면 남은 예산을 처리하기 위해 멀쩡한 보도를 뜯고 재설치하는 사례가 많이 있었다. 요즘은 이런 사례는 많이 사라졌지만 조금만 관심을 기울이면 지금도 정부의 이런 예산 제도의 맹점을 쉽게 발견할 수 있다.

경영자가 회계를 알아야 한다는 것은 회계는 경영상태를 나타내는 것이기 때문이다. 회계는 회사의 정보를 말해주는 가장 정확한 자료이다. 이런 회계 시스템이 투명하지 못하면 결국 투명하지 못한 경영을 할 수밖에 없다. 기업은 사람이고 사람의 마음을 얻는 것이 경영의 기초라고 한다. 투명한 회계철학 없이 구성원의 마음 얻기는 불가능하다. 더욱이 천년기업가에게는 실제로 작동하는 회계철학이 반드시 있어야 한다.

구성원들의 기업가 정신을
어떻게 만들 것인가?

"기업가 정신으로 일하는 조직을 만들고 싶다." 대부분 사장이 하는 말이다. 손발뿐 아니라 진정 마음과 정성을 다해 자발적으로 움직이는 직원을 만들고 싶은 게 사장이다. 이런 회사를 만들면 쓰나미가 밀려와도 견뎌낼 수 있다. 어떻게 하면 구성원들이 이런 마음을 가질까?

초나라 '장왕'은 승전기념으로 문무백관을 초대한 후 성대한 잔치를 베풀었다. 그런데 갑자기 바람이 불어 등촉이 꺼졌을 때 왕의 애첩이 비명을 질렀다. 누군가가 애첩을 희롱한 것이다. 기지를 발휘한 애첩은 자기를 더듬은 사람의 갓끈을 잡아 뜯고는 왕에게 고했다. "폐하 지금 불을 켜시면 저를 희롱한 자를 잡을 수 있습니다." 불을 켜면 갓끈이 끊어진 자는 참형을 면치 못할 상황이었다. 하지만 장왕은 도리어 불을 켜지 못하게 하고 큰 소리로 "모두 갓끈을 떼어 던지고 신나게 술판을 벌여보자"고 외쳤다. 결국, 애첩 희롱자는 밝혀지지 않았다.

그로부터 3년 후 진나라와 전투에서 장왕이 위기에 빠졌을 때 목숨을 아끼지 않은 장수 덕분에 대승을 거둘 수 있었다. 장왕이 자기 목숨을 구해준 장수에게 물었다. "나는 평소 그대를 잘 대우해 준 것도 아닌데 어째서 그렇게 목숨 걸고 나를 지켰는가?" 그러자 '장웅'이란 장수는 "저는 이미 3년 전에 죽은 목숨을 폐하가 살려줬습니다. 갓끈을 뜯긴 게 바로 저였습니다. 폐하의 온정으로 살게 된 그때부터 목숨으로 보답하려 했습니다." 이 싸움에서 이긴 장왕은 급기야 춘추오패의 한사람이 되었다.

자신을 알아주면 사람들은 자존감을 느낀다. 열정을 불태운다. 최선을 다한다. 구성원들이 '주인의식' 또는 '기업가 정신'을 갖게 하려면 사장이 먼저 이들이 원하는 것이 무엇인지 알고 준비해야 한다.

구성원들은 사장에게 다음과 같은 네 가지 질문을 하면서 자신의 열정을 불태울지 아닐지를 결정한다.

질문 ① "우리 회사 조직문화나 관리방식은 나에게 맞는가?"

사장의 경영철학이나 태도는 조직문화나 관리방식에 절대적인 영향을 준다. 구성원들은 회사의 조직문화가 자신이 일할 수 있는 조직문화인지 사전에 살핀다. 취업이 어려운 젊은이들은 물불 가리지 않고 취업하려고 애쓰기 때문에 이런 건 문제 삼지 않을 거란 판단을 했다면 큰 오산이다. 요즘 젊은이들은 회사의 조직문화가 관리방식이 자신과 맞지 않으면 급여를 아무리 많이 주더라도 많은 사람이 회사를 떠난다.

어떤 경우는 회사를 그냥 떠나는 것이 아니라 사회에 고발하고 떠난다. 지금 같은 초연결 사회에서 이런 일을 당하면 회사는 큰 어려움을 겪는다. 인간의 근본에 바탕을 둔 경영철학을 바탕으로 조직문화나 관리 시스템을 도입해야 하는 이유가 여기에 있다.

질문 ② "우리 사장은 최고 책임자로서 존경할만한가?"

회사를 보고 들어와서 상사를 보고 떠난다고 한다. 하지만 구성원들은 상사가 밉더라도 사장이 존경할만하면 회사 내에서 부서를 옮기거나 참고 일할 수 있는 여지를 남긴다.

하지만 사장조차도 존경할 만한 행동을 하지 않으면 회사를 떠난다. 사장이 존경스러울 때, 구성원들은 자신의 열정을 불태움은 물론, 고객에게 회사를 홍보한다. 심지어 "우리 사장님을 한번 만나보시라!"고 권한다. 인재를 사랑하는 마음이 전해졌기 때문이다. 유비는 제갈량을 얻기 위해 삼고초려를 했다. 이런 모습은 주변 사람에게 전달된다. 관우는 조조가 궁궐도 지어주고 벼슬도 주면서 자기와 함께 하길 권했는데도 유비를 따른 것을 보면 그에 대한 관우의 존경심을 알 수 있다.

사장을 존경하는 구성원들은 자기가 아는 사람이나 자식에게 회사에 들어오라고 추천한다. 자신에게 질문해 보라. "우리 회사 구성원들은 밖에 나가서 사장에 대해 어떤 말을 할까?" 이 질문에 긍정적인 답변을 얻지 못했다면 부족한 점을 보완해야 한다.

질문 ③ "우리 회사 사업 목적은 나에게 의미가 있는가?"

회사의 존재 이유가 자신에게 아무 의미나 보람이 없다면 구성원들의 회사를 떠난다. 먹고 사는 것이 목적인 공동체는 150명을 넘을 수 없지만, 스토리를 가진 정신적 공동체는 숫자의 제한을 초월한다는 『사피엔스』의 저자 유발 하라리의 주장을 되새겨 볼 필요가 있다. 일례로 기독교나 불교 또는 이슬람교 같은 정신적 공동체는 몇십억의 공동체를 이룬다.

회사의 존재 이유인 경영이념이나 사명이 구성원들의 존재 이유와 연결되어 있어야 한다. 보람을 느낄 수 있어야 한다. 이런 경영이념이 실제로 작동해야 한다. 작동하지 않는 경영이념은 없는 것보다도 못하다.

질문 ④ "나는 현재 직위나 보상에 만족하는가?"

구성원들은 현재 맡은 직위나 보상 수준에 만족하지 못하면 최선을 다하지 않는다. 이런 이야기를 하면 급여와 같은 물질적인 보상만을 생각하는데 이것보다 더 중요한 것은 인정욕구와 같은 내면적인 보상이 더 중요하다.

이 말이 의심스럽다면 당신이 이 자리에 오기까지 영향을 준 사람을 생각해 보라. 그 사람이 급여를 올려준 사람이었던가? 아니면 당신을 인정해 주고 격려해주면서 당신의 능력을 발휘하도록 기다려 주고 지원해 준 사람이었던가? 당연히 후자이다. 당신이 그렇다면 구성원들도 마찬가지이다.

물질적 보상만으로 만족을 느끼는 사람은 거의 없다. 회장이나 세계적인 갑부 중에서 풍요로움 때문에 행복감을 느끼는 사람은 없다. 오히려 어려운 가운데도 다른 사람을 도와줄 때 행복감을 느낀다. 진정성이 문제이긴 하지만, 내면적인 보상은 누구나 아무 때나 할 수 있다.

그렇다고 물질적인 보상이 중요하지 않다는 말은 아니다. 사람은 경제적인 여유를 가질 때 행복감을 느낀다. 먹고 살기 힘들거나 다른 사람과 비교할 때 너무 경제적 여유가 없으면 삶이 행복하지 않다는 점도 잊어선 안 된다.

여기서 이야기하는 것은 급여가 아무리 많더라도, 구성원들은 그것만으로 만족을 느끼지 못한다는 점이다. 열정을 끌어내지 못한다는 말이다.

위의 네 가지 질문에 구성원들이 긍정적인 답변을 할 수 있는 조직문화가 만들어진 후에야 주인의식이나 기업가 정신을 기대할 수 있다. 이런 조직을 만들기 위해 사장은 임원, 임원은 팀장, 팀장은 팀원의 마음을 얻어야 한다. 그런 후에야 구성원들에게 기업가 정신을 기대할 수 있다.

시련이란 무엇인가?

열심히 노력한다고 해서
모두 성공하는 것은 아니다.

하지만
성공한 사람에게 물어보면
모두 최선을 다했다고 말한다.

천년기업 꿈을 꾼다고 해서
모두 천년기업을 만드는 것은 아니다.

하지만
천년기업 꿈을 꾸고
매일 실천하는 사람 중에
천년기업가가 나올 것이다.

Chapter **2**

천년기업 조직문화와
운영 시스템

변화시도 뒤에는 항상
새로운 문제가 똬리를 틀고 있다

변화시도 뒤에 숨어있는 예상 장애물을 반드시 제거하여야 한다

변화시도 성공률은 그리 높지 않다. 대부분의 개혁 시도는 실패한다. 이유는 무엇일까? 새로운 변혁 시도 뒤에 숨어있는 새로운 문제를 간과했기 때문이다. 심리학적으로 볼 때, 변화 요청을 순순히 받아들인다는 것은 지금까지 살아온 자신의 삶이 잘못됐다는 것을 스스로 인정하는 꼴이 된다는 점이다. 사람들은 대부분 자신이 지금까지의 삶이 남들이 뭐라 하든 괜찮은 삶이라고 생각한다. 정당하고 올바른 삶을 살았다고 생각한다. 따라서 변화에 저항하는 것은 지극히 정상적인 행동이고 현상이다.

행동 변화를 끌어내기 위해서는 이성적 접근보다는 감성적인 접근이 더 필요하다. 이성적으로는 자신의 행동이 잘못되었음을 인정하지만, 감성적으로 지금까지 자신의 행동에 대해 충분히 공감받지 못하면 변화하려 하지 않는다.

인간은 어떤 행동을 하든 그 이면에 긍정적 의도가 있다. 설령 그런 행동이 자신의 몸을 해치는 경우라도 마찬가지다. 담배 피우는 사람이

좋은 예다. 흡연자치고 그 해악을 모르는 사람은 없다. 그런데도 여전히 담배를 피운다. 왜 그럴까? 흡연이 주는 긍정적인 면 때문이다. 이것이 무엇인지 먼저 파악해서 그 욕구에 공감해 주고 더 좋은 대안을 찾도록 지원해야 한다. 사람들은 자기가 지금까지 한 행동에 대해 비난받으면 변화하려고 하지 않는다.

항상 비관적인 태도를 보이는 사람도 실패하고 싶지 않은 긍정적인 의도가 있다. '안됩니다'를 입에 담고 사는 사람들은 '덜 좌절하고 싶은 욕구'를 가지고 있다. 이들은 목전 이익에 대해 충분히 공감받지 못하면 변화를 거부한다. 반대로 자신의 이런 행동에 대해 충분한 공감을 받으면 변화를 생각하기 시작한다. 상대를 긍정적 의도에 대해 충분히 공감해 준 후 바람직하지 않은 행동이 계속될 경우 인간관계를 악화시키고 업무수행력도 떨어지게 된다는 점을 피드백해주면 변화를 받아들인다. 이때 중요한 것은 진정성이다. 진정성이란 자신의 내면의 선한 마음과 외부로 표출되는 행동이 일치하는 것을 말하는데, 진정성이 없는 피드백은 울림이 없다.

회사업무에만 몰두하는 일벌레의 경우는 업무 성공 외 가정에 대해서는 책임이 없다는 긍정적인 생각을 한다. 하지만 이런 행동이 계속되면 가족에게 죄책감을 느끼게 되고 결국 가족이 파괴되기도 한다고 말해줘야 한다. 스트레스 회복 불균형에 있는 사람도 짧은 기간 동안 생산적이라는 느낌을 주려는 긍정적인 의도에 대해 공감한 후 피로감이 증가하면 생산성도 떨어지게 된다는 점을 피드백해줘야 한다. 운동하지 않는 사람도 일에 더 몰입하기 위해서라는 단기적인 인상을 줄 수는 있지만 결국은 에너지가 저하되고 건강도 악화한다는 점을 피드백해줘야 한다.

즉, 해악만 생각해 변화하라고 하기 전에 그들의 긍정적 의도에 대해 충분히 공감해 주는 것이 필요하다. 그런 후 장기적인 해악을 이야기하면서 변화를 요청하는 피드백을 하면 달라지기 시작한다.

변화가 어려워서 현실에 안주하면 어떻게 될까? 그렇게 되면 변화 당한다. 이런 경우 지금까지 경험해 보지 못한 새로운 문제에 도전받는다. 회사가 망하기도 한다. 코닥이 좋은 예다. 디지털카메라를 세계 최초로 만들어 놓고도 코닥은 필름 시장에서 80% 독점 메리트를 버리지 못해 변화 당했다. 망했다. 'kodaked'라는 신조어를 이렇게 태어났다.

앞으로도 이런 일은 모든 분야에서 일어날 것이다. 자율주행차가 거리를 활보하게 되면 전 세계 수천만의 택시기사나 트럭 운전기사는 직장을 잃게 될 것이다. 테슬라가 무료 충전 전기 설비를 완공하게 되면 자동차 시장 판도도 크게 흔들릴 것이다. 인공지능이 발달 되면서 수많은 업종이 사라지거나 새롭게 생겨날 것이다.

변화할 시기에 변화하지 않으면 변화 당한다. 그래서 변화를 시도한다. 그러나 변화시도 뒤에 웅크리고 있는 지금까지 경험하지 못한 새로운 문제를 간과할 때도 변화시도는 성공하지 못한다.

작은 징후에서
큰 징조를 발견하라

작은 징후에서 미래를 예측하는 조직 시스템도 만들어라

인간과 다르게 동물은 지진 징후를 잘 감지한다고 한다. 2008년 중국 쓰촨(四川)성 대지진이 일어나기 나흘 전 인근 마을인 단무(檀木)에서 10만 마리의 두꺼비가 '대규모로 이동'했다는 것이다. 우리나라도 지진에서 자유로운 나라가 아니다. 최근에 포항 인근 지역에서 자주 지진이 감지되고 있다. 이런 상황에 인간이 동물과 의사소통을 할 수 있다면 사전에 지진을 감지하여 인명피해를 줄일 수 있다는 생각을 해 본다.

이상 징후 감지는 사람마다 많은 차이가 있다. 어떤 사람은 변화에 둔감하지만, 어떤 사람은 동물 같은 감각으로 아주 작은 변화에서 큰 이상 징후를 발견하기도 한다.

1931년 하인리히는 『산업재해 예방 : 과학적 접근』이라는 저서에서 수많은 재해 연구자료를 통해 1:29:300 법칙을 발견했다. 즉, 산업 현장에서 중상자가 1명 나왔을 경우 그 전에 같은 원인으로 발생한 경상자가 29명, 같은 원인으로 다칠뻔한 잠재적 부상자가 300명 있었다는 통계다. 큰 재해와 작은 재해 그리고 사소한 사고의 발생 비율이 1:29:300 비율로 나타난다는 것인데 아주 사소한 징후에서 큰 사고의 징후를 발견할 수 있음을 설명해 주는 연구다.

1 : 10 : 100 법칙이라는 것도 있다. 불량이 생겼을 경우 즉시 고치면 1의 원가가 들지만, 불량인 채로 회사 정문을 나서면 10의 비용이 들며, 고객에 전달된 후 클레임이 걸리면 100의 비용이 든다는 것이다. 이를 페덱스(Fedex)의 서비스법칙이라고도 한다. 페덱스는 불량사고를 미리 방지하기 위해 큰 노력을 한 결과 품질경영 분야에서 세계적인 권위를 인정받는 미국의 말콤 볼드리지 국가품질상(Malcolm Baldridge National Quality Award)을 수상하기도 했다.

이 개념은 기업문화에도 적용된다. 예를 들면 사장이 구성원들과의 약속을 지키지 않으면 약속을 지키지 않는 기업문화가 그 조직에 정착된다.

교육 중 있었던 일화다. 직원들을 교육 보낼 때, "교육을 받은 후 돌아와서 피드백 교육을 하라고 하면 그 직원은 전파교육을 하기 위해 열심히 교육에 참여합니다."라고 했더니, 사장 한 분이 "제가 교육 보내면서 그런 지시를 했는데 핑계를 대면서 안 하던데요?"라고 했다. 그래서 "평소 사장님은 약속이행을 어떻게 하셨습니까?"라고 질문했더니 사장은 잠시 생각한 후, 자신의 약속 불이행이 이런 조직문화를 만든 것 같다고 했다. 그렇다. 부하가 상사의 지시 사항이나 약속을 이행하지 않았다는 것은 그 전에 수많은 약속 불이행을 묵인했다는 말이다. 그것이 조직문화로 정착될 만큼 말이다.

다른 예를 들어보자. 동국제강 그룹 장상태 회장 비서실장일 때의 일이다. 월요일 출근하신 회장님께서 나에게 이런 질문을 하셨다.

"일요일인 어제 회사에 출근해 보니 외부 차량이 회사 주차장에서 세차하고 있었다. 일직자는 이것을 보고 아무런 조치도 취하지 않았다. 이것은 잘못된 일인가? 아닌가?"

"잘못된 일입니다."

"그런데 이 잘못은 징계할 만큼 큰 잘못인가? 아닌가?"

"징계할 정도는 아니라고 생각합니다."

"아니다. 이것은 작은 잘못이지만 이런 것들을 묵인하면 회사 규정을 지키지 않아도 된다는 풍조가 기업문화로 정착된다. 이런 작은 사건이 결국은 큰 사건을 만드는 시발점이 된다. 그래서 작더라도 명확한 잘못은 엄히 다스려야 한다."라고 하시면서 징계 위원회에 넘긴 적이 있다. 직원들 처지에서 보면 '뭐 그런 작은 쪼잔한 것을 회장이 신경 쓸 필요가 있을까?'라고 생각할 수 있겠지만 큰 사고를 막기 위해 작은 규정 위반도 처벌한다는 인식을 전 사원들에게 심어준 사례이다.

'깨진 유리창의 법칙'도 이를 잘 설명해 준다. 미국의 범죄학자 제임스 윌슨(James Q. Wilson)과 조지 켈링(George L. Kelling)이 1982년에 만든 개념인 '깨진 유리창 법칙'은 건물의 유리창을 깨진 채로 내버려 두면 그 건물은 더 빨리 폐허화 되고, 이로 인한 범죄가 더 자주 발생한다는 개념이다. 이를 방지하기 위해 1995년에 범죄 도시로 변한 뉴욕 시장에 새로 취임한 루디 줄리아니(Rudy Giuliani)는 뉴욕 지하철을 포함한 주요 거점에 CCTV를 설치한 후 낙서한 사람들을 끝까지 추적 처벌하는 한편 낙서를 지우는 작업을 동시에 시행했다. 그러자 지하철의 낙서가 줄어들기 시작했고 범죄율도 급격히 줄었다고 한다.

이처럼 작은 징후에서 큰 징조를 발견할 수 있다. 천년기업을 이끌어갈 꿈을 가진 사장이라면 작은 징조에서 큰 위험을 예지하는 능력을 반드시 배양해야 한다. 지위가 올라가면 올라갈수록 정보가 차단

된다는 점을 고려한다면 이 능력은 꼭 발전시켜야 한다. 작은 징후에서 큰 징조를 발견하기 위해서 이런 질문은 도움이 된다. "이런 일이 300번 계속될 경우, 어떤 결과가 예상되는가? 조직문화는 어떻게 변하게 될까?"

작은 징후에서 미래를 내다볼 수 있는 예측능력을 기업가도 개발해야 하지만 조직에도 이런 시스템이 작동하도록 제도를 만들어야 한다. 이런 능력은 최고경영자가 관심을 가지고 구성원들에게 질문하면 만들 수 있다. 시나리오 경영을 도입하는 것도 좋은 방법이다.

천년기업가라면
미래학자처럼 변화를 연구하라

변화시도 뒤에 숨어있는 예상 장애물을 미래학자처럼 연구해서 제거하라

"'세상에 모든 것은 다 변한다.'라는 말 외에 변하지 않는 것은 없다." 라는 말이 있다. 모든 것은 변한다는 말이다. 이처럼 변화하는 세상에서 천년기업으로 존재한다는 것은 기적을 만드는 일이다. 천년기업은 당대에 완성되지 않는다. 수백 세대 동안 이어 가면서 변화에 대응하면서 살아가야 한다. 성장해야 한다. 이를 위해 변화대응 시스템을 만들어 문화로 정착시켜야 하지만, 시스템만으론 부족하다. 변화에 대해 미래학자처럼 연구하는 후계자도 선발육성도 필요하다.

조직은 시스템이 움직이도록 만들어야 한다는 주장은 백 퍼센트 맞는 말이 아니다. 강력한 힘을 가진 CEO는 언제든지 시스템을 바꿀 수 있기 때문이다. 조선 시대에도 '대간(臺諫)'이라는 사헌부, 사간원의 벼슬을 두어 임금에게 직언할 수 있는 제도를 두었지만, 이 제도가 임금에 따라 때로는 유명무실해진 사례가 이를 말해준다. 후계자 선발육성이 중요한 이유이다. 후계자 선발육성 기준에는 반드시 변화관리 역량도 포함해야 한다.

어떤 경우에 변화에 적응하지 못하고 기업이 도태되는가? 이에 대해 존 코터는 이렇게 말했다.

① 자만심을 내버려 두었다.
② 혁신을 이끄는 강력한 팀이 없다.
③ 5분 안에 설명할 수 있는 비전이 없다.
④ 비전을 전사적으로 전파하지 못했다.
⑤ 방해물, 특히 무사안일주의 관리자를 내버려 뒀다.
⑥ 단기간에 구체적 성과를 보여주지 못했다.
⑦ 샴페인을 너무 일찍 터트렸다.
⑧ 새로운 제도를 조직 문화로 승화시키지 못했다.

이런 점을 고려하여 천년기업가의 변화관리 연구 요소로 PTRG [(사람(People), 기술(Technology), 자원(Resource), 관리(Governance)]를 제시한다. 이들 각 요소에 대해 좀 더 알아본다.

첫째, 사람(People)에 관한 연구이다.
"요즘 젊은것들은 버릇이 없다."라고 말하기보다는 이들의 생각이나 소비 패턴이 어떻게 변했는지 연구해야 한다. 이들은 구성원이 되기도 하지만 소비자이기도 하다. 이들에게 동기부여도 해야 하지만 이들을 상대로 마케팅도 해야 한다. 이를 위해 천년기업가는 사람의 근본에 대한 깊은 철학을 가지고 있어야 한다. 어떻게 하면 동기부여가 되는지, 어떻게 하면 구성원들이 존재 의미를 찾을 수 있는지, 교육은 어떻게 하면 좋은지, '나는 누구인가?'라는 질문에 어떻게 답을 찾을 수 있도록 해야 할지 등에 관해 연구해야 한다. 여기서 '나'는 회사도 되고 개인도 된다. 천년기업가는 반드시 인구변화로 인한 소비 패턴이나 사고패턴의 변화에 대해서도 대응방안을 마련해야 한다.

둘째, 기술(Technology)환경 변화 연구이다.

기술 변화는 자기 분야뿐만 아니라 인접 분야도 연구해야 한다. 위험하고 치명적인 경쟁 상대는 인접 분야에서 나올 확률이 아주 높다. 필름 카메라는 디지털카메라로 대체됐고 핸드폰은 스마트폰으로 대체됐으며, 기계식 시계는 전자시계로 대체되면서 위기 상황에 몰린 경우를 보면 알 수 있다.

셋째, 자원(Resource)환경 변화 연구이다.

좀 더 쉽게 자원을 구하거나 다른 것으로 대체할 수 있는 것은 무엇인지, 하드웨어 자원을 소프트웨어 자원으로 대체할 수는 없는지, 고갈되는 자원에 대한 대응은 어떻게 할 것인지, 등에 관해 연구해야 한다.

넷째로 관리(Governance)에 관한 연구이다.

조직은 공평하고 공정한 관리 시스템에 의해 움직이도록 해야 한다. 후계 CEO를 잘못 선발했을 경우라도 관리 시스템이 이를 뒷받침해 주도록 해야 한다. 관리 시스템은 정치, 경제, 사회 환경변화에 대응할 수 있는 시스템을 만들어야 한다.

관리 시스템에는 후계자 육성 선발 시스템, 인사관리(비전, 교육, 조직, 평가, 동기부여), 마케팅 및 영업관리, 생산관리 등이 포함된다. 이런 시스템이 어떻게 변화에 적응하도록 할 것인지 고민해야 한다. 천년기업가가 사람에 관한 연구 다음으로 중요하게 고민해야 할 분야가 관리 분야이다.

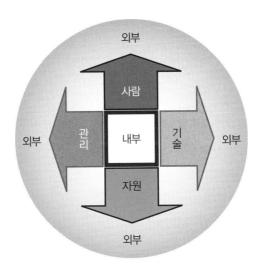

천년기업가의 중점연구 요소

변화관리는 기업 내부뿐만 아니라 기업 외부의 환경변화에도 대응할 수 있도록 해야 한다. 변화관리 요소 중 중점연구 분야를 발견했다면 자기에게 맞는 시스템적 접근 방법을 정착해야 한다.

■ 존 코터의 8단계 변화관리 방법

① 긴박감을 조성하라.
② 강력한 변화추진 구심체를 구축하라.
③ 비전을 창조하라.
④ 비전을 전달하라.
⑤ 구성원들이 비전에 따라 행동하도록 권한을 위임하라.
⑥ 단기적인 성과를 위한 계획을 수립하고 실현하라.
⑦ 달성된 성과를 굳히고 더 많은 변화를 만들어내라.
⑧ 새로운 접근 방법을 제도화하라.

이와 유사하게 리핏은 이렇게 주장했다.

① 문제를 분석하라.
② 변화의 동기와 역량을 평가하라.
③ 변화 주도자의 동기와 자원을 평가하라.
④ 변화가 지향하는 진취적인 목적을 선택하라.
⑤ 변화를 주도하는 사람들의 역할을 선택하라.
⑥ 변화를 지속하라.
⑦ 변화 조력자를 철수시켜라.

이외에도 여러 가지 변화관리 모델이 있다. 어떤 모델을 사용하든 적합한 변화대응 모델을 적용하면 되지만 변화 이슈에 대해서는 누구보다도 먼저 사장이 늘 미래학자처럼 연구하는 모습을 보여줘야 한다.

사장의 이런 행동과 태도가 조직에 들불처럼 번져 나가 기업문화로 정착하는 데 절대적 영향을 주기 때문이다. 그렇지 않으면 천년이 아니라 백 년도 안되 기업이 난관에 봉착할 것임은 명약관화(明若觀火)란 말처럼 불을 보듯 뻔하다는 점을 천년기업가는 마음속 깊이 새겨 두어야 한다.

기업가 정신은 사장이 만든다

사장의 태도가 기업문화를 만든다

사장의 태도는 기업문화 형성에 절대적인 영향을 준다. 기업문화란 기업이 갖는 독자적인 경영이념이나 행동의 규범 혹은 조직 구성원의 공유된 가치(Shared Value), 신념체계(Belief), 행동 규범(Norm), 방식(Style), 태도(Attitude) 등을 포함한 종합적인 개념이다. 기업문화란 그 기업이 현존하는 실재이다. 사람들은 그 기업 종사자의 태도를 보고 기업문화를 인식한다.

인터넷 쇼핑업체 자포스(Zappos)의 CEO, 토니 셰이(Tony Hsieh)는 "좋은 조직문화는 리더가 아니라 직원에게서 뽑어 나와야 한다."고 하였다. 맞는 말이다. 결과적으로 그렇게 되어야 한다. 하지만 구성원들의 태도에 결정적 영향을 주는 것이 '사장의 태도'라는 점이다. 사장 본인은 행동하지 않으면서 구성원들에게 좋은 기업문화가 뽑어져 나오길 기대하는 것은 낙타가 바늘구멍을 지나가기보다 훨씬 어렵다. 절대 그런 일은 일어나지 않는다.

사장이 만들고 싶은 기업문화를 이야기할 수는 있다. 하지만 모범을 보이지 않으면 구성원들은 피상적으로 하는 척할 뿐이다. 직원들은 사장의 일거수일투족을 보고 느끼고 배우며 따라 한다. '태도의 뿌리는 마음속에 있지만, 그 열매는 겉으로 드러난다. 태도는 주변 사람을 모이게도 하지만 흩어지게도 한다. 태도란 자신의 마음속의 느낌이 겉으로 표현된 것이다. 태도는 말보다 더 솔직하고 일관되게 자신을 보여준다.'는 점이다.

'태도가 모든 것이다(Attitude is everything)'라는 표현도 있듯이 사람들은 태도를 보고 그 사람을 판단한다. 구성원들의 태도를 보고 사람들은 그 기업의 문화를 느낀다. 사장의 태도는 기업문화의 초석 역할을 한다. 사장 자신은 하지 않으면서 구성원들이 좋은 기업문화를 뿜어내길 기대하는 것은 지나친 욕심이다.

예를 들면 '정직'이라는 핵심가치를 강조하는 사장이 자신은 '정직하지 않은 행동'을 하면 구성원들은 '정직'에 콧방귀 뀐다. '신뢰'란 핵심가치를 주장하는 사장이 구성원들과 한 '약속'을 지키지 않으면 그 핵심가치는 액자 속에서 잠잔다. 사장의 태도는 과거를 기록한 역사책이며 현재를 보여주는 대변자이고 미래를 알려주는 예언자이다. 현재의 기업문화는 사장의 지금까지의 태도가 가장 큰 영향을 끼쳐 만들어진 것이다. 미래 역시 오늘부터 갖게 될 사장의 태도에 의해 만들어지게 된다.

사장의 태도가 고도화된 정보화 시대, 4차 산업혁명 시대에 잘 적응할 수 있는 것이라면 좋은 기업문화로 연결되어 기업이 생존할 수 있을 것이다. 그렇지 않다면 지금 즉시 사장의 마인드부터 바꿔야 한다. 그러나 자기 기업이 망할 정도로 절박함을 느끼지 못하면 태도는 바뀌지 않을 것이다. 이 때문에 자신의 태도를 바꿔야 할 절박한 이유나 의미를 먼저 찾아야 한다. 이유나 의미는 찾으려면 얼마든지 찾을 수 있다.

기업에서 생산하는 모든 제품은 인류사회를 위한 깃이기 때문이다. 이유나 의미를 찾았다면 오늘 하루라도 태도를 바꿔보라. 그런 날이 많이 있다 보면 어떤 날 습관처럼 태도가 바뀔 것이다.

『Good to Great』의 저자 짐 콜린스는 "성공하는 기업에는 구성원들이 자신의 책임을 완수하기 위해서라면 땅끝까지 갈 용의가 있는 자율적인 사람들로 가득 채워진, 종교적이라고 할 만큼 투철한 개념을 바탕으로 한 기업문화가 있다."고 말했다. 그는 "뛰어난 개인, 합심하는 팀원, 역량 있는 관리자 다음으로 유능한 리더를 뛰어넘는 단계 5의 경영자가 개인적 겸양과 직업적 의지를 역설적으로 융합하여 지속해서 큰 성과를 끌어내야만, 위대한 기업을 만든다."고 하였다.

단계5의 경영자 중 사장은 최고의 지위에 있으며 조직에 가장 큰 영향을 준다. 사장은 자신의 태도가 기업문화 형성에 거의 절대적인 영향 요소라는 점을 잊어선 안 된다. 구성원들은 사장의 태도에 따라 근무할지 떠날지도 결정하며, 성심껏 헌신하며 열심히 일할지 말지도 결정한다.

사장의 태도가 마음에 들지 않으면 회사에 몸은 있으나 마음은 딴 곳에 가 있다. 다른 회사를 알아볼 수도 있으며 휴가를 낸 후에 다른 회사 면접을 보러 가기도 한다. 결국, 사장의 태도가 기업문화를 만든다고 봐야 한다. 사장의 영향력은 그만큼 크다. 주식시장에서 최고경영자의 건강 등에 지대한 관심을 보이는 것도 사장의 역할이 그만큼 중요하다는 방증이다.

천년기업 비전으로
예측경영 문화를 정착하라

사전에 예측 시나리오를 작성, 대응하면 담담하게 이슈를 대하게 된다

사장이 가장 갖고 싶은 능력은 무엇일까? 아마도 '미래예측' 능력일 것이다. 미래예측 방법은 델파이 기법, 패널기법, 역사적 유추법, 시나리오 기법 등을 활용하고 있긴 하지만 아직도 완벽한 방법은 발견되지 않고 있다.

미래예측은 인간의 한계를 넘어서는 것일지도 모른다. 토네이도만 해도 그렇다. 토네이도 발생 예측은 현재 13분 전에 할 수 있다고 하지만 이조차도 70% 이상이 잘못된 정보라고 한다. 그런데 '노란죽지솔새'는 적어도 24시간 전에 토네이도를 감지해 이동한다고 미국 미네소타대학 등의 공동연구팀이 밝혔다. '노란죽지솔새'에 위치추적기를 부착해 이동 경로를 추적하던 중 우연히 이 같은 사실을 알아냈다는 것이다. 아직도 인간은 자연으로부터 배워야 할 것들이 많이 있다.

미래를 예측은 불가능하다고 생각하면 전혀 방법이 보이지 않겠지만, 방법이 있다고 생각하면 '노란죽지솔새'처럼 방법을 찾을 수도 있다. 미래예측경영에 가장 중요한 요소는 사장의 관심이다. 사장이 미래

예측에 대한 관심도가 높으면 높을수록 구성원들도 미래를 생각하면서 일을 한다.

미래를 생각하면서 현재의 해결책을 찾는 것과 현재의 문제에만 집중해서 해결책을 찾는 것은 상당한 차이가 있다. 매출이 하락할 때 근시안적인 해결방법을 생각하면 영업본부장을 바꾸는 것이겠지만, 천년기업 꿈을 가진 사장으로서 문제를 바라보면 전혀 다른 해결방법을 찾는다는 것을 실제 사장님을 코칭하면서 경험했다.

예측경영을 하기 위해 불완전하지만 다양한 미래예측 기법을 활용해 보는 것도 좋다. 그중에 시나리오 기법은 비교적 사용하기 쉽고 효과도 있는 기법이다. 예를 들면 새로 부임한 영업본부장이 부서의 현황을 미리 점검해 본 후 자신의 경영방침 시나리오를 미리 준비하여 이를 선언하고 업무에 임하는 것과 아무런 준비 없이 현업을 하면서 부닥치는 문제를 해결하는 것은 상당한 차이가 있다.

이런 상황은 출장계획도 마찬가지다. 출장 전 예상되는 문제점과 자신의 해결방침을 생각한 시나리오 몇 개를 미리 작성해 본 후 출장을 가는 것과 아무 준비 없이 출장을 가는 것은 많은 차이를 만들어낸다. 미리 결과를 예측하면서 방법을 찾는 것이 훨씬 효과가 있다는 말이다.

지금처럼 급변하는 시대에 미래예측은 불가능하므로 장기계획은 필요 없다고 말하는 사람도 있다. 하지만 기업이 나아가야 할 방향조차 없다면 어떻게 기업이란 배를 이끌고 항해를 하겠는가? 미래가 불확실하더라도 경영진은 미래를 예측해 보려고 노력해야 한다.

뒤퐁, IBM, GE, 도요타 같은 기업들의 경우 CEO가 앞장서서 미래준비의 필요성을 강조하고 있듯이 지금과 같은 급변하는 환경 속에서 예측경영은 꼭 필요하다. 하지만 경영진의 의지가 없는 예측경영은 작동하지 않는다.

'선견력'은 사장에게 꼭 필요한 역량이다. 선견지명이 없는 지도자는 부하를 움직이기 힘들다. 미래예측은 자신의 업무에 깊이 몰입하면 보인다고 한다. 동국제강 장상태 회장은 최소한 6개월에서 1년 정도의 예측을 하셨는데 그 비결에 대해 이렇게 말했다.

"나는 국내에 나오는 5개의 일간지와 2개의 경제지, 4개의 월간지와 일본 신문을 꼼꼼히 살펴본다. 그러다 보니 행간에서 미래를 볼 수 있다."

천년기업을 만들어 갈 사장이라면 미래예측 노력을 반드시 해야 한다. 작은 징후에서 큰 징조를 발견할 수 있는 능력을 배양하는 노력을 해야 한다. 그런 모습은 직원들에게도 공명한다. 향후 20년 이내에 45%의 직업이 없어진다는 시대에 살아남으려는 사장에게는 무엇보다도 가슴설레는 높은 꿈이 북극성처럼 자리 잡고 있어야 한다. 천년기업을 만들겠다는 꿈이면 더욱 좋다. 사장이 먼저 높은 꿈을 가지고 '예측경영문화'를 만들어 가야 하겠다는 의지를 보일 때 '예측경영' 기업문화가 정착하게 된다.

천년기업가의
인재육성 시스템

공정하고 공평한 인재육성 선발 시스템은 중요 동기부여 요인이다

"인재 없이 급변하는 환경 속에서 천년기업이 가능할까? 4차 산업혁명파고도 넘기 어려운데…."라고 말할지 모른다. 천년기업을 만드는 것이 어렵긴 하지만 그렇다고 가능성이 전혀 없는 것도 아니다. 우리나라에도 천년을 유지한 '신라'가 있었고 일본에도 천년기업이 있으므로 천년기업이 불가능한 것만은 아니다.

인간이 멸종하지 않는 한 기업은 존재한다. 새로운 기업이 생겨날 수도 있고, 기존 기업이 변신할 수도 있다. 천년기업의 존재 가능성이 없다는 사람에게 천년기업을 기대할 수는 없겠지만, 실낱같은 가능성이라도 바라보고 이런 기업을 만들겠다는 사람으로부터 천년기업이 나올 것이다. 천년기업 꿈을 실현하기 위한 시도는 잃을 것이 없는 게임이다.

천년기업은 인재선발육성시스템에서 시작된다. '파텍필립'처럼 특화된 제품을 만드는 가족 기업이라면 모를까 일반 기업에서 대물림 제도로 천년기업 기대는 불가능하다. 천년기업이 되려면 구성원들의 마음을 얻어야 하는데, 어려서부터 황제처럼 자란 사람이 구성원들의 마음을 헤아리기는 어렵다.

구성원들의 마음을 얻지 못하면 기업은 존속할 수 없다. 절대 천년기업이 되지 못한다. 급변하는 환경 속에서 살아남기 위한 유일한 방법은 미래 예측능력과 창의력인데, 이들 두 요소는 구성원들의 몰입 속에서 얻어낼 수 있기 때문이다. 구성원들의 마음을 얻지 못하면 그들은 잠재의식에 내재된 무한한 가능성과 창의력을 전혀 사용할 생각을 하지 않기 때문이다.

많은 신입사원이 입사 초기에는 사장이 되겠다는 꿈을 가졌다가도 중도에 포기한다. 중도에 여러 가지 이유로 목표를 잃는다. 이런 관점에서 보면 결국 인재육성 시스템은 사장이 되겠다는 꿈을 잃지 않도록 자극을 주는 것이며 제도로 이를 뒷받침하는 것이라고 볼 수 있다. 사장이 문제를 바라보는 시각과 사원이 문제를 바라보는 시각이 전혀 다르다. 이런 관점에서 천년기업의 인재 육성시스템에 대해 생각해 본다.

천년기업의 인재육성시스템을 만들 때 고려사항은 다음과 같다.

첫째, 구성원에게 사장이 될 기회를 공평하게 제공하는 것이다.

모든 사람에게 동등하게 기회가 부여되고 공정하고 투명한 사장선발 시스템이 작동되도록 하면 동기부여는 덤으로 따라온다. 구성원들이 기업가 정신으로 일하게 된다. 신입사원부터 사장 관점에서 문제를 바라보고 해결책을 생각하는 기업문화를 만들게 된다.

둘째, 사장이 인재육성에 대해 적극적 관심을 기울이는 것이다.

규모가 큰 회사라면 인재개발 부서에 힘을 실어줘야 한다. 규모가 크지 않다면 사장이 인재개발 부서장의 역할을 직접 하는 것이다. 어떤 경우든 사장이 인재육성에 관심을 기울여야 한다. 사장의 관심은 기업문화를 만드는 데 중요한 역할을 하기 때문이다.

셋째, 비전체계를 바탕으로 한 프로그램이 운용되어야 한다.

비전체계에는 경영이념이 포함된 경영철학과 핵심가치 그리고 비전이 포함되어야 하며, 이들이 실제로 작동해야 한다. 교육 프로그램 운영은 물론 인사평가나 승진심사 항목에도 이들 요소가 포함되어야 하며 실제로 작동되도록 시스템을 만들어야 한다.

넷째, 코치형 리더를 육성하는 것이다.

코치형 리더는 지시보다는 경청하고 질문하고 피드백한다. 코치형 리더는 노자가 말하는 가장 위대한 리더이다. 무위를 실천하는 리더이다. 무위란 보고 싶은 대로 보는 것이 아니라 보이는 대로 보는 것이다. 상대를 자신의 기준으로 재단하고 다듬는 것이 아니라 있는 그대로를 인정해 주면서 상대에게 내재된 잠재력을 최대한 끌어내는 것이다. 이런 코칭 리더를 육성해야 한다. 베이비붐 세대 중 PC를 못 쓰는 리더는 퇴출당했듯이 앞으로는 코칭 리더가 아니면 퇴출당할 것이다.

다섯째, 액션러닝 방법으로 인재를 육성하는 것이다.

부족한 역량을 키운 후에 성과달성을 기대하는 것보다는 업무를 하면서 부족한 역량을 보충하도록 하거나 강점 역량을 발휘하도록 하는 것이 훨씬 더 효과적이다. 자신만의 높은 목표를 세운 후 현재 업무를 바라보면서 해결방법을 찾아야 할 것이다.

천년기업 사장의 관점에서 문제를 바라보고 해결책을 생각하게 하면 쉽게 방법을 찾을 수 있다. 실제로 코칭 현장에서 문제에 부딪힌 사장에게 "천년기업 사장의 관점에서 이 문제를 해결한다면 어떻게 할까요?"라고 질문하면 쉽게 해결책을 발견하는 경우를 종종 본다.

인재선발육성시스템은 사장이 고민해야 할 가장 중요한 이슈다. 이때 반드시 고려할 사항은 인본주의가 바탕에 깔려있어야 한다. 이럴 때 이런 질문을 해 보는 것이 좋다. "나는 이 회사를 천년기업으로 만들고 싶은데 어떻게 인재 육성시스템을 만들어 운영하면 좋을까? 인간의 근본을 생각한 동기부여 요소는 무엇일까?"

다시 한번 질문해 보자. '당신이 천년기업 사장이라면 어떻게 인재선발육성시스템을 만들어 운영할 것인가?'

천년기업가의
인재선발 시스템

좋은 인재선발 시스템 밑바탕에, 좋은 기업문화가 살아 움직여야 한다

"좋은 인재를 뽑기만 하면 성과는 걱정하지 않아도 될까?"

전혀 그렇지 않다. 아무리 훌륭한 인재를 선발했더라도 열정이 없는 인재는 회사 재산인 인재(人財)가 아니라, 머릿수만 채우는 인재(人在)가 되거나 회사에 해만 끼치는 인재(人災)가 될 수도 있다.

구성원들로부터 열정을 불러일으키려면 먼저 그들의 마음을 얻어야 하고, 그들의 마음을 얻기 위해서는 이들이 회사에 원하는 것이 무엇인지 알아야 한다. 이들은 자신에게 내재된 무한한 잠재력을 발휘할 것인지 아닌지를 탐색하기 위해 다음 네 가지 질문을 한다.

> 첫째, "회사 조직문화나 관리방식은 나에게 맞는가?"
> 둘째, "회사 사장은 최고 책임자로서 존경할만한가?"
> 셋째, "이 회사 사업 목적은 나에게 의미가 있는가?"
> 넷째, "이 회사의 평가 보상시스템은 공평한가?"

구성원들은 회사로부터 이 네 가지 질문에 긍정적인 답변을 얻을 수 있어야 열정적으로 회사에서 일한다.

회사는 구성원들이 원하는 기업문화를 먼저 만들어야 한다. 이런 기업문화가 바탕에 없는 기업은 구성원들의 몰입을 끌어낼 수도 없을뿐더러, 시황과 관계없이 회사 경영이 롤러코스터를 타게 된다. 실제로 이런 사례를 중소기업에서 많이 보게 된다. 이대로만 유지하면 회사는 잘 될 것 같다고 안심하는 순간 핵심인재가 회사를 떠나게 되고 회사는 경영위기를 맞는다.

결국, 좋은 인재선발 시스템을 만들기 전에 좋은 기업문화가 만들어져야 한다는 말이다. 기업문화에 절대적인 영향을 주는 요소는 역시 사장이다. 기업문화란 결국 사장의 생각과 태도이다. 사장은 구성원들이 공명할 수 있는 경영이념, 핵심가치, 비전을 솔선수범해서 실천하는 사람이어야 한다.

천년기업가의 자질을 갖춘 최고경영자가 존재한다는 가정하에 인재선발육성시스템을 어떻게 만들어 갈지 논의해 보자.

천년기업의 인재선발 시 면접 시스템 어떻게 만들 것인가?

일반적으로 대부분 회사는 서류 전형에 합격한 후보자를 대상으로 면접을 시행한다. 1차 면접은 면접관이 질문하는 형태를 취하지만, 이와는 다르게 천년기업가라면 어떻게 면접 시스템을 운영하면 좋을지 알아보자.

지속성장 가능한 천년기업의 비밀

첫째, 응시자에게 질문 권한을 부여하는 것이다.

응시자가 궁금한 것이나 알고 싶은 것 다섯 가지를 질문하도록 질문권을 부여하는 것이다. 실제로 천년기업가 과정 1기를 졸업한 창업 초기 회사 대표는 이 제도를 시행하면서 채용 여부 판단 정보를 수집하고 있다. 이 제도는 회사와 응시자 모두 상대를 탐색하는 데 상당히 효과가 있다.

사장은 후보자가 생각하는 중요한 가치나 질문 수준으로 회사에 대한 호감도나 열정 등을 파악할 수 있고, 후보자는 자기가 궁금한 것에 대한 질문을 통해 회사 문화나 사장의 수준을 파악할 수 있다. 웬만한 준비나 용기가 없는 사장은 실행하기 힘들기는 하겠지만 훌륭한 인재를 선발하는 데 아주 좋은 제도다. "한 사람의 리더십 수준은 그 사람의 대답 능력이 아니라 질문능력이다."라고 볼테르가 한 말을 실감하게 된다. 이 과정에서 사장도 면접대상이 된다. 사장이 후보자를 선택하는 과정이지만 후보자도 사장을 선택하는 과정이다.

규모가 큰 회사라면 사장이 아니라 채용부서의 부서장, 또는 선발된 면접관이 실시할 수 있다.

둘째, 2차 면접은 채용부서 팀장과 팀원들이 진행한다.

이렇게 하면 면접관들은 자신과 같이 일할 사람을 채용하기 때문에 성실하고 꼼꼼하게 면접에 임한다. 독불장군이나 업무 능력이 부족한 사람을 뽑으면 부서원들이 힘들어지기 때문이다.

다수의 신입사원을 채용할 경우라면 선발된 면접관이 면접을 진행해야 하겠지만, 이럴 때는 면접관의 면접점수와 채용률, 그리고 사후 근무성적과 비교하는 제도를 마련한 후, 미리 면접관에게 이 제도를 알려주면 좀 더 세심하게 응시자를 판단하기 위한 질문을 하게 되고, 관심도 기울이게 된다.

이런 제도를 활용하여 면접 성공률이 높은 면접관을 활용하는 제도를 도입하는 것도 좋다. 회사는 이를 통해 사람 보는 눈을 개발하는 효과를 부수적으로 얻을 수 있으며 어떤 사람을 선호하는지 자연스럽게 알리는 효과도 얻게 된다.

셋째, 면접관의 질문에는 일관성 있어야 한다.

면접관의 질문이 일관성이 없으면 면접점수도 일관성이 없게 된다. 일관성 있는 면접 질문으로는 직장인의 성공요소인 PRO-A[성과(Performance), 관계(Relationship), 자기표현(Own expression), 한 방향 정렬(Alignment) 요소를 활용하면 좋다. 이 중에서도 특히 회사의 비전이나 인재상 또는 핵심가치와 한 방향 정렬될 수 있는지 확인하는 질문을 절대 생략해선 안 된다.

회사의 비전체계와 맞지 않는 인재를 버스에 태우게 되면 상당한 비용과 고통을 감수해야 한다.

넷째, 2차 면접을 통해 선발이 확정된 후에는 현업에 배치하기 전 갈등요소를 줄이기 위해 회사 문화와 근무요령 및 각 부서 소개 교육을 반드시 해야 한다.

바쁜 경우에도, 채용인원이 1~2명인 경우에도, 최소한 2일 정도의 교육은 해야 한다. 채용인원이 소수일 경우는 다수 인원을 채용할 때 촬영한 동영상을 활용하면 된다. 동영상 교육이라고 하더라도 시험을 본다고 하면 열심히 노트도 해가며 시험에 대비한다. 실제로 이런 방법으로 교육하는 회사도 있다. 입사 초기이기 때문에 중견 사원이라도 2일간의 시간은 충분히 낼 수 있다.

다섯째, 교육의 마지막 2시간 정도는 배치부서 부서장이 자신의
조직운영방침을 설명하는 시간을 반드시 가져야 한다.

이 과정은 '선언의 효과'를 통하여 응시자에게 어떤 자세로 근무할 것
인지에 대한 준비를 요청하는 시간이다. 곤란한 상황을 미리 생각하고
이에 대한 준비를 한 사람과 그렇지 않은 사람과는 상당히 다른 반응
을 보인다. 미리 상황을 예측하고 준비한 사람이 더욱더 현명하게 대처
한다는 말이다. 이런 시간을 통해 상사나 구성원들 간 오해로 인한 부
서 내 갈등을 사전에 상당히 줄일 수 있다.

사후라도 불만을 나타낼 여지가 있는 것들은 모두 알려주면 후보자
는 이 부분에 대해 어떻게 대처 것인지 마음의 준비를 하므로 갈등요
소를 상당히 줄일 수 있다.

이 과정에서 회사가 맘에 안 들면 떠날 수도 있겠지만, 채용비용을
줄여 주는 효과도 있다. 어떤 회사는 연수 과정에서 공개적으로 회사
가 마음에 들지 않아 떠날 경우, 3개월 치 급여를 주겠다고 약속하는
회사도 있다. 이렇게 하면 회사를 떠나는 많을 것 같은데 역설적으로
회사를 떠나는 사람이 거의 없다고 한다. 오히려 더 오래 열심히 근무
한다고 한다. 사람들은 금전적 이유만으로 회사에 들어오거나 열정을
나타내지 않는다는 사례를 실제로 증명한 사례다. 실제로 이런 회사에
들어온 사람은 자신이 돈 때문에 떠날 거면 3개월 치 급여를 받고 연
수원 시절에 떠났을 것이라고 말한다고 한다.

여섯째, 인원이 선발된 후에도 3개월 정도 기간을 두고 회사의
핵심가치 적합성 여부를 판단하는 시간을 가진 후 최종 입사를
확정하는 것도 좋다.

업무 능력보다도 더 중요한 것이 품성과 태도이다. 버스에 잘못 태운

인재는 빨리 내려서 다른 버스를 타게 하는 것이 회사는 물론 본인에게도 시간과 자원의 낭비를 막는 데 상당한 도움이 된다. 부수적으로 이런 제도를 통해 조직에 적합한 행동을 끌어내기도 한다.

천년기업가라면 "세 사람만 얻어도 천하를 얻는다."라는 격언을 되새겨 봐야 한다.

건달이었던 유방은 '장량', '소하', '한신'을 얻은 후 천하를 통일했다. 짚신장수 유비도 관우, 장비, 공명을 얻은 후 한 나라를 건국했다. 성공한 기업인들의 면면을 살펴보면 사람을 끌어들이는 마력을 가지고 있다. 구성원들의 마음이 떠나면 회사도 내리막길을 걷는다. 직원들의 마음을 얻어야 하는 이유가 여기에 있다.

어떤가? 구성원들이 마음 터놓고 소통할 수 있는 회사, 자신의 존재의미를 발견할 수 있는 회사, 정당한 대우와 보상을 받을 수 있는 회사에서 창의력을 마음껏 발휘하게 하여 4차 산업혁명은 물론 급변하는 환경변화에 대응할 수 있는 천년기업 인재육성시스템을 만들어야 한다고 생각되지 않는가?

천년기업가의
초석 후계자 선발육성 시스템

공정한 후계자 선발육성 시스템은 동기부여는 물론 천년기업의 기본이다

천년기업을 만들기 위해서 가장 중요한 것은 무엇일까? 후계자 선발 육성이다. 아무리 훌륭한 기업을 만들었다 하더라도 후계자를 잘못 선발하면 언제든 회사는 망할 수 있다. 기업이 영속되기 위해서는 시대 상황에 맞도록 진화해야 한다. 이는 시스템으로 어느 정도 보완할 수 있지만, 이것만으로 완벽하진 않다. 시대 변화에 대응할 수 있는 후계자가 이를 보완할 수 있어야 한다.

천년기업을 만들겠다고 생각하는 최고경영자라면 반드시 정교한 후계자 발굴 육성시스템을 만든 후 자신이 살아있을 때 후계자에게 회사를 물려줘야 한다. 창업자에게 이는 뼈를 깎는 고통이기도 하다. 자신의 분신과도 같은 회사를 안심하고 다른 사람에게 맡기는 것은 쉬운일이 아니다. 능력 있는 자식에게 물려주는 경우도 마찬가지다. 천년기업가라면 반드시 생전에 이 일을 완수해야 한다. 그렇게 하지 못하면 자신의 역할을 다한 것이 아니다. 그렇게 하지 않으면 100년 기업도 만들기 힘들다.

통계에 의하면 42년 전인 1965년 우리나라 10대 기업은 동명목재, 금성방직, 판본방직, 경성방직, 대성목재, 양화수출조합, 동일방직, 동신화학, 대한제분, 제일제당이었다. 이들 중 지금까지 10대 기업으로 남아 있는 회사는 하나도 없다. 32년 전인 1975년에 10대 기업이었던 기업 중에는 포스코가 유일하게 10대 기업으로 남아 있다. 미국의 경우 1965년 10대 기업 중 GM, Exxon, Ford, 3개 회사가 2016년까지 10대 기업으로 남았다.

이런 상황 속에서 어떻게 천년기업의 후계자 육성 선발 시스템을 만들면 좋을까? 우리는 그 실마리를 양궁과 골프에서 찾아볼 수 있다.

1978년 12월 방콕에서 열린 제8회 아시안 게임에서 우승한 양궁은 30여 년이 지난 지금도 선두자리를 유지하고 있다. 여자 골프도 1998년 6월 US 세계여자 오픈 경기에서 박세리가 우승한 이후 20여 년간 세계 선두자리를 지키고 있다. 이들에게서 천년기업을 이어갈 후계자 육성과 선발 시스템에 대한 실마리를 발견할 수 있다.

양궁의 선수 선발은 8개월간 100위 안에 든 선수가 4,000발 이상을 쏘아 최고 성적을 거둔 3명에게 출전 자격을 준다. 엉뚱한 선수가 연줄이나 파벌을 등에 업고 뽑힐 가능성을 원천 봉쇄했다.

기회는 누구에게나 동등하게 주어진다. 선발의 투명성과 공정성이 보장된다. 선수 선발 과정에서 아무도 특혜를 받지 못한다. 과거 우승자가 탈락하기도 한다. 여자 골프도 이와 비슷하다. 우선 두꺼운 선수층이 있다. 이들은 외부의 압력 작용 없이 치열한 경쟁을 통해서만 우승을 차지한 선수가 국가대표로 선출된다. 천년기업을 만들고 싶은 기업가라면 이처럼 골프나 양궁의 선수 선발육성 방법을 활용하여 후계자 육성선발 시스템을 만들면 좋다.

자식에게 기업을 물려준다고 나쁜 것만은 아니겠지만, 공정경쟁 없이 후계자로 선발된 자녀가 5대 이상 기업을 잘 이끌어 갈 확률이 제로에 가깝다. 역사가 이를 말해준다. 우리나라 대기업 중에는 3대째 회사를 잘 운영하는 곳도 있다. 그러나 5~6대를 뛰어넘어 천년기업을 만들기는 어렵다.

기업이 잘되기 위해 가장 중요한 것은 직원들의 마음을 얻는 것이다. 손발만 빌려서는 결코 천년기업을 만들 수 없다. 주변 사람들로부터 공주나 왕자처럼 떠받침을 받던 사람이 구성원들의 마음을 얻는다는 것은 낙타가 바늘구멍을 지나가기만큼 어렵다. 최근 발생한 정치경제 상황에서도 이런 모습이 보이지 않던가.

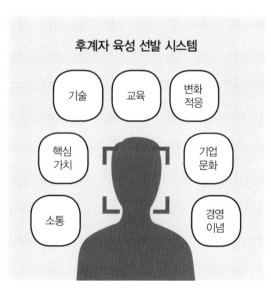

천년기업의 초석 후계자 육성선발시스템

천년기업의 꿈을 가진 사장이라면 투명하고 공정한 후계자 육성선발 시스템을 반드시 만들어야 한다. 자식이라 하더라도 이 시스템 속에서 공정경쟁을 통해 선발되지 않으면 탈락시켜야 한다.

중국 천하를 통일한 대업적을 일군 진시황도 후계자를 잘못 세워 그의 사후 4년 만에 멸망했다. 진시황은 불로장생을 위한 노력보다는 후계자 육성에 더 공을 들였어야 했다. 기업도 마찬가지다. 천년기업을 만들겠다고 생각한 기업가는 물론이지만 그런 생각이 없는 기업가라 하더라도 후계자 육성은 가장 중요한 이슈다.

투명하고 공정한 후계자 육성선발 시스템을 운영하면 직원들은 정성을 다한다. 구성원 누구나 다 최고경영자가 될 수 있다는 믿음을 갖게 하면 덤으로 구성원들의 자발적 동기부여를 이끌어 낼 수 있다. 시대에 걸맞은 다음 세대 준비에 상당한 공을 들여야 하는 이유가 여기에 있다.

천년기업가의
후계자 선발육성 시스템

천년기업가는 자기 생전에 기업을 후계자에게 물려줘야 한다

천년기업으로 생존하려면 무엇을 해야 할까? 정교한 후계자 선발육성 시스템을 만들어야 한다. 우리나라 속담에 부자 3대란 말이 있다. 서양에도 '셔츠차림으로 시작해 3대 만에 다시 셔츠차림으로(Shirtsleeves to shirtsleeves in three generations)'라는 속담이 있고, 독일에는 '아버지는 재산을 모으고 아들은 탕진하고, 손자는 파산한다.'는 속담이 있다. 창업보다 수성이 어렵다는 말이다.

최근의 한진 오너 일가의 갑질 사태는 기업을 위기로 몰아가고 있다. 직원들이 경영에서 손 떼라고 시위도 한다. 어려서부터 왕자와 공주 대우를 받으며 자란 특권의식 때문이리라. 이런 의식으로 구성원의 마음을 얻기란 하늘의 별 따기보다 어렵다. 그렇다고 가족경영이 무턱대고 나쁘다고는 할 수 없다. 2005년 6월 5일 『아시안월스트리트저널』과 영국 『파이낸셜타임스』의 발표에 의하면 전 세계 1,000대 기업 가운데 3분의 1이 가족기업이며, 유럽은 물론 미국에서도 많은 가족기업들이 건재하고 있다. 우리나라도 상장기업과 코스닥기업의 70%가 가족기업이다. 독일 중소기업연구원(Ifm Bonn) 조사에 의하면 독일 전체 기업 중 84%가 가족기업이다. 이들 기업이 독일 전체 일자리의 2/3, 국내총생산(GDP)의 60% 이상을 차지하고 있다.

하지만 독일의 경우 가족기업이라 하더라도 자녀가 기업 경영권을 이어받는 경우는 10%에 불과하다. 가족 구성원 중 CEO에 적합한 인물이나 외부 전문 경영자를 영입한다는 점은 주목할 필요가 있다. 가족 경영의 가장 큰 이슈는 후계자 선발육성인데 독일기업들은 이를 슬기롭게 극복하고 있다.

천년의 역사를 가진 신라도 박·석·김 씨 중에서 후계자를 선발했다. 단일 성씨보다는 많은 후보자 중 후계자를 선발됐다. 그만큼 경쟁이 치열했다고 볼 수 있다. 반면에 519년을 유지한 조선이나 475년을 유지한 고려는 단일 성씨 가족의 대물림 국가였다. 그렇더라도 많은 왕자 가운데 치열한 경쟁을 통하여 세자에 책봉된 후 혹독한 훈련제도를 거쳤기 때문에 국가를 오래 유지했다고 볼 수 있다.

그러나 지금 우리 현실은 옛날처럼 자녀를 많이 낳지 않기 때문에 1~2명의 자녀 중에 후계자를 선발해야 한다. 후보자 군이 적기도 하지만 더욱 어려운 점은 이들 자녀가 조선 시대 왕자나 공주보다 더 특별한 특권을 누리며 자랐다는 점이다. 보통 사람들의 자녀도 마찬가지로 특별한 대우를 받으며 자랐다. 이런 젊은이들이 소비자이기도 하고 직원이기도 하다. 이런 점을 고려해서 시스템을 만들어야 한다. 이를 위해 몇 가지 사례를 알아본다.

첫 번째, 1428년을 존속한 일본의 곤고구미 건축회사이다.
이 회사의 경영철학은 "기본에 충실, 무리한 사업확장 금지, 눈이 닿지 않는 곳도 꼼꼼히, 현장 중시"이다. 곤고구미에는 장사 세습원칙이 없다. 후계자는 성별 불문 가족 여부 불문이다. 대부분 가족 중에 후계자를 선발하긴 했지만, 이 경우도 목조건축 분야의 최고의 명인이어야 한다는 원칙을 지켰다.

두 번째, 운동복을 만드는 고어사이다.

고어사 CEO는 직원대표와 간부들로 구성된 선거인단이 투표를 통해 선출된다. 이런 전통을 지닌 이 회사는 60년 전인 1958년 설립 이래, 한 번도 적자를 내지 않은 것으로 유명하다.

고어사의 경영철학은 자유(Freedom), 공정(Fairness), 약속(Commitment), 해수면 원칙(Waterline)이다. 해수면 원칙이란 고어사를 하나의 커다란 배로 비유한 것인데 의사 결정이 수면 아랫부분에 구멍을 뚫는 것은 아닌지 고민하라는 의미이다.

세 번째, 국내 신한은행을 비롯한 은행의 선발 시스템이다.

이들 시중은행은 회장후보추천위원회규정을 기준으로 회장을 선발한다. 비상설 회장후보추천위원회는 전원 사외이사로 구성된다. '셀프 연임'을 배제하기 위해서 회장은 사외이사 선임과정에서 배제했다. 시중은행의 CEO 선발 방식이 고어사와 크게 다른 점은 구성원들의 의견이 반영되지 않는다는 점이다.

네 번째, 천년 이상을 유지한 로마의 5현제(賢帝) 시대다.

『로마제국쇠망사』의 저자 에드워드 기번은, 로마제국 '5현제(賢帝) 시대'가 인류 역사상 가장 행복한 시대라고 극찬했다. 연이어 5대째 현명한 황제를 배출된 가장 큰 요인은 황제가 아들이 없었기 때문에 경쟁을 거친 지도자나 덕망 높은 철학자를 양자로 삼아 제위를 넘겼기 때문이라고 주장한다.

'5현제 시대'가 마르쿠스로 끝나게 된 것은 아들 상속 때문이었다. 그의 아들 코모두스는 학문을 멀리한 폭군으로 살다가 암살되면서부터 로마제국도 쇠망의 길로 접어들었다. 영화 〈글래디에이터〉에 이런 내용이 잠깐 비친다.

이외에도 다양한 후계자 선발 시스템이 존재한다. 천년기업가라면 이런 다양한 후계자 육성선발 시스템을 참조하여 자신만의 경영철학과 육성시스템을 생전에 기업에 정착시켜야 한다.

후계자 육성 선발기준

천년기업가의 후계자 선발육성 시스템의 기준은 다음 사항을 참조하면 좋다.

첫째, 누구나 CEO가 될 가능성이 열려있는 보편성 원칙이다.

기업에 처음 입사했을 때, 사장이 되겠다는 꿈을 가진 사람도 현업에 시달리다 보면 이런 꿈을 잊게 된다. 더구나 공평하지 못한 인사시스템이 작동할 경우는 아예 처음부터 이런 꿈을 접는다. 하지만 누구에게든 사장이 될 수 있는 문호가 열려있다고 인정되면 얘기가 달라진다. 내가 코칭 하는 금융그룹 사장님도 회장이 되기 위한 노력을 한다. 이런 노력을 한다고 해서 회장이 되는 것은 아니겠지만 분명한 것은 이런 꿈을 실천하는 사람 중에 회장이 나온다는 것이다.

누구나 사장이 될 수 있게 문호가 열어 놓고, 리더를 육성선발하는 제도를 공평하고 투명하게 실행하면 자동으로 동기부여가 된다. 이나모

지속성장 가능한 천년기업의 비밀

리 회장의 아메바 경영은 사장을 사내에서 육성하는 좋은 사례를 보여 준다.

둘째, 제도가 공평, 공정하고 투명하게 운영되어야 한다.
누구라도 능력이 있고 원하면 최고경영자가 될 수 있다는 믿음을 줄 수 있도록 공평하고 공정하고 투명하게 운영되어야 한다. 제도를 만들긴 했지만, 편법으로 운용한다든지 제도가 액자 속에 잠들어 있는 경우는 오히려 없는 것보다도 못하다. 이는 공개적으로 신뢰를 잃겠다는 표시를 겉으로 드러내는 것이기 때문이다.

셋째, 경영철학이 담긴 CEO의 선발기준이 있어야 한다.
선발기준 중에는 시대의 변화대응 능력, 구성원을 마음을 얻기 위한 소통능력 외에도 천년기업가로서의 필요한 자질을 반드시 포함 시켜야 한다. 자기 자식을 후계자로 지명할 때도 이런 기준 적용이 필요하다. 예를 들면 '자기 회사가 아닌 다른 회사에서 최소한 중역이 되어야 후계자 군에 포함한다.'는 기준 같은 것이다.

인간의 수명은 길어봐야 100년 정도다. 천년기업이 되려면 창업 이후에도 변화에 적응할 수 있는 관리시스템을 만들어야 하지만 이것만으로는 부족하다. 경영은 결국 사람이다. 시대에 맞는 후계자를 발굴 육성하여 변화에 대응할 수 있도록 해야 한다.
누구나 사장이 될 수 있다는 믿음이 기업에 문화로 정착되면 구성원들은 스스로 진화한다. 기업가의 마지막으로 실수하지 말아야 할 마지막 과업은 후계자를 발굴 육성하여 생전에 물려줘야 한다는 피터 드러커의 말을 천년기업가는 명심해야 한다.

천년기업가의
리더 발굴육성 시스템

리더의 발굴육성이 왜 중요할까? 큰 조직이든 작은 조직이든 조직의 운명이 리더에게 달려있기 때문이다. 특히 천년기업가에게 리더의 발굴 및 육성은 무엇보다 중요하다. 하지만 리더의 발굴 및 육성에 대한 명확한 답은 없다. 그렇더라도 천년기업가라면 자신에게 맞는 방법을 찾아야 한다.

삼성의 경우, CEO 평가 요소 중 우수 인재 발굴 비중이 30%라는 점이 이의 중요성을 잘 말해준다. 핵심인재 발굴육성의 경우 GE는 높은 성과를 내는 인재 중 잠재력이 있는 인재를 발굴 육성하기 위한 인사위원회를 설치 운영하고 있다. 필립스는 결단력, 시장과 고객의 이해도, 업무 개선, 부하직원 동기부여와 능력 개발 등을 종합적으로 고려하여 인재를 선발육성하고 있다. 이외에도 다양한 방법이 있다.

■ 핵심인재 육성 방식

① 엘리트 조기 육성 방식 　　　② 단계별 육성 방식
③ 일정 시점부터 육성하는 방식 　④ 자유경쟁 육성 방식

핵심인재 선발육성제도는 장점도 있지만, 단점도 있다. 단점은 핵심인재로 선발되지 않은 사람은 의욕이 저하되거나, 오랜 시간이 소요된다는 점 등이다. 차별적 육성과 같은 난제도 해결해야 한다.

리더 발굴에 대해 삼성전자 권오현 회장은 『초격차』에서 호기심이 많은 사람이 최고의 인재이며 리더에서 제외해야 할 사람들에 대해 아래와 같이 선정했다.

① 남의 말을 경청하지 않는 사람 　② 겸손하지 않고 무례한 사람
③ 매사 부정적이고 소극적인 사람 　④ 뒤에서 딴소리하는 사람

그는 습관적으로 "저는 그런 분야는 잘 모릅니다. 제가 아는 전공 분야에 집중하겠습니다"라고 말하는 사람은 리더의 자격이 없는 사람이라고 하면서 다음처럼 제안했다.

① 주도적(Proactive) 리더에게는 휴식(Refresh)

② 대응적(Reactive) 리더에게는 재교육(Repair)

③ 수동적(Passive) 리더는 임무 교체(Replace)

④ 방어적(Defensive) 리더는 반드시 제거(Remove)

천년기업가에게 리더의 발굴 육성모델로 가장 적합한 시스템은 이나모리 가즈오 회장의 아메바 경영이다. 이나모리 회장은 작지만, 너무 세분되지 않은 단위로 조직을 만들고 이를 아메바라고 명명했다. 그는 각 조직의 아메바 리더에게 자기 조직의 사장 권한을 주었다. 일종의 정교화된 성공한 소사장 제도이다.

각각의 아메바 리더는 자기 조직을 회사 전체 매출과 연동해서 운영하도록 경영 전권을 주었다. 리더 발굴 요소로는 단기적 성과가 아니라 미래 역량과 조직의 한 방향 정렬 역량이 중요한 평가 기준이다.

이나모리 회장은 경영자 의식을 가진 리더를 회사 내부에서 육성함과 동시에 전 임직원이 경영에 참여하는 전원참가형 경영을 실현하려고 한다.

■ 이나모리 회장의 리더 발굴 기준

① 무서울 정도의 대담함과 적재적소에 맞는 세심함,
   양극단을 모두 고루 갖춘 인재

② 복잡한 상황을 단순하게 보고 핵심을 파악할 줄 아는 인재

③ 구성원들의 마음을 움직이는 리더로 판단력이 뛰어난 인재

지속성장 가능한 천년기업의 비밀

또 다른 리더 선발 방법으로는 구성원들의 생각하는 바람직한 리더 상과 후보자의 리더십을 구성원들이 진단하도록 하여 바람직한 리더상에 가장 근접한 후보자를 리더로 선발하는 방식이다. 예를 들면 팀장 선발 시 구성원 모두에게 팀장 후보 개개인과 바람직한 팀장의 모습 두 가지 척도(일 중심, 사람 중심)와 지배력 정도를 진단한 후 바람직한 팀장의 모습에 가장 근접한 사람을 팀장으로 뽑는 방법이다.

■ 진단 항목

① 일 중심 정도(7점 척도)
② 사람 중심 정도(7점 척도)
③ 지배력 정도(7점 척도)

이 방법은 구성원들이 스스로 자신을 잘 인도할 수 있는 팀장 선발에 참여하기 때문에 구성원들의 충성도를 높일 수 있으며, 자신이 어떤 모습으로 직장생활을 해야 할지에 대한 교육이 되는 장점도 있지만, 리더가 자칫 인기 위주의 역할을 할 위험성도 있다. 최종 인사결정권자는 이런 단점을 리더에게 사전에 충분히 알려주고 대비하도록 해야 한다.

인재를 발굴하기 위해서는 먼저 명확한 리더상을 정립해야 한다. 포함할 내용은 다음과 같다.

① 최고경영자의 경영철학을 존중하는 자
② 구성원의 잠재력을 이끌어 내어 성장시키는 능력
③ 미래예측 및 선제 대응력
④ 조직을 한 방향 정렬시킬 수 있는 능력
⑤ 정확한 판단력과 결단력,
⑥ 목표 달성 능력
⑦ 지속적 실행력
⑧ 주인의식, 기업가 마인드
⑨ 일관성 유지 능력
⑩ 일에 대한 호기심
⑪ 열정적인 태도

이나모리 회장은 경영 12개 조와 6대 정진 항목을 만들어 이를 기준으로 리더를 발굴, 경영자로 육성하고 있다.

천년기업가라면 리더 발굴 및 육성에 최대한 공을 들여야 한다. 자신만의 리더 발굴육성 철학과 기준이 있어야 한다. 이것이 문화로 작동하도록 노력해야 한다. 천년기업 비밀은 후계자 발굴육성에 있다. 이것이 투명하고 공정하고 공평하게 운영되어야 구성원들이 자발적인 창의력으로 최고의 경쟁력을 만들어 낼 수 있다. 천년기업가는 이 점을 명심하고 또 명심해야 한다.

천년기업가의
마케팅과 이노베이션

천년기업이 북극성이라면 마케팅과 이노베이션은 현재 서 있는 바닥이다

비즈니스의 기초는 마케팅과 이노베이션이다. 천년기업 철학이 북극성이라면 마케팅과 이노베이션은 현재 서 있는 바닥이다. 흔들리지 않는 지반에 서 있어야 북극성을 제대로 볼 수 있다. 현실이라는 바닥을 절대 무시해선 안 된다. 현실은 미래보다 더 중요하다. 오늘이 모여 미래가 되고 천년기업이 되기 때문이다.

땅바닥만 바라보면 자신이 가야 할 방향을 잃게 된다. 키 없는 배처럼 유랑한다. 천년기업 철학이 필요한 이유는 현실 이슈의 해결책을 찾을 때 당면한 문제에만 코를 박지 말고 미래도 함께 쳐다보라는 의미이다. 이런 관점에서 마케팅과 이노베이션을 바라봐야 한다.

마케팅은 영업과는 다르다. 영업이 영리를 목적으로 물건을 파는 것이라면 마케팅은 소비자가 원하는 제품을 제공하는 전 과정을 말한다.

시오도어 레빗(Theodore Levitt)은 '판매 활동이 판매자의 니즈와 제품을 현금으로 바꾸는 것이라면, 마케팅은 구매자의 니즈와 제조된 상품을 통해 고객을 만족하게 하는 것'이라고 했다. 즉 판매는 고객을 감화

시켜 이미 제조한 제품을 사게 하는 것이지만, 마케팅은 고객의 요구에 적합한 물품이나 용역을 새롭게 제공하는 것이다.

이노베이션은 혁신이란 말로 번역되는데, 마케팅뿐만 아니라 관리나 생산 등, 전 분야에 필요하다. 이노베이션이 미래를 예측하고 세상에 없던 것을 만들어내는 것이라고 해서 노스트라다무스처럼 예언자가 되라는 것은 아니다. 그렇게 되기도 어렵다. 피터 드러커는 지금 현재에서 미래를 예측할 수 있는 징후를 발견할 수 있다고 했다. 즉 새롭게 출시되는 초기 제품이나 기술 또는 제도 중에 일시 유행이 아닌 시장성과 확장성을 발견하라는 것이다.

■ 혁신 기회를 찾는 방법

① 예상 못 한 성공이나 실패에서 가능성을 찾아보라.
② 불일치에서 변화의 징후를 발견하라.
③ 프로세스 중 빠진 부문에서 모티브를 찾아보라.
④ 바뀌는 산업, 변하는 시장에서 단서를 발견하라.
⑤ 인구구조 변화에서 새로운 시장을 찾아보라.
⑥ 대중 인식의 변화에서 새로운 요구를 발견하라.
⑦ 지식이나, 행동의 변화에서 혁신 징후를 발견하라.

한마디로 모든 변화에서 징후를 발견하라는 말이다.

우리는 이를 무시한 실패 사례를 코닥에서 발견할 수 있다. 필름카메라로 한때 전 세계 시장을 석권했던 코닥은 자신의 주력인 필름사업을 무너뜨린 디지털카메라를 1975년 세계 최초로 개발할 정도로 막강한 첨단기술을 보유했지만 이의 시장성과 확정성을 무시했기 때문에 2012년 파산 신청했다.

가전업계의 1위이며 혁신의 아이콘이었던 소니도 혁신성을 잃었기 때문에 2014년 가전업계 1위 자리를 삼성에 내줬다. 소니의 이런 자만으로 인한 징조는 이미 오래전에 나타났었다. 소니는 VCR 시장에서 자사의 기술방식인 베타 방식을 고수하면서 시장 독점을 노렸지만, 더욱 유연한 모습을 보인 경쟁업체 마쓰시타의 VHS 방식에 백기를 든 사례가 그것이다. 소니의 혁신제품인 워크맨도 애플의 아이팟이 등장하자 자취를 감췄다.

이노베이션은 실패할 수도, 성공할 수도 있다. 그렇다고 실패가 두려워 혁신을 시도하지 않으면 누군가 시도하는 혁신으로 인해 몰락한다. 혁신에 실패하더라도 실패에서 배우는 자세가 필요하다. 그렇다고 실패해도 좋다는 말은 아니다. 실패하지 않도록 치밀한 계획 추진도 필요하다.

■ 치밀한 계획 수립을 위한 검토 사항

① 기회 분석부터 시작하라.
② 밖으로 나가서 고객을 만나라.
③ 오직 한 가지에만 초점을 맞춰라.
④ 작게 시작하라.
⑤ 목표는 주도권을 확보하라.

노력 없는 혁신은 없다. 혁신에 성공하기 위해서는 단점이 아니라 강점을 바탕으로 하는 것이 좋다. 혁신은 사회나 경제에 영향을 줄 수 있어야 한다. 혁신에 성공하기 위해서는 힘의 집중을 위해 너무 많은 것을 동시에 시도하기보다는 한 번에 한 가지씩 시도하는 것이 좋다.

혁신은 미래를 위한 것이 아니라 현재를 위한 이노베이션이 현실적이다. 지금은 효과가 미미하더라도 발전 가능성이 있는 제품을 선정하는 눈이 있어야 한다. 컴퓨터도 작동 가능한 최초 모델 등장한 후 25년 뒤인 1970년까지도 기업의 업무 처리에 영향을 미치지 못했다는 점을 상기해야 한다.

'앞으로 25년 뒤에 이것이 필요한 사람들이 엄청나게 많을 거야!'가 아니라 '이것을 사용해 보고 뭔가 확실한 효과를 느끼는 사람들이 현재 주변에 많이 있다.'가 되어야 한다. 그런 후 '시간은 우리 편이다. 앞으로 25년 동안 수요자는 더 늘어날 것이다.'라고 하면서 변화 앞에서 기다리는 현실을 고려한 이노베이션이 되어야 한다.

치밀하게 계획했음에도 실패했다면 제품이나 서비스 또는 설계나 마케팅 전략의 기초로 삼았던 가정들이 괴리가 있었다는 증거다. 이런 것에 대해 소홀히 생각하면 안 된다. 기업의 치명적 결함의 전조라고 생각하고 대비해야 한다. 혁신가는 낭만주의자가 아니다. 하루살이처럼 '위험'을 향해 돌진하지도 않는다. 오히려 현금흐름 분석표를 들여다보며 꼼꼼히 따지는 사람들에 더 가깝다. 그렇게 하지 않으면 혁신이 정착하기도 전에 기업이 망하기 때문이다.

마케팅과 이노베이션은 기업이 생존하기 위해 꼭 필요하다. 살아남지 못하면 미래는 없다. 특히 천년기업가는 현재에 살아남기 위해 마케팅과 이노베이션이 꼭 필요하다는 점을 되새기며 하루를 마감해야 한다.

천년기업가의 실패학

기업은 실패하면 안 된다. 너무 아프다. 하지만 실패하지 않는 기업이 있을까? 그런 기업은 없다. 만약 실패 경험이 없는 기업이 있다면 그 회사는 백전백승했던 항우처럼 마지막 한 번의 패배가 영원한 패배가 될 것이다.

"사업 초기 대박을 터트린 회사는 망한다."는 말도 실패해 보지 않은 기업은 난관을 돌파하기 어렵다는 뜻이다. 천년기업가도 수많은 실패를 경험하겠지만 구성원들이 실패를 숨기지 않고 드러내 놓고 힘을 합하여 이를 극복하는 기업문화를 만들어야 한다.

『실패의 사회학』의 저자 메건 맥아들은 "실패의 반대는 안전이 아니라 아무것도 하지 않는 것이다."라고 말했듯이 실패를 드러내 놓고 집단지성을 이용한 해결책 모색이 필요하다. 더구나 지금처럼 급변하는 시대에 아무것도 하지 않는다는 것은 변화에 적응하는 것이 아니라 변화 당한다는 의미다.

『잘되는 회사는 실패에서 배운다.』의 저자 윤경훈은 다음과 같이 주장했다.

■ 회사 실패의 요인

① 경영자가 과신하거나 후계자를 잘못 뽑은 경우
② 노사갈등의 심화로 어려움에 직면하는 경우
③ 본래 기업의 존재 목적을 망각하고 부동산과 같은 과도한 금융투자를 한 경우
④ 산업 변화의 흐름을 잘못 짚어 과도한 설비투자나 기술개발 또는 해외 진출을 한 경우
⑤ 기업이 분식회계나 소비자 기만 등 도덕성을 상실한 경우

이 모든 것은 한마디로 요약한다면 결국 경영자 요소다. CEO는 기업문화를 만드는 데 중추적인 역할을 하기 때문이다. CEO는 실패를 성장의 발판으로 삼게 하는 기업문화를 만들 수도 있고 실패를 숨기는 기업문화를 만들 수도 있다. 이런 점에서 손정의의 실패 경영을 참조하면 좋다.

손정의의 비서실장이었던 미키 다케노부에 의하면, 손정의는 겉으론 성공한 기업가이지만 성공보다 수십 배의 실패를 했다고 한다. 오히려 그는 실패에서 배우는 기업문화를 만들었다는 것이다. 그는 문제가 발생하면 가능성이 가장 큰 실현 방한 하나를 정해 PDCA(Plan, Do, Check, Action)를 돌려 보는 방법이 아니라, 다양한 방안을 모두 동시에 실행해 보면서 실패한 것은 버리고 성공한 방법을 발전시켰다는 것이다.

그는 구성원들로부터 아이디어를 이끌어 내기 위해 "눈을 마주치는 고객을 만나면 모뎀을 공짜로 주면 어떨까?"처럼 엉터리 아이디어를 먼저 내면서 구성원들의 주옥같은 아이디어를 이끌어 냈다고도 한다.

■ 손정의가 말하는 실패에서 배우는 방법

① 큰 목표를 세운다.
② 하루 단위로 작은 목표를 세운다.
③ 목표 달성을 위해 효과적 방법 목록을 작성한다.
④ 기간을 정하고 모든 방법을 동시에 시험해 본다.
⑤ 날마다 목표와 결과의 차이를 검증한다.
⑥ 검증 결과를 바탕으로 매일 개선한다.
⑦ 가장 우수한 방법을 밝혀낸다.
⑧ 가장 우수한 방법을 갈고 닦아 더욱 발전시킨다.

그는 다양한 방법을 동시에 시행해 보면서 실패를 통해 안되는 방법을 버리고 되는 방법을 찾는 시스템을 만들어 운영하고 있다.

실패에서 배우는 기업문화를 만들려면 구성원들이 실패를 숨기지 않고 드러낼 수 있도록 해야 한다. CEO가 솔선수범해서 자신의 실수를 먼저 드러내는 용기도 필요하다.

우리나라는 미국처럼 파산에 너그럽지 못하다. 실리콘밸리에서 사업실패는 실패자의 낙인이 아니다. 오히려 사업실패를 경력처럼 느껴질 정도다. 많은 사람이 사업에 뛰어들어 성공도 하고 실패도 한다. 성공한 기업이 실패한 기업의 손실을 보상할 수 있다는 믿음을 가지고 너그러운 파산 제도를 운용한다. 아마도 이런 미국의 제도 때문에 중국이 미국을 앞서지 못하는 것이 아닌가 생각한다.

반면에 우리나라에서 한 번의 사업실패는 개인의 실패로 연결된다. 자기 이름으로 사업하기가 어렵다. 범법자 취급도 받는다. 정부는 일자리를 만들기 위해 다른 곳에 돈을 쓸 것이 아니라 실리콘밸리 같은 미국의 실패 용인제도를 도입하는 것이 좋지 않을까 하는 생각을 해 본다.

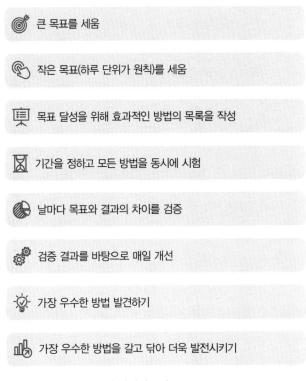

큰 목표를 세움

작은 목표(하루 단위가 원칙)를 세움

목표 달성을 위해 효과적인 방법의 목록을 작성

기간을 정하고 모든 방법을 동시에 시험

날마다 목표와 결과의 차이를 검증

검증 결과를 바탕으로 매일 개선

가장 우수한 방법 발견하기

가장 우수한 방법을 갈고 닦아 더욱 발전시키기

손정의의 고속 PDCA

실패를 용인하는 기업문화를 만들기는 쉽지 않다. 한 번의 실패가 기업의 운명을 좌우하기도 하기 때문이다. 하지만 큰 사고 이전에 300번 이상의 징후가 나타난다는 하인리히 법칙을 생각해 볼 필요가 있다. 300번의 이상의 사전 징후에서 이슈를 발견하고 이런 실수가 발생하지 않도록 할 수도 있다. 천년기업가는 이런 안목도 키워야 한다.

실패는 걸림돌이 아니라 디딤돌이 될 수도 있다. 다양한 시도를 하면서 실패와 성공의 경험을 해 보는 것이 한 가지 아이디어에 집중하는 외골수를 이길 수 있다. 실패만큼 큰 교육은 없다. 사람들은 성공스토리보다 실패 스토리에서 더 많은 것을 배운다. 실패를 용인하고 실패에서 배우는 기업문화를 만드는 것은 천년기업가가 반드시 해야 할 일이다.

물론 천년기업가가 절대 해서는 안 될 실패도 있다. 바로 후계자 발굴육성이다. 이에 실패하면 돌이키지 못한다. "위대한 영웅인 CEO가 치러야 할 마지막 시험은 얼마나 후계자를 잘 선택하느냐와 그 후계자가 회사를 잘 경영할 수 있도록 양보할 수 있느냐 하는 것이다."라고 한 피터 드러커의 말을 깊이 되새김질해야 한다. 특히 카리스마가 강한 경영자는 더욱 그렇다.

기업은 실패하지 않기 위해 많은 노력을 해야 한다. 그 대가가 너무 크기 때문이다. 하지만 노력해도 실패는 한다. 문제는 실패를 용인하는 문화를 만들지 않으면, 속일 수 있는 데까지 속이다가 마지막으로 드러난 한 번의 실패는 영원한 실패가 된다는 점이다.

때문에, 천년기업가는 후계자 발굴육성 시 실패 용인 문화가 대물림할 수 있도록 "당신은 실패를 용인하는 기업문화를 어떻게 만들 것인가?"라는 질문을 통해 진정성 여부를 가늠해 보는 것도 필요하다.

좋은 기업문화가
천년기업을 만든다

기업에서 추구하는 모든 것들은 기업문화로 나타난다

기업에서 추구하는 모든 것들은 무엇으로 나타날까? 기업문화로 나타난다. 기업문화의 사전적 의미는 '기업의 구성원들이 공유하는 가치관, 신념, 이념, 규범, 습관, 전통적 지식과 기술을 모두 포함한 종합적인 체계'이다. 즉 기업문화란 구성원들의 생각과 일하는 방식으로 요약될 수 있다. 모든 기업가는 좋은 기업문화를 만들길 원한다. 지속성장 가능한 천년기업이 되기 위해 어떤 기업문화를 만들면 좋을까? 수많은 요소가 있겠지만 라젠드라 시소디어 외 2인이 저술한 『위대한 기업을 넘어 사랑받는 기업으로』를 참고하여 정리해 본다.

좋은 기업문화를 만들기 위한 요소로는 **LAFT CRAB CPEC**(Learning, Authenticity, Fun, Trust, Clarity, Royalty, Alignment, Belonging, Collaboration, Presence, Esteem, Care)가 있다.

① 배움(Learning)의 문화이다.

할리데이비슨은 학습센터를 만들어 평생을 학습하도록 한다. 이 센터는 직원들이 맡은 일뿐만 아니라 필요할 경우 다른 일을 할 수 있도록 돕는 교육도 한다. 국내에 많은 기업이 좋은 기업문화를 만들기 위해 다양한 교육을 하고 있다.

② 진정성(Authenticity)이다.

진정성이란 자신의 내면의 선한 마음과 겉으로 표현하는 행동이 일치하는 것을 말한다. 진정성이 없는 행동은 상대가 직감적으로 알아챈 후 불만을 표출하기도 하지만, 아무 말 없이 거래를 중단하기도 한다.

③ 재미(Fun)있는 환경을 만드는 것이다.

재미있는 환경에서 창의력이 발휘된다는 많은 연구가 있다. 아마존의 제프 베조스는 "재미있게 열심히 일하면서 역사를 만들라!"고 강조한다. 사우스웨스트항공 하면 별나고 재미있는 CEO나 구성원들이 떠오른다.

④ 신뢰(Trust)의 문화를 만드는 것이다.

경영진과 구성원, 구성원과 고객의 신뢰 관계구축은 개방적이고 자율적인 충성문화를 만들어 내기 때문에 감시나 단속을 하지 않게 된다.

⑤ 투명(Clarity)한 기업문화를 만드는 것이다.

지금처럼 초연결사회에서 투명하지 않은 기업은 강제로 투명성을 강요받는다. 특히 요즘 젊은이들은 기업의 비리를 참지 못한다는 점이다. 하루에 수십 건의 내부 고발이 있다는 정부 고위 관리자의 말을 기업인들은 허투루 들어서는 안 될 것이다.

⑥ 충성도(Royalty)의 문화를 만드는 것이다.

『로열티 경영의 원칙』의 저자 프레더릭 라이히헬드는 "주요 기업들도 고객의 반을 5년 안에 바꾸고 직원의 반은 4년 반 안에 대체하고 투자자는 1년 안에 갈아치운다."고 했다. 이는 낭비일 수밖에 없다. 지금도 지속적인 성장을 하고 있는 '웨그먼스'나 '사우스웨스트항공'은 헌신적인 구성원이 충성스런 고객을 만들어 낸다.

⑦ 한 방향 정렬(Alignment)의 기업문화를 만드는 것이다.

결정이 이뤄지기 전에는 다양한 의견을 말할 수 있어야 하지만, 결정된 사항에 따라 구성원들이 한 방향으로 움직이는 기업문화를 만들어야 조직의 힘이 생겨난다.

⑧ 소속감(Belonging)을 느끼게 하는 것이다.

스타벅스의 사워드 슐츠는 "구성원들이 아무도 뒤처지게 하지 않을 것이며 사람들을 가족처럼 대우하면 그들은 자신이 가진 모든 역량을 발휘할 것"이라고 했다. 이케아 창립자 잉그바르 캄프라드는 "구성원들이 한 가족처럼 일체감, 열정, 발전을 위한 지속적인 욕구, 겸허함, 의지력, 희생의식, 단순함, 리더십 그리고 다양성의 가치를 공유하는 동료의식을 만들어 지속적인 성장을 하고 있다.

⑨ 협업(Collaboration)문화를 만드는 것이다.

개인적인 역량을 초월한 집단지성이 일어나도록 하는 것이다. 조직은 개인보다 강하다.

⑩ 존재감(Presence)을 느끼게 하는 것이다.

사람들은 자신의 회사에서 뭔가 공헌했다는 느낌을 받을 때 존재감을 느낀다. 이는 더 높은 성과와 연결된다.

⑪ 존중(Esteem)의 문화를 만드는 것이다.

의료회사인 파타고니아는 구성원들의 이익이 조직의 이익이며 구성원을 존중하고 있음을 표현하기 위해 많은 노력을 한다.

⑫ 돌봄(Care) 문화이다.

팀버랜드의 CEO 제프리 스워츠는 "경영진들이 구성원의 일 외에 다른 중요한 일들이 생겼다는 것을 알아채지 못한다면 그것은 서로를 속이는 것"이라고 믿는다. 주말에 출근하는 사람이 있을 경우 기자재나 인원이 부족한 것은 아닌지? 그 외에 다른 이유가 있는지를 조기에 발견해야 한다는 것이다.

지속성장 가능한 천년기업을 만든다는 것은 결국 인본주의를 바탕으로 한 초월적인 기업문화 사랑받는 기업문화, 영성적인 기업문화를 만드는 것이다. 영성이란 다양한 존재와의 연결성을 자각하는 것이며 사랑, 섬김, 자비, 깨달음, 봉사, 연민, 도덕성, 정직, 용서, 존경, 존중, 이타심과 같은 태도의 발현이며, 삶의 의미나 목적을 발견하고 실천하려는 인간의 본질적인 내면의 선한 마음으로 정의되기 때문이다.

Chapter **3**

천년기업
리더의 필요 역량

천년기업 리더십
왜 필요한가

천년기업 리더십은 의식을 천년기업가로 올려놓고 행동하는 것이다

천년기업 리더십은 왜 필요한가? 무엇이 다른가? 어떤 점이 좋은가?

한마디로 천년기업 리더십 역량 개발은 일반적인 리더십 역량개발과는 정반대로 진행된다. 이를 다른 말로 표현하면 Reverse Reengineering Leadership이다. 기존의 리더십 변혁이 필요역량 진단 후 강점을 육성하든가, 아니면 약점을 보완하는 것이라면, 천년기업 리더십은 지금 즉시 천년기업가가 되었음을 선언한 후 당면한 이슈나 문제의 해결책을 찾으라는 것이다.

천년기업 리더십이 주인 정신으로 이슈를 바라보는 것이라면, 일반 리더십은 머슴 정신으로 이슈를 바라보는 것이다. 이 둘은 하늘과 땅만큼 차이가 있다. 실제로 코칭 현장에서 이런 현상을 경험했다. 중소기업 사장을 코칭 했을 때의 일이다. 다양한 코칭 질문을 했는데도 해결책을 찾지 못하던 사장에게 "천년기업가라면 어떻게 해결할 것 같습니까?"라고 질문하니까 그는 즉시 해결책을 찾았다. 자기의식을 현재의 사장 위치에서 천년기업 사장 위치로 올려놓고 생각하니까 쉽게 해결책을 찾은 것이다. 그는 인간의 근본을 생각하고 현재의 문제를 현재뿐만 아니라 장기적인 관점에서도 바라보고 결정을 내렸다.

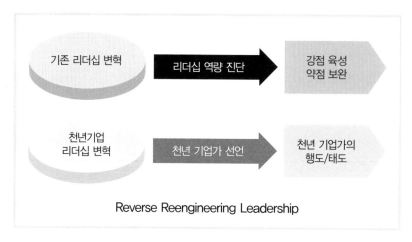

기존 리더십 변혁 → 리더십 역량 진단 → 강점 육성 약점 보완

천년기업 리더십 변혁 → 천년 기업가 선언 → 천년 기업가의 행도/태도

Reverse Reengineering Leadership

천년기업 리더십과 기존 리더십의 차이

천년기업 리더십의 의미는 『굉장히 높은 목표(BACH)와 무한한 지속성장 가능 경영을 합친 리더십』이다.

인사팀장을 코칭할 때 일이다. 그에게 단기적인 목표 달성을 위한 인사제도를 생각하지 말고 천년기업가의 입장에서 장기적인 관점으로 인사제도를 만들면 어떻게 하겠느냐고 질문하니까 "차원이 다른 생각을 하게 되네요!"라고 하면서 해결책을 찾기 시작했다. 그는 생각의 틀을 완전히 바꾼 것이다.

단기적인 목표로 인사제도를 만들겠다는 생각과 영원히 지속할 것처럼 생각되는 인사제도를 만들겠다는 생각은 그 깊이나 범위 또는 바탕이 다르다. 의심된다면 당신의 당면 이슈를 천년기업가 입장에서 지금 즉시 바라보라. 전혀 다른 해결책을 쉽게 찾을 수 있다. 이는 다른 말로 기업가 정신으로 해결책을 찾는 것이다.

지속성장 가능한 천년기업의 비밀

오너가 아닌 이상 직장인들은 언젠가 회사를 떠난다. 30대이든 40대이든 또는 50대에 회사를 떠나는 건 마찬가지다. 회사를 떠난 후 직장을 구할 수도 있겠지만, 나이 때문에 직장을 구하지 못할 수도 있다. 그렇게 되면 사장밖에 할 일이 없다. 1인 기업이든 다인 기업이든 사장이 된다.

　사장이 되면 볼펜도 자기 돈으로 사야 하고 교육을 받을 때도 자기 돈을 내야 한다. 직원들이 직장 일에 몰입하지 않거나 돈을 낭비하는 것을 보면 그렇게 화가 날 수가 없지만 참는다.

　회사 다닐 때 이런 이야기를 많이 듣고도 사전에 준비하지 못하는 것이 직장인이다. 그렇지만 누군가는 사장이 될 준비를 하면서 묵묵히 일하는 사람이 있다. 당신이 그런 사람이 되지 말라는 법도 없다.

　당신의 의식을 지금 당장 천년기업가의 위치로 올려놓고 사업가적 관점에서 이슈를 바라보면 좋은 인간관계 유지는 필수다. 그들은 고객이 될 수도 있고, 나중에라도 같이 일하게 될 구성원이 될 수도 있기 때문이다. 모든 일에서 열정적으로 겸손하게 배우려는 자세를 취한다. 그래야 자기 사업에서 실패하지 않기 때문이다. 특히 자기 일에서 사업 아이템을 발견한 사람은 정말 사업가가 된 것처럼 일한다.

　기업가 정신으로 일한다는 것은 잃을 것이 없는 게임이다. 지금 자기 일에서 사업 아이템을 발견할 수 없는가? 그럴 수 있다. 그렇더라도 사업가가 되는 소양은 얼마든지 배울 수 있다. 갈등을 해소하는 방법, 영업을 위한 자세, 구성원들의 마음을 얻어 자발적 동기부여를 하는 방법 등, 기업가로서의 소양을 얼마든지 배울 수 있다. 더구나 자기 일을 잘하기 위해서 교육을 보내 달라고 하면 비용은 물론 시간도 내준다. 이보다 좋은 사장되는 연습 기회가 어디 있는가? 이런 소중함을 직장을 나와보면 금방 알게 된다.

 기업가 정신으로 일하게 되면 개인은 물론 기업에도 도움이 된다. 회사에서는 별다른 동기부여를 하지 않아도 되기 때문이다.

 천년기업리더십은 당신이 팀장으로 근무하든 임원으로 근무하든 또는 사장으로 근무하든 마찬가지로 필요하다. 천년기업 사장의 관점으로 현재의 이슈를 바라보고, 미래와 현재를 동시에 생각하면서 해결책을 모색하다 보면 자연스럽게 성과를 내게 된다. 진급을 거듭하여 임원이 되거나 사장이 될 수도 있다. 회장이 될 수도 있다. 하지만 이것을 목표로 하는 것보다 덤으로 생각하고 과정을 즐기는 훨씬 좋다. 그래야 즐거운 직장생활이 되고 인생이 되기 때문이다.

 어떤가? 천년기업 리더십으로 현재의 직장에서 성공적인 삶을 살고, 퇴직한 후에도 성공적인 천년기업을 만들 수 있는 당신의 잠재력을 마음껏 활용해 보는 것이….

지속성장 가능한 천년기업의 비밀

리더의 4가지 유형

노자가 말하는 가장 위대한 무위의 리더는 코칭리더이다

2500년 전 사람인 노자를 왜 현대철학자라고 할까? 그의 철학 사상이 지금 우리 현실에 잘 맞기 때문이다. 노자의 대표적 저서 도덕경 17장에 보면 군주를 다음과 같이 네 부류로 분류했다.

太上下知有之(태상하지유지)
최상의 군주는 백성들이 다만 임금이 있다는 것을 알 뿐인 군주이다.

其次親而譽之(기차친이예지)
백성들이 다정함을 느끼고 칭송하는 것은 그다음이다.

其次畏之(기차외지)
지배자를 두려워하는 정치는 그 아래이며

其次侮之(기차모지)
백성들이 업신여기게끔 되면 가장 낮은 지배자다.

信不足焉(신부족언), 有不信焉(유불신언)

믿음이 부족한 곳에는 불신이 있는 법이다.

悠兮其貴言(유혜기귀언)
참으로 멀구나 이 귀한 말 한마디

功成事遂(공성사수)
그것은 공이 이루어지고 일이 성취되어도

百姓皆謂我自然(백성개위아자연)
백성이 모두 저절로 그럴 뿐이라고 말하는 것이다.

노자가 말하는 4종류의 군주를 4종류의 리더로 볼 수 있다. 4가지 유형의 리더는 다음과 같다.

첫 번째 최하위 리더는 부하로부터 업신여김을 받는
①조롱받는 리더이다.

대리 같은 팀장이나 임원이라는 말을 듣는다면 여기에 해당한다. 자기 혼자만 열심히 일하는 리더이다. 이런 리더는 늘 "바쁘다 바빠!"라는 말을 입에 달고 산다. 리더로 승격됐다는 것은 구성원들의 성과를 이끌어 내라는 것이지 자기 혼자만 열심히 일하라는 것이 아니다.

리더로 승격되었다는 것은 열심히 일해서 성과를 달성했다는 의미이지만 지금부터는 부하와 자신의 경험을 공유하고, 자신이 동기부여 되었듯이 부하를 동기부여 시키라는 것이다.

리더가 실무자처럼 일하면 구성원들은 할 일이 없어진다. 구성원들에게 일을 맡기면 제대로 하지 못해 자신이 모든 걸 할 수밖에 없다고 항변할지도 모른다. 이런 리더가 의외로 조직에 많다. 심지어 회장 직책을 가지고 이런 역할을 하다가 결국 그룹이 도산한 예도 있다. 대리 같은 회장이다.

리더의 역할은 부하를 육성하고 동기부여 하는 일이 주 업무이다. 이를 망각하면 최하위 수준의 리더가 된다. 이런 리더보다 더 구성원들의 원성을 사는 것은 아무 일도 하지 않으면서 급여는 꼬박꼬박 받아가면서 일은 부하에게 일을 맡기는 상사이다. 철밥통이라고 하는 공무원 조직에서 이런 리더를 어떻게 하면 좋을지 이슈를 제기하기도 하는데 참으로 난감한 리더다. 이런 리더는 조직을 떠날 때 구성원들이 잘 가라고 박수를 보낸다. 앞으로 이런 리더는 공무원 조직이라고 하더라도 설 자리를 잃게 될 것이다.

두 번째 리더는 부하들이 무서워하는 리더이다.
다른 말로는 ②포악한 리더이다.
이런 리더는 구성원들이 힘들어는 하지만 어느 정도 성과를 내기 때문에 조롱받는 리더보다는 우위라는 것이다. 하지만 이런 리더는 성과 창출에 한계가 있다. 밑의 사람을 족쳐서 성과를 계속 낼 수 없기 때문이다. 회사에서는 성과의 한계점에 도달한 이런 리더에게 코칭을 받아서 변화를 돕기도 한다.

포악한 리더는 구성원들의 자발적 동기부여나 창의력을 이끌어 내지 못하기 때문에 현대사회에 적합한 리더가 아니다. 더구나 요즘 젊은이들은 이런 리더와 함께 일하길 거부한다. 이런 리더 대부분은 임원으로 진급 전 명예퇴직 당하는 경우가 많다. 고성장 시기였던 과거에는 이런 리더가 사장이 되는 경우도 많이 있었다. 하지만 지금은 아니다.

다음으로 구성원이 칭송하는 리더이다.
이 리더는 ③존경받는 리더이다.

모범을 보이고 솔선수범하는 리더다. 큰 나무와 같은 리더다. 이 정도의 리더만 돼도 좋다고 한다. 하지만 노자는 이처럼 존경받는 리더를 최상위 리더라고 하지 않았다. 이런 사람 밑에는 사람이 잘 자라지 못한다. 큰 소나무 밑에 잡초 한 포기도 자라기 어려운 것과 같다. 구성원들이 존재감이나 성취감을 느끼지 못한다. 늘 자신이 상사보다 못하다는 열등의식을 갖게 한다. 더구나 요즘처럼 창의력이 필요한 사회에서 구성원들의 자발적 동기부여를 통한 창의력을 이끌어 내지 못한다.

　넷째로 노자는 존재만을 알 뿐인 리더를 최상의 리더,
　④위대한 리더라고 했다.
　존재만 알 뿐인 리더는 어떤 리더일까? 쉽게 이해가 안 되지만 이런 리더를 코칭 리더와 연결하면 쉽게 이해가 된다. 코칭 리더는 질문을 통하여 구성원들이 스스로 해결책을 찾고 실행할 수 있도록 도와준다.
　상사가 코칭 질문을 통하여 이슈에 대한 해결책을 스스로 찾아 목표를 달성할 수 있도록 지원했다면 구성들은 어떤 느낌이 들까? 목표 달성은 누가 했다고 생각할까? 상사가 했다고 생각할까? 아니다. 당연히 부하가 모든 걸 다 한 것이라고 생각한다. 자신이 이슈에 대한 해결책도 제시했고 실천도 했기 때문이다. 그렇다고 상사의 존재감이 없어지는 것이 아니다. 존재감은 충분히 구성원들도 느낀다.
　이처럼 질문하는 리더를 코치형 리더라고 한다. 모든 일을 자기가 했다고 느끼게 하는 리더이다. 노자는 이런 코치형 리더를 위대한 리더라고 했다.

　리더로 승진했다는 성공 경험도 많다는 의미다. 문제 해답이 뻔히 보인다는 의미다. 그런 데다가 시간도 부족하다. 지시할 수밖에 없다.

하지만 그것을 실행하는 구성원은 전혀 다른 사람이다. 경험도 다르고 성격도 다르다. 더구나 지시받은 일을 제대로 하고 싶은 사람은 없다. 오히려 상사의 지시가 잘못된 것이라고 증명하고 싶어 한다. 그러다 보니 결국 실패하게 된다. 그만큼 구성원들의 자발성을 이끌어 내기가 어렵다는 말이다.

구성원들의 자발성을 이끌어 내려면 먼저 그들의 역량이나 생각을 있는 그대로 바라봐야 한다. 그런 후 그들의 역량을 잘 발휘하도록 지원해 줘야 한다.

노자는 있는 그대로 보는 마음 자세를 無爲(무위)라고 하였다. 최상의 군주는 무위의 정치를 한다고 했다. '무위'에 대해서는 다양한 해석이 있으나 서강대 최진석 교수는 무위란 보이는 대로 보는 것이라고 했다. 그렇다면 보이는 대로 보는 것이 쉬운 일일까? 거의 불가능한 일이다.

이와 같은 예를 잘 나타낸 그림이 네커의 입방체이다. 네커의 입방체에는 네모상자와 파란 점이 그려져 있는데 어떤 사람에게는 파란 점이 상자 안쪽 벽에 있는 것으로 보이지만 어떤 사람에게는 상자 밖 벽 쪽에 있는 것으로 보인다.

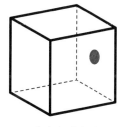

네커의 입방체

문제는 파란 점이 상자 안쪽 벽에 있다고 본 사람은 상자 밖 벽에 있다고 본 사람을 절대로 이해하지 못한다는 점이다. 자기 패러다임으로 보기 때문이다. 보고 싶은 대로 보기 때문이다. 그 반대도 마찬가지다.

어떻게 하면 보이는 대로 볼 수 있을까? 이런 질문을 하니까 코칭 강의를 듣던 한 분이 "그렇지 않아도 큰 스님이 보이는 대로 보라고 하는

데 그게 잘 안된다.”고 했다. 그래서 스님이 어떻게 말씀하셨냐고 하니까 “다 내려놓아라! 관조해라!”고 하셨는데 그게 쉽지 않다고 했다. 보이는 대로 보는 것이 그만큼 어렵다는 의미다.

그렇다면 보이는 대로 보려면 어떻게 하는 것이 좋을까? 질문하면 된다. 질문하면 상대의 관점을 쉽게 알 수 있다. 예를 들면 “이 네커의 그림에서 파란 점이 어디에 있는 것으로 보입니까?”라고 질문하면 된다.

문제는 질문 방법이다. 예를 들면 리더가 “나는 이 네커의 입방체에서 파란 점이 안쪽 벽에 있는 것으로 보이는 데 당신은 어떻게 보입니까?”라고 질문하면 부하는 뭐라고 대답할까? 십중팔구 리더가 말을 수긍하는 대답을 한다. 설령 자기는 다르게 보이더라도 상사의 의견을 따른다. 왜 그럴까? 상사는 승진이나 부서 이동 등에 대한 절대 권한을 가지고 있기 때문이다. 그래서 리더는 ‘예, 아니요!’로 대답할 수 있는 닫힌 질문이 아니라 열린 질문을 해야 한다.

이처럼 지시보다는 질문이 훨씬 더 능동적으로 사람을 움직이게 한다. 당신도 경험했을 것이다. 청소를 막 하려고 했는데 어머니가 “청소 좀 하지!”라고 하면 어떤가. 청소하고 싶은 마음이 싹 사라진다. 이럴 때는 오히려 “지금 청소하려고 하는 것 같은데, 내가 잘 맞췄나? 그렇게 되면 집안이 깨끗해지겠네! 그렇겠지?”라고 격려하는 것이 훨씬 좋다.

이처럼 질문을 통해 답을 찾도록 하는 과정이 코칭이다. 질문한다는 것은 상대의 의견을 존중하며, 당신은 나에게 귀중한 존재라는 메시지를 전달하는 것이다. 이처럼 상대가 스스로 답을 찾아서 실천하도록 지원하는 코칭리더야말로 노자가 말하는 존재만 알려진 리더로서 ‘무위’를 실천하는 최상의 리더이다.

난관은 축복에 앞서
신이 우리에게 준 선물

난관은 극복하면 기적을 만든 사람이 되지만 굴복하면 패배자가 된다

"난관이란 무엇인가?"

새해가 되면 "바라는 모든 일이 뜻대로 이루어지시길 빕니다!"라는 축언을 보낸다. 그런데 바라는 모든 일이 뜻대로 이뤄지는 경우가 있던가? 그런 경우가 있을 수도 있지만 대부분 우리는 난관을 만나 중도 포기한다. 어떤 사람은 인생을 포기하고 싶을 정도의 고난을 만나기도 한다.

정도의 차이일 뿐 언제나 난관은 있다. 어릴 때는 장난감을 사기 위해 부모님 설득이란 난관을 만난다. 학창시절에는 성적을 걱정하고 사춘기 때는 이성 문제로 고민한다. 고등학생은 대학문제로 고민하고 대학생은 취업을 걱정한다. 취업 후에는 진급을 걱정하고 은퇴가 가까워지면 미래를 걱정한다.

삶은 고난의 연속이다. 하지만 고난 때문에 행복이 더 빛난다. 고난이 없으면 행복을 느끼지 못한다. 셸리 케이건은 『죽음이란 무엇인가?』에서 이런 주장을 했다. "우리가 죽은 후 천당이나 지옥에 가서 행복한 시간이나 고통의 시간이 1년도 아니고 10년도 아니고 100년도 아닌, 수천억 년 계속된다면 그것이 행복인지 고통인지 어떻게 알겠으며 무슨 의미가 있겠는가? 윤회하는 삶 속에서 우리는 과거의 어떤 것에서 다시 태어났다 하더라도 그것을 평소에 기억하지 못하고 아무런 연결성을 느끼지 못하면 그것은 우리에게 무슨 의미가 있겠는가?"라는 질문을 하면서 삶의 고통과 행복이 병존하는 지금 여기, 이 순간이 무엇보다도 가장 소중하다고 했다. 그렇다고 생각되지 않는가?

죽을 만큼 힘든 삶의 역경을 극복한 사람은 자신은 물론 다른 사람에게도 진한 감동을 준다. 난관이 크면 클수록 이를 극복한 사람은 우리에게 더 큰 용기와 희망을 준다. 열정과 도전의 용기를 얻는다.

2003년 『지선아 사랑해』라는 책을 출간해 화제를 모았던 이지선 씨는 이화여대 재학 중이던 2000년 7월, 음주 운전자에게 뺑소니 사고를 당해 전신에 중화상을 입고 40번이 넘는 수술과 재활 치료를 받으면서 죽음까지도 생각했지만 이를 극복한 그녀는 많은 사람에게 삶의 용기를 주고 있다.

두 팔도 없고 한쪽 다리도 불편하지만, 장애인 수영대회 우승과 천상의 목소리로 좋은 노래를 들려주는 해맑은 모습의 레나 마리아는 사람들을 숙연하게 만든다.

어렸을 때 부모에게 버려져 노숙자 생활을 하면서도 꿈을 버리지 않았던 음악가 최성봉의 성공 스토리는 환경은 장애가 되지 않는다고 말한다.

이들이야말로 난관을 극복한 사람들이다. 이들과 다르게, 보통 사람은 해내지 못할 것 같은 어려운 질문을 선택한 후 평생 해답을 찾아 열매를 맺은 사람들도 있다. 이들은 기적을 만든 사람들이다. 뉴턴은 사과가 땅으로 떨어지는 당연한 현상에 목숨 걸고 매달려 '만유인력의 법칙'을 발견했다. 스티브 잡스는 새로운 제품을 만들 때마다 "이것이 최선입니까?"라는 질문을 끊임없이 해 대면서 아이팟과 아이폰을 만들어냈다. 아인슈타인은 "빛의 속도로 달리면 어떤 현상이 일어날까?"라는 질문을 통해 상대성이론을 만들어냈다.

난관은 신이 축복 전에 우리에게 준 선물이다. 신이 준 난관이란 선물을 잘 활용한 사람도 있지만, 난관에 굴복한 사람도 있다. 어떤 사람이 될 것인지는 자신의 선택과 의지에 달려있다. 이런 내용을 글로 표현해 봤다.

꽉 막힌 막다른 골목이라고 생각되는 순간,
절망하지 않고 차분히 돌파구를 만드는 사람이 있다.

모든 사람이 포기한 독불장군과도
마음 열고 허심탄회하게 대화하는 사람이 있다.

정말 관계하기 싫은 독특한 상사나 부하와도
좋은 관계를 유지하는 사람이 있다.

이들은 기적을 만든 사람들이다.

파도는 골이 깊으면 깊을수록
높은 마루를 만들어낸다.

산은 골짜기가 깊으면 깊을수록

높은 산봉우리와 함께한다.

낮은 마이너스 교류 전기는
에너지 수위가 낮으면 낮을수록
높은 전압을 만들어낸다.

우리에게 난관은
보다 큰 성공을 만들어 낼 수 있는
엄청난 에너지와 역동을 품고 있다.

우리 앞에 나타난 어려운 상대는
많은 사람과 좋은 관계를 유지할 수 있도록
신이 우리에게 준 최상의 연습 상대이다.

난관은 극복하면 기적을 만든 사람이 되지만
굴복하면 인생 패배자가 된다.

어떤가?
신이 축복에 앞서 우리에게 준 난관이란 좋은 선물을
연습 상대로 충분히 활용해 보는 것이…

사장의 겸손함은
변화 적응의 필수조건

천년기업의 리더, 겸손함으로 변화에 적응하라

천년기업의 제1 조건은 무엇일까? 변화에 적응하는 것이다. 앞으로 우리 사회가 어떻게 변할지 예측하기란 상당히 어렵다. 아이언맨의 모델 일론 머스크는 북한의 핵보다 더 무서운 존재는 4차 산업혁명이 가져올 인공지능(AI)이 될 것이라고 했다. 이 주장이 전적으로 옳다고 할 수는 없지만 분명한 것은 다가올 사회 변화를 쉽게 예측할 수 없다는 것이다. 상당히 많은 일자리가 없어지기도 하고 생겨나기도 할 것이다. 상당 부분이 AI로 대체하면 인구가 줄어든다는 예측도 있다. 이런 변화 속에서 기업은 살아남아야 한다는 숙제를 풀어야 한다. 결국, 변화하는 시대 상황에 어떻게 적응할 것인가 하는 문제이다.

중국 역사상 최초로 천하를 통일한 대 업적을 세운 진시황도 결국은 민심의 요구와 변화를 제대로 읽지 못해 그의 사후 4년 만에 멸망하는 비운을 맞았다. 그는 스스로 황제가 된 후에는 겸손함을 잃었다. 모든 면에서 최고라고 생각했다. 다른 사람의 말을 귀담아듣지 않았다. 교만해진 그는 영원히 살 수 있을 것이라는 믿음으로 영생불멸의 불로초를 찾는 데는 노력했지만, 미리 후계자를 세우지는 않았다. 결국, 유조를 변조한 간신 조고에 의해 큰아들 부소가 아닌, 어린 아들 호해를 황제를 세우기 위해 충신들을 죽임으로써 그토록 짧은 시간에 멸망했다.

진시황은 천하 통일 전에는 겸손함을 보였다. 인재를 소중히 여겼다. 실수를 깨달았을 땐 즉시 바로잡았다. 운하 건설을 책임졌던 정국이라는 사람이 한나라의 첩자임이 밝혀지자 모든 외국인의 추방 명령을 내렸다가 외국인이었던 이사(李斯)가 "진나라는 대대로 외국인들을 우대하여 발전해 왔다"라고 반론을 올리자 곧바로 명령을 취소한 후, 전보다 더 외국 인재를 중시했다.

장군 왕전을 내쳤을 때도 나중에 그의 말이 맞았음을 알고는 곧바로 왕전의 거처로 달려가 용서를 구한 후 그를 재기용했다. 이처럼 겸손하게 신하들의 이야기를 경청했으며 잘못을 깨달았을 때는 즉시 바로잡았지만, 황제가 된 후에는 자신을 최초의 황제인 '진시황'이라 칭하게 한 후에는 자기보다 똑똑한 사람이 아무도 없다는 자만심에 빠져 주위의 간언을 듣지 않았다. 배우려 하지 않았다. 결국, 상황인식을 잘못해애서 이룩한 천하 통일의 공을 허사로 만들었다.

기업도 마찬가지다. 사장이 겸손함을 잃는 순간 위기에 봉착한다. 천년기업을 이어갈 회사를 만들고 싶은 사장이라면 겸손하게 다른 사람의 말을 경청하는 습관이 몸에 배어 있어야 한다. 제도적으로 이런 시스템을 만들어야 한다.

중국 역사상 500년 이상을 유지한 나라는 별로 없다. 하지만 우리나라는 조선이나 고려가 그렇듯이 나라를 세웠다 하면 500년 이상 유지했다. 그 원인은 임금이 홀로 의사 결정을 하지 못하게 하는 시스템 즉, 경청시스템을 만들었기 때문이다. 물론 이 시스템이 작동하지 않았

지속성장 가능한 천년기업의 비밀

을 때도 있었다. 그때가 위기였다. 반란이 일어났다. 광해군이나 연산군이 여기에 해당한다.

　마라톤에서 혼자 앞으로 나가면 아무것도 앞에 보이지 않는다. 맨 처음 앞으로 나갈 때는 주위를 의식하지만 조금 지나면 자기도취에 빠진다. 주위에 뵈는 것이 없으니 행동도 아무렇게나 하게 된다. 건방진 사람으로 변한다. 겸손을 생각할 필요가 없어진다. 사랑과 배려의 필요성도 없어진다. 교만해진다. 뒤에서 너무 잘 보인다는 생각을 못 한다.
　뒤따르는 자가 있으니 선두가 있는 것이다. "겸손이란 자기 자신을 낮추는 것이 아니라 자신을 덜 생각하고 남을 더 생각하는 것이다. 겸손하지 않은 사람이 다른 사람을 이끌고 격려하는 것은 불가능하다."는 릭 워렌의 말을 되새겨 볼 필요가 있다. 겸손하게 배우려는 자세를 가지면 아주 작은 단서에서도 중요한 문제점을 발견할 수 있다. 사장은 이를 통해 변화하는 사회에 적응 능력을 배양해야 할 것이다.

리더의 겸손

리더의 겸손은 변화 적응의 필수조건이다

사회적 지위가 높은 사람을 코칭 할 때 늘 느끼는 것은 겸손이다. 이들은 바쁜 사람들이라 만날 약속 잡기는 어렵지만 일단 약속이 잡히면 강박증이 있는 사람처럼 약속을 지킨다. 뭔가 얻을 것이 있을 것이라는 기대감으로 상대에게 집중한다.

이런 사람을 만나면 왠지 에너지를 얻는다. 이들처럼 겸손해야 하겠다는 성찰도 하게 된다. 사회적 지위가 높아졌다는 느낌, 많은 것을 배웠다는 고마움은 덤이다.

나는 강의나 코칭을 할 때, 지위가 높으면서도 겸손한 사람의 예를 많이 이야기한다. 그러고 보니 나도 모르게 이들을 선전해 주고 있었다. 흔히 말하는 입소문 마케팅을 해 준 것이다. 지금과 같은 디지털 사회에서도 입소문 마케팅은 아직도 최고 영업기법이다. 아마도 나뿐만 아니라 주위에 있는 사람들도 그들의 겸손함을 칭찬했을 것이다. 이런 좋은 평판이 지금의 그들을 정상으로 이끌어 줬을 것이다.

겸손한 사람은 자신도 겸허히 받아들이지만, 타인의 좋은 점도 기꺼

156

이 수용한다. 필요하면 과감한 변화를 시도한다. 상황 변화에 쉽게 적응한다는 말이다. 이런 점에서 겸손은 리더에게 필수 불가결 요소이다. 겸손하게 허리를 숙이는 것은 자화자찬과는 반대로 자신을 존귀하게 만든다. 강물이 모든 골짜기의 물을 포용할 수 있음은 아래로 흐르기 때문이다. 오로지 아래로 낮출 수 있으면 결국 위로도 오를 수 있게 된다.

자기보다 못하다고 생각하는 사람들에게 무례하거나 퉁명스럽고, 자기보다 더 낫다고 생각하는 사람만 공경하는 사람은 결코 좋은 리더라고 할 수 없다. 교만하게 된 리더는 자신을 성찰하거나 깨달음을 얻을 것이 없다고 자만한다. 자신이 최고이기 때문에 더 배울 것이 없다고 자신한다. 하지만 급변하는 시대에서 자만은 몰락과 직결된다. 코닥이 그랬고, 노키아도 그랬다. 참으로 위험한 생각이다. 낮은 곳에 있을 때 겸손해지는 것은 그리 대단한 일이 아니다. 그러나 칭송을 받고 있을 때 겸손해지는 것은 정말로 대단한 일이며 성취하기 어려운 일이다.

산 정상에 선 사람은 산 아래 사람들이 개미처럼 보인다. 그러나 산 아래 있는 사람에게도 산 정상 사람이 개미처럼 보이기는 마찬가지다. 오히려 산 정상에 선 사람의 행동이 더 잘 보인다. 높은 지위에 오른 사람이 초심을 잃지 않고 겸손함을 유지해야 하는 이유가 여기에 있다. 산 정상에 올랐으면 반드시 산에서 내려와야 한다. 큰 사고는 산을 오를 때가 아니라 내려올 때 생긴다. 그래서 스틱을 사용한다. 스틱의 가장 큰 기능은 브레이크 기능이다. 산을 오를 때 사고는 찰과상 정도지만 산에서 내려올 때 사고는 중상이다. 잘못하면 목숨이 위태로울 수 있다.

주위에 성공한 사람이 있다면 이들을 유심히 관찰해보라. 아마도 '겸손'이라는 덕목을 어렵지 않게 발견할 것이다. 반대로 높이 있던 사람이 내려올 때 아주 큰 상처를 입게 되는 요인도 '부족한 겸손' 때문임을 주위에서 많이 볼 수 있다. 매스컴을 타는 정치가 중 겸손하지 않은 사람의 미래는 보지 않으려 노력해도 그냥 보인다.

당신에게 아직 오를 산이 있다고 생각된다면 '겸손'하게 인사하는 것부터 다시 시작하라. 만약 당신에게 오를 산이 없다고 생각된다면 당신은 누구나 다 볼 수 있는 위치에 있다는 것이다. 다른 사람이 다 볼 수 있는 유리 상자 안에 있는 것이다. 당신에 대한 평판은 곧 기업경쟁력이 되고 문화로도 정착된다. 은퇴하는 최고경영자가 겸손한 모습을 보여주지 않으면 후계자도 겸손하지 않게 된다. 더구나 겸손하지 않은 경영자는 강제로 끌려 내려올 수도 있다는 점을 늘 생각해야 한다.

리더의 결단력

망설이는 호랑이는 벌만큼도 못하다. - 사마천

결단력이 없는 상사에게 젊은 사람들은 답답함을 느낀다. 인터넷으로 실시간 해답을 찾을 수 있는 그들은 빠른 반응에 익숙하다. 늦은 반응을 싫어한다.

결단력이 부족한 리더는 조직을 우왕좌왕하게 만든다. 결단력이란 결정적인 판단을 하거나 단정을 내릴 수 있는 의지나 능력이다. 의사 결정으로도 표현된다. 우리는 매일 150여 개의 의사 결정을 한다. 아침에 잠자리에 일어나면서 '지금 일어날까? 말까?', '밥은 먹어야 하나?', '어떤 옷을 입을까?' 등 순간순간이 의사 결정의 연속이다.

결단력은 점심시간에도 필요하다. 하물며 조직 생존에 영향을 주게 되는 결단은 힘들 수밖에 없다.

압박감을 피하려고 의사 결정을 미뤘을 때는 상당한 손실을 감수해야 한다. 의사 결정이 더디면 부하가 움직이지 못한다. 리더의 역할은 결단의 연속이다. 결단력이 없으면 리더의 자질을 의심받는다. 데카르트는 "결단을 내리지 않는 것이야말로 최대의 해악이다."라고 하면서 빠른 결단의 필요성을 강조했다.

우유부단한 상사를 둔 부하는 피곤하다. 성품이 약한 리더 역시 결단력 없음을 가장 두려워한다. 심리학적으로 보면 독립된 개체로 성장하기 위한 준비 기간인 사춘기 때, 부모의 지나친 통제나 간섭은 결단력 없는 마마보이를 만든다고 한다. 결단력은 어려서부터 부모로부터 훈련받는 것이 좋다. 그렇지만 부모를 선택할 수는 없다. 부모를 탓할 수도 없다. 리더가 되려면 결단력을 키우든지, 리더가 되기를 포기하든지 양자택일해야 할 것이다.

결단하기에 정보는 항상 부족하다. 완벽한 데이터를 수집분석, 검토한 후, 의사결정하게 할 정도로 조직은 시간을 주지 않는다. 리더는 부족한 정보를 바탕으로 의사 결정을 할 수밖에 없다. 의사 결정이 늦어지는 사이, 또 다른 문제가 발생할 것이고 그 때문에 처음부터 다시 시작해야 할 경우가 생긴다. 우유부단한 지도자가 필연적으로 겪게 되는 시련이 바로 이것이다.

우유부단한 사람은 실패를 두려워하고 남의 이목을 꺼린다. 사마천은 "망설이는 호랑이는 벌보다도 못하다."고 했다. "쇠뿔도 단김에 빼라."는 우리 속담도 있다. 중요 결정을 내려야 할 때, 확보한 정보와 필요한 정보 사이에는 필연적으로 간격이 있다. 그 간격은 리더십으로 메워야 한다.

그렇다고 무조건 빠른 의사 결정이 좋다고만은 할 수 없다. 오늘 결정을 내린 후 내일 수정할 상황이 발생했다는 것은 조급한 결정이었음이 틀림없다. 좋은 의사 결정을 내리기 위해서는 의사 결정 시한을 정하고 심사숙고하는 것도 필요하다. 마라톤도 뛰다가 숨이 차면 그 자리에 서서 숨을 고르지 않는가. 산에서 길을 잘못 들어 이리저리 방황하기보다는 잠시 쉬면서 지도를 보는 것이 더 좋았던 경험도 있지 않은가.

의사 결정이 필요할 때, 다음 질문 목록에 스스로 답해보면서 해결책을 찾으면 도움이 된다.

■ 의사결정을 위한 질문 리스트

① 이 의사 결정의 목적은 무엇인가?
② 이 문제 해결이 나와 조직에 어떤 의미가 있는가?
③ 이 의사 결정은 언제까지 내려야 하는가?
④ 어떤 것을 검토하여야 하는가?
⑤ 필요 데이터는 어떻게 구하면 되는가?
⑥ 이 분야의 최고 권위자라면 어떤 결정을 내릴까?
⑦ 이 결정이 나와 조직을 밝은 미래로 이끄는가?
⑧ 내가 100% 헌신할 수 있는 의사 결정인가?
⑨ 나와 조직의 능력에 한계를 두거나 과신한 결정은 아닌가?
⑩ 나의 직관은 이 결정을 존중하는가?

이런 질문을 통해 얻은 결단이라면 좋은 결과를 확신하고 믿어라. 믿는다면 흔들리지 말라.

그렇다고 상황이 많이 바뀌었는데도 불구하고 원안을 고수하라는 말은 아니다. 상황이 많이 바뀌었을 때는 결단을 수정해야 한다. 하지만 새로운 결단이나 기존 결단이 그리 큰 차이가 없는 경우는 원안을 고수하는 것이 좋다.

예를 들면 새로운 결단의 장점이 55%, 기존 결단의 장점이 45% 정도라면 원안을 유지하는 것이 좋다. 결정사항을 바꿀 때 일어나는 혼란이 예상보다 크기 때문이다. 새로 바뀐 결정사항을 전달했지만 못 들은 사람도 있고, 집중해서 듣지 않은 사람은 어떤 것이 맞는지 헷갈리기 때문이다.

결단도 중요하지만
초심유지는 더욱 중요하다

난관에 부딪혔을 땐 초심으로 돌아가 생각하라

한 마리 치타가 용수철처럼 뛰어나가 가젤을 쫓는다. 주위에 놀란 다른 가젤이 가까이 있더라도 이에 아랑곳하지 않고 자기가 처음 목표한 가젤을 향하여 전력 질주한다. 동물의 왕국 이야기다.

리더에게도 치타와 같은 결단력과 행동력이 필요하다. 결단하기 전에는 많은 준비와 관찰이 필요하지만 일단 결단하고 난 후에는 전속력으로 달려야 한다.

결단이라는 말에는 불확실성이라는 전제가 깔려있다. 시간이나 데이터 또는 인력이 항상 부족한 상황에서도 결단해야 하므로 결단은 항상 어렵다. 하지만 결단하지 않으면 정지상태에 있는 것이다. 실행이 안 된다.

실행의 결과는 실패나 성공이 뒤따르지만, 결단하지 않으면 실패만 뒤따를 뿐이다. 그렇다고 경거망동하라는 이야기는 아니다. 기다려야 할 때 기다리지 못하면 더 큰 실패를 불러온다. 하지만 이럴 때 그 이유를 설명해 줘야 한다. 이유를 설명하지 못할 상황이라면 뒤따르는 불평이나 불만을 감수할 줄도 알아야 한다. 이런 행동의 결과를 나중에

지속성장 가능한 천년기업의 비밀

알게 되면 더욱 리더를 존경하게 된다.

『자치통감』의 저자 사마광이 어렸을 때의 이야기다. 같이 놀던 친구 중 한 아이가 물이 담긴 어른 키만큼 큰 항아리에 빠졌다. 같이 놀던 당황한 아이들은 어쩔 줄 몰라 항아리 주위를 맴도는 아이가 있는가 하면, 우는 아이도 있었고, 어른을 부르러 달려가는 아이도 있었다. 하지만 어린 사마광은 주저 없이 돌을 던져서 값비싼 항아리를 깬 후 친구를 구했다고 한다. 리더에게는 이런 순발력 있는 결단력도 필요하다.

결단의 순간에는 누구나 고독감을 느낀다. 결단의 책임감 때문이다. 압박해 오는 책임감 때문에 그곳에서 벗어나고 싶은 충동을 느낀다.

결단은 신중해야 하지만 일단 결단한 후에는 힘차게 박차를 가해 앞으로 달려나가야 한다. 그런 후 지속력을 유지해야 한다. 다른 말로 초심을 잃지 않는 것이다. '작심삼일'이란 말이 있듯이 초심을 유지하기가 쉽지 않다. 하지만 성공한 사람은 치타가 처음 목표한 가젤만을 향해 질주하듯이 초심을 유지한다.

내가 만난 어느 회사 중역이 한 이 말이 지금도 마음에 울린다. "사람의 마음에는 초심, 열심, 뒷심이 있는데 그중에 제일 중요한 것이 초심이라고 합니다. 중역이 처음 됐을 때는 경청은 물론, 무한한 가능성이 있는 잠재력이 있는 존재로 구성원을 대하겠다고 다짐했는데 1년 정도 지나다 보니 처음 결심했던 초심은 사라지고, 마치 오래전부터 내가 중역이었던 사람처럼 직원들과 고객들을 대하는 내 모습을 보면서 깜짝 놀라기도 합니다."라는 말이 귓전을 때린다.

"제가 처음 회사에 들어왔을 때는 사장이 꿈이었습니다. 사장 지위에서 문제를 바라보고 해결책을 찾아보겠다고 했는데 어느 순간 이런 초심은 사라지고 주어진 목표 달성에만 전념하는 나를 바라봅니다. 그런데 돌이켜보니 지금의 사장님께서는 그런 초심을 잃지 않고 지속해서 실천하신 분이라 걸 느낄 수 있었습니다."라고 한 어느 중역의 말도 초심의 지속성의 중요성을 강조한 말이다.

초심 지속성은 나라의 운명도 바꾼다. 춘추전국시대 가장 강성했던 위나라에 대적하기 위해 진나라 영거량 진평왕은 '상앙'이라는 인재를 어렵게 채용한 후에 그가 죽을 때까지 20년 이상 상앙의 변법 수행 후원자 역할을 지속했다. 그 결과 진나라는 법치국가로 발전하게 되고 강성하게 된다.

영거량은 상앙의 변법추진에 초심을 잃지 않고 지지해 준 사람이다. 그가 살아있는 동안에는 원로의 반대 화살을 철저하게 막아주는 초심을 잃지 않은 결과 진시황인 영정이 천하를 통일하는 정치 경제적 기반을 만들어 주었다.

반면에 조선시대 중종이 중용한 조광조는 1515년 알성시 별시에 급제하여 성균관 전적을 시작으로 사간원 정언 등의 관직을 역임하면서 유교적 이상 정치를 실현하려 하지만 4년 후인 1519년 반대파인 훈구대신들의 주청을 받아들인 중종에 의해 사약을 받는다. 역사는 이를 기묘사화로 이름 지었다. 중종이 초심을 잃은 원인은 조광조도 제공하였겠지만, 중종 자신도 초심을 유지하지 못했다. 이 사건은 리더에게 결단력도 중요하지만, 지속력의 중요성을 일깨워주는 좋은 사례이다

기업을 어떻게 하면 잘 운영할 수 있는지 모르는 사장은 없다. 구성원들의 마음을 얻어서 자발적 동기부여를 이끌어 내면 된다. 다만 초심을 유지하기가 상당히 어렵다는 점이다.

며칠 전 만난 중소기업 사장도 짐 콜린스가 이야기한 "위대한 기업은

사교 같은 기업문화를 가지고 있다. 직원들의 마음을 얻어 회사에 헌신적인 충성심을 이끌어낸다는 이야기를 알고 있어서, 사업 초기에 여러 번 이를 강조했지만, 그것이 조직에 스며들어 작동하도록 지속하지는 못했다"라고 했다.

아마존 창업자 제프 베조스는 초심을 잃지 않기 위해 창업 초기 홈 디포에서 60달러를 주고 사 온 문짝 책상을 지금도 사용하고 있다.

아는 것이 중요한 것이 아니라 지속적인 실천이 더 중요하다. 더구나 사장이 방향성을 잃었을 때는 초심을 생각하면서 다시 제자리로 돌아와야 한다. 코뿔소는 덩치와는 다르게 겁도 많고 시력도 좋지 않지만, 위험이 닥치면 물불 안 가리고 앞으로 내달려 적을 공격하기 때문에 가장 위험한 동물이라고 한다.

사장은 초심을 잃지 않고 무소의 뿔처럼 혼자서 가야 하는 외로움을 견뎌내고 이겨내야 하는 사람이어야 한다. '델'의 창시자 마이클 델(Michael Dell)은 어떤 일이 잘되었을 때 "나노 초(秒) 동안 축하한 다음 계속 전진하라."고 했다. 초심의 중요성을 강조한 말이다.

런던비즈니스 스쿨의 도널드 설(Donald Sull) 교수는 그의 저서 『위기를 기회로 바꾸는 기업의 혁신법칙』에서 표지 기사의 저주(Cover story curse)라는 말을 했다. "기업의 CEO가 비즈니스 잡지의 표지 모델로 등장하게 되면 몰락할 징조"라는 것이다. 시장 상황이 극적으로 변함에도 불구하고 오히려 과거에 했던 성공적인 활동들을 더 가속하려는 기업의 일반적인 성향인 '활동적 타성(Active inertia)'으로 인해 기업이 망한다는 것이다. 이 말 역시 초심의 중요성을 강조한 말이다.

리더의 약속

약속을 지키는 것은 신뢰의 시작이며 마지막이다

"신뢰받는 사람과 그렇지 못한 사람의 차이는 무엇일까?"

한 단어로 표현하면 '약속이행'이다. 신뢰받는 사람은 약속을 철저히 지킨다. 아무리 하찮은 사람과의 약속이라도 이를 철저히 지킨다. 이런 사람을 만나면 존경심이 생기지 않을 수 없다.

약속은 대부분 직위가 높은 사람이 더 잘 지킨다. 사회적으로 성공한 사람과 그렇지 않은 사람의 차이는 약속 지키기에서 극명하게 드러난다. 성공한 사람이 약속을 지키는 것을 보면, '이 사람은 다른 것을 했어도 성공했을 거야!'라는 말이 절로 나온다. 이 말을 되돌려 보면 약속을 지키지 않는 사람은 결코 성공할 수 없다는 말이 된다.

약속은 관계 주체에 따라 '타인과의 약속'과 '자신과의 약속'으로 나눠진다. 타인과의 약속 준수 여부는 '평판'으로 연결되기 때문에 누구나 중요하게 여기지만 자신과의 약속도 이에 못지않게 중요하다.

자신과의 약속은 어기면 다른 사람의 비난은 받지 않는다. 하지만 자존감이 떨어진다. '나는 이것도 못 하는구나!'라고 자책하면서 자신을 하잘것없는 존재라고 생각한다.

　매년 초가 되면 많은 사람이 자기와 약속을 한다. '담배를 끊겠다. 운동을 시작하겠다. 책을 읽겠다.'라고 다짐한다. 이런 목표가 달성되면 성취감과 에너지를 얻지만, 중도 포기하면 자신감을 잃는다. 반대로 자신과의 약속을 잘 지킨 사람은 행복감에 젖는다. 새로운 일에 도전하면 성공할 것이라는 주위의 평판과 함께 자신감과 에너지도 얻는다. 정상에 선 사람들은 인터뷰에서 자신과 싸움이 가장 어려웠다고 이야기한다. 하긴 정상에 선 사람은 자신 외에는 경쟁 상대가 없으므로 자신과의 약속이행이 무엇보다 중요할 수밖에 없다.

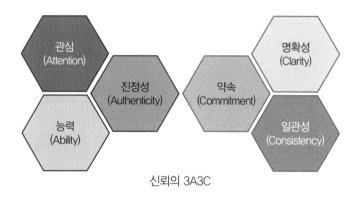

신뢰의 3A3C

　타인과의 약속은 바로 신뢰나 신용으로 연결된다. 직장인의 신뢰 요소로는 3A3C가 있다. 3A는 능력(Ability), 관심(Attention), 진정성(Authenticity)이며, 3C는 일관성(Consistency), 명확성(Clarity), 약속(Commitment)이다. 이들 신뢰 요소의 총합으로 나타나는 행동이 약속이다. 약속은 객관적인 실행 여부 확인이 가능하다.

사기꾼도 초기에는 신뢰 관계 형성을 위해 약속을 잘 지킨다. 하지만 이들에게는 진정성이 없다. 진정성이란 '내면의 선한 마음과 외면으로 표출되는 행동이 일치하는 것'을 말한다. 사기꾼은 신뢰 관계가 형성되면 속임수를 쓴다. 이들의 초심이 계속되기를 기대하다가는 큰 낭패를 보게 된다.

본의 아니게 약속 위반으로 신뢰 관계가 허물어진 때도 있긴 하다. 이런 경우도 신뢰 관계 회복을 위해 가장 먼저 해야 할 일은 약속이행이다. 고객과의 관계에서 약속이행은 신뢰관계를 구축의 시발점이다. 부하의 마감일 준수 또는 목표 달성은 핵심인재가 되는 지름길이다.

약속이행도 일종의 습관이자 버릇이다. 약속을 중시하는 사람은 목숨 걸고 약속을 지킨다. 성공한 사람들은 강박증 환자처럼 약속을 지킨다. 이들은 타인과의 약속은 물론, 자기와의 약속도 잘 지키는 사람들이다.

지키지 않아도 좋은 약속이란 건 없다. 지키지 못할 약속은 하지 않는 것이 좋다. 부득이하게 못 지킬 약속이라면 사전에 이를 알려주어야 신뢰관계를 잃지 않는다.

자기와의 약속을 잘 지키기 위한 다짐 방법으로는 명상이나 걷기, 등산, 마라톤 등을 하면서 약속을 지키기 위한 자신과 내면의 대화를 하는 것도 좋다. 이런 행동은 무의식 속에 자신이 해야 할 것들을 각인시켜 놓기 때문에 큰 저항 없이 실행하는 데 도움이 된다. 종교를 가진 사람이라면 기도도 좋다.

약속은 빚이다. 약속은 지켜지기 전까지는 자유로울 수 없는 자기 통제이다. 타인과 약속 불이행은 신뢰 관계를 파괴하고, 자기와 약속 불이행은 자신감을 잃게 되는 계기가 된다. 약속은 신중하게, 이행은 철저하게 하라. 약속이행은 신뢰 관계 유지의 지름길이다. 좋은 평판을 얻는 데 꼭 필요하다.

리더의 질문

스스로 움직이게 하려면 질문하라

노자는 무위를 실천하는 지도자가 '가장 위대한 리더'라고 했다. 무위란 보이는 대로 보는 것이다. 다른 말로 '관조'라고 표현할 수 있다. 관조(觀照)란 감정을 개입하지 않고 차분하게 대상을 바라보고 깨닫는 것이다. 그런데 보이는 대로 본다는 것이 생각보다 쉽지 않다. 실험에 의하면 '바비큐'라는 말을 들려주면서 '화네큐'라는 글자를 보여주면 그렇게 들린다. '화낼티어'나 '바닥에 기어'라는 글자를 보여주면 또 그렇게 들린다. 이런 걸 보면 '보이는 대로 본다는 건 보통 사람은 할 수 없는 일이 아닌가?' 하는 생각이 든다.

어쩌면 관조란 한경직 목사나 성철 스님같이 도량 높은 분들이나 하는 것일 수도 있다. 하지만 보이는 대로 볼 수 있는 쉬운 방법이 있다. 바로 질문이다. 질문하면 상대가 어떻게 들었는지 알 수 있다. 예를 들면 "지금 이 소리가 당신에게는 어떻게 들립니까?"라고 질문하면 상대가 어떻게 들었는지 알 수 있다. 그렇다고 상사가 "나는 이 소리가 화네큐로 들리는 데 자네는 어떻게 들리는가?"라고 질문하면 어떨까? 부하는 십중팔구 '화네큐'라고 들린다고 답변한다. '화네큐'라고 생각하고 들으면 그렇게 들리기도 하지만 상사에게 미움받기 싫으므로 상사의 의견을 따르게 된다. 이런 현상은 바람직한 현상이 아니다.

질문을 통해서 자신과 같은 사람을 발견할 수도 있지만 다른 사람도 발견할 수 있다. 이런 현상은 누군가가 틀린 것이 아니라 다른 것이다. 나와는 전혀 다른 사람이 있다는 것을 이해하고 받아들여야 한다.

자기의 자동신념이나 패러다임을 바탕으로 상대가 잘못했다고 판단하면 아무것도 새로운 걸 얻지 못한다. 정말로 자기와는 다르게 상대의 말처럼 '바늘 키워'로도 들릴 수 있다고도 생각하고 들어봐야 한다. 이처럼 일에서도 자신의 성공 방법이 모든 사람에게 통용되지 않는다는 점도 상기할 필요가 있다.

코칭에서 가장 중요한 핵심요소도 질문이다. 스스로 해결책을 찾을 수 있도록 질문한다. 상대가 답을 스스로 찾으면 자발적 실행력이 높아진다.

상대가 해결책을 찾지 못할 때는 자기의 경험을 얘기할 수는 있다. 하지만 선택은 본인이 하게 해야 한다. 그런데 왜 질문이나 선택을 본인이 하게 할까? 질문에 답하면 상대는 자기 답변이 옳음을 증명하기 위해 노력하기 때문이다. 자발적 실행을 이끌어 낼 수 있기 때문이다.

경영의 대가, 톰 피터스는 그의 저서 『리틀 빅 씽(The Little Big Things)』에서 질문의 중요성을 언급하면서 가장 강력한 질문 중 하나는 "당신 생각은 어떤가?"라고 했다. 이런 질문이 전하는 메시지는 아래와 같이 생각하게 만든다.

① 당신은 없어서는 안 될 중요한 사람이다.

② 나는 당신을 존중하며 존경한다.

③ 당신의 지식을 높게 평가한다.

④ 당신의 판단을 존중한다.

⑤ 당신의 도움이 필요하다.

⑥ 이것은 팀워크가 필요한 작업이다.

⑦ 성공하든 실패하든 우리는 같은 운명이다.

질문은 부하의 마음을 열게 한다. 위엄과 카리스마도 리더에게 필요하지만 소탈함도 필요하다. 사람들은 누구나 자신의 능력과 재능을 마음껏 발휘하고 조직에 기여하고 인정받길 원한다.

사람은 자신의 조직에 이바지했을 때 보람을 느낀다. 상사라고 모든 부분에 완벽할 수는 없다. 이런 부분에 대해 "000 군 잠시 이것 좀 가르쳐 주겠나?"라고 질문하면 부하들은 좋아한다. 솔직한 태도는 부하에게 정보를 제공하는 즐거움을 준다. 상사에게 자신이 중요한 존재임을 깨닫게도 한다.

상사에게 '이런 소박한 면이 있구나.'라고 생각되면 평상시 중간보고도 잘하게 된다. 상담 요청도 쉽게 하게 된다. 능력 있는 리더는 공식적인 커뮤니케이션뿐만 아니라 수시로 비공식적인 대화를 통하여 좋은 인간관계를 구축한다. 좋은 인간관계는 성과와 직결되기 때문이다.

어떤가? 부하직원들에게 편안한 마음으로 질문하여 좋은 관계를 유지하고 그들의 무한한 잠재력을 이끌어 내어 스스로 자발적인 실천을 돕는 코칭 질문을 통해서 노자가 말하는 '위대한 리더'가 되고 싶지 않은가?

회장의 질문

핵심질문 3A를 통해 조직 한 방향 정렬을 점검할 수 있다

"당신이 그룹 회장이라면 성과달성을 위하여 구성원들에게 어떤 질문을 하겠는가?"

똑같은 시간과 노력을 들여 일하더라도 누군 인정받고 누군 인정받지 못한다. 비슷한 역량을 가졌더라도 누군 성공하고 누군 좌절한다? 이들의 차이는 무엇일까? 바로 '선택과 집중의 차이'이다. 집중하기 위해서는 먼저 바람직한 선택을 해야 한다.

아무 일이나 열심히 한다고 되는 것이 아니다. 구성원들은 각자 자기의 위치에서 가장 적합한 일을 해야 한다. 어떻게 하면 가장 필요한 일을 찾을 수 있을까?

꼭 해야 할 일을 찾기 위해서는 먼저 자신에게 질문하면 좋다. "내가해야 할 가장 중요한 업무는 무엇일까?"라는 질문도 좋지만 바람직한답이 나오기 어렵다. 이럴 때 '당신이 회장이라면 당신에게 어떤 업무를하길 원할까?'라고 질문을 통해 핵심 키워드를 찾아보면 도움이 된다.

지금은 돌아가신 동국제강 그룹 장상태 회장 비서실장을 할 때를 곰곰이 생각하면서 발견한 세 가지 핵심 키워드 질문은 다음과 같다.

■ 선택과 집중을 위한 3가지 핵심 질문

> 첫째, 일의 절박한 우선순위는 무엇인가?,
> 둘째, A급 인재는 어떻게 육성할 것인가?
> 셋째, 어떻게 조직을 한 방향 정렬시킬 것인가?

이를 간단하게 3A인 Aspiring(절박함), A-Player(A급 인재육성), Alignment(조직의 한 방향 정렬)로 표현할 수 있다.

물론 이 세 가지 핵심 키워드 질문이 모든 것을 커버하지는 못한다. 하지만 굉장히 복잡한 사회시스템을 간단한 도구를 만들어 전체의 70~80%를 해석하려는 인문사회학의 관점에서 보면 바람직하다. 핵심 질문 세 가지 키워드 3A 질문을 좀 더 소개해 본다.

첫째 질문은 '당신이 담당하고 있는 업무 중에서 '가장 절박한(Aspiring)' 일 3가지는 무엇인가?'이다.

이 목표는 상사의 절박함 또는, 회사의 절박함과 연결되어야 한다. 만약 당신이 최고경영자라면 당신 상사는 고객이나 시장이란 점을 고려하여 고객과 시장이 절박하게 요구하는 3가지가 뭔지 알고 있어야 한다.

절박함의 예란 이런 것이다. 이건희 회장이 삼성전자를 세계 최고의 스마트폰 회사로 성장시킨 가장 큰 요인은 조직에 항상 위기감을 불어 넣었다는 점이다. 피상적인 절박함이 아니라 구성원들 보고 느끼도록 하여 변화를 이끌어 냈다. 그는 불량품 제거를 위해 삼성전자 구미공장에서 직원 2천 명이 보는 앞에서 당시로써는 상당한 금액인 500억원 상당의 전자제품을 불태웠다. 조직에 위기의식, 즉 절박함을 불어넣기 위한 조치였다.

동국제강 그룹 장상태 회장도 기업이 호황일 때 위기의식을 불어넣으며 대리점을 차리게 하는 명예퇴직을 시행했다. 하지만, IMF라는 경제위기가 닥치자 한 명도 내보내지 않는 경영을 했다. 이런 경영자라면 함께 일해보고 싶은 생각이 들지 않겠는가?

둘째 질문은 '당신 조직은 얼마나 많은 A-Player를 가지고 있느냐?' 하는 것이다.

당신이 혹시 "일 시킬 놈이 한 놈도 없다."라는 말을 한다면 당신은 업무를 통해 부하를 육성시키지 않고 혼자만 바쁜 대리 같은 리더 역할을 한 것이다.

A-Player를 육성하기 위해서는 뽑는 것도 중요하지만 육성은 이보다 훨씬 더 중요하다. A-Player를 육성할 때, 무조건 역량교육을 할 것이 아니라 왜 이 교육이 필요한지를 먼저 알게 해야 한다. 일의 필요성, 본인에게 일의 의미, 꼭 해야만 하는 절박함을 인식시키는 것이 앞서 이뤄져야 한다. 이를 위한 1:1 교육은 필수다. 장 회장도 핵심인물 5명에 대해서는 주기적으로 1:1 교육을 주 1회 이상 실시했다. 모든 중역, 모든 팀장이 부하직원들에게 1:1 실무 교육을 하게 하려는 목적 설명도 있었다.

당신이 아무리 바쁘더라도 회장만큼 바쁘지는 않다. 회장도 5명의 임원 육성을 위해 1:1 교육을 주기적으로 실시했다는 점을 상기해보라.

셋째 질문은 '당신은 조직을 한 방향 정렬(Alignment)시켰는가?'이다.

아무리 훌륭한 인재라고 하더라도 회사의 목표, 핵심가치나 경영이념에 적합하지 않고 비전을 향해 함께 전진하지 않는 인재라면 필요 없는 인재다. 오히려 그는 해를 끼칠 뿐이다.

관리자의 존재 이유는 구성원들을 핵심가치로 무장시킨 후 비전 달성을 위해 조직을 한 방향 정렬시켜 전진하게 하는 것이다. 이 역할을 못 하게 되면 당신의 리더십을 의심받는다. 조직에서 더 이상 성장하지 못한다. 젊은 후배에게 그 자리를 내줘야 한다.

어떤가? 선택과 집중을 위한 핵심 키워드 3A(Aspiring, A-Player, Alignment) 질문을 자신에게 했을 때 충분히 답변할 수 있는가? 있다면 다행이지만 없다면 상사에게 물어서라도 중요한 일을 찾아 선택과 집중을 할 필요가 있다.

당신의 부하에게 이 질문을 해 보면 몇 퍼센트가 당신과 같은 생각을 하고 있을까? 만약 부하가 당신과 다른 생각을 한다면 당신은 소통을 잘하지 못했거나 당신 자신이 선택과 집중을 잘하지 못하고 있는 것일 수 있다.

지금 즉시 자신은 물론 조직에 이 질문을 해 보라. 그런 후 결과가 만족스럽지 않다면 구성원들과 좀 더 소통하라. 이 상황을 개선하지 못하면 당신은 머지않아 리더의 자리에서 내려와야 할 상황이 발생할 수도 있다.

리더의 시간 관리

시간 관리를 잘못한다는 것은 인생을 잘못 살고 있다는 것이다

"바쁘다 바빠!"를 입버릇처럼 연발하는 사람이 있다. 자신은 상사의 신임을 받는 존재이며 조직에서 중요한 사람이라는 것을 증명하기 위해 이런 말을 자랑삼아서 하는 사람도 있다. 당신이 만약 이런 리더라면 성공에 대한 불확실성 때문에 바쁜 척함으로써 실패에 대비한 위험을 줄이려고 이렇게 말하는 것일 수도 있다.

이런 행동은 결국 긍정적인 에너지를 감소시키며, 행복감을 축소 시키고, 인간관계를 악화시킨다. 업무수행력 저하는 물론 건강도 악화한다. 물론 역량이 부족한 부하 일을 떠맡다 보니 그렇다고 항변하는 리더도 있을 것이다. 그렇다면 '권한위임'이나 '부하 육성' 문제를 생각해 보아야 할 것이다.

리더의 시간 관리에 대해 동국제강그룹 장상태 회장의 비서실장 때의 대화를 소개해 본다.

"넌, 내가 관리하는 사람이 몇 명인지 아는가?"

"잘 모르겠습니다만 상당히 많지 않을까요?"

"아니다. 내가 관리하는 사람은 몇 안 된다. 정확히 말해서 다섯 손가락 안에 든다. 나는 이 다섯 사람만 관리한다. 이 사람들과는 최소한 일주일에 한 번 이상 1:1로 업무 대화를 심도 있게 한다.

또 다른 질문을 해 보자. 너는 1시간을 교육할 때, 6명에게 1시간 교육하는 것과 1명에게 10분씩 6명을 교육하는 방법 중 어떤 방법이 더효과가 있을 것으로 생각하는가?"

"저는 6명을 1시간 교육하는 것이 많은 것을 가르칠 수 있으므로 더효과적일 것으로 생각합니다."

이렇게 대답하니까 회장님께서는 "아니다. 한 사람에게 10분씩 교육하는 것이 훨씬 더 효과적이다. 왜냐하면, 6명에게 1시간 교육하면 참여자 관심이 1/6로 분산되지만, 10분씩 1:1로 교육하면 참여자 집중도가 100%이기 때문에 실행력은 물론 자기 존중감도 훨씬 높아진다. 그래서 1:1 대화를 많이 해야 한다. 난 굉장히 바쁜 사람이다. 이렇게 바쁜 내가 너와 거의 매일 30분씩 이야기하는 것은 다른 중역들도 부하다섯 사람에게는 일주일에 한 번 정도는 1:1 대화를 하여 집중 관리를하라는 거다. 그 하부 조직도 마찬가지이다."

이런 장상태 회장님의 말씀은 나에게 많은 감명과 통찰을 주었다. 업무위임과 시간 관리에 대해 이보다 명확히 정의를 내릴 수 없었기 때문이다.

리더에게 시간은 가장 중요하다. 돈보다도 더 중요하다. 시간은 삶이며 인생이다. 돈이 아무리 많더라도 1초의 시간을 사지 못한다. 저장하지도 못한다. 부자에게든 가난한 사람에게든, 시간은 신이 공평하게준 유일한 선물이지만 사용자에 따라 엄청난 차이를 만들어낸다.

시간을 잘 활용하지 못하면 언젠가는 시간에게 보복당한다. "이렇게 했으면 좋았을걸!"이라고 말하는 사람치고 시간을 낭비하지 않은 사람은 없다. 마음속으로 다짐할 필요가 없다. 즉시 실행하면 된다. 우리의 진정한 삶은 내일 시작되는 것이 아니다. 바로 지금이다. 일이 굴러가는 대로 그저 세월에 순응하면 성공하지 못한다. 그냥 흘러가는 대로 내버려 두면 시간의 희생자가 되고 만다.

시간 활용은 자기 선택이다. 물리적 시간은 불변이지만 심리적 시간은 가변적이다. 지금 여기에서 사용하는 시간이 즐거워야 한다. 의미가 있어야 한다. 지금 시간이 괴롭다면 그것은 영적 성숙을 위한 귀중한 과제를 부여받은 것이다. 그 과제를 잘 수행하면 또 하나의 자신만의 좋은 성공 스토리가 만들어진다. 리더로서의 시간을 잘 활용하기 위해서는 아래와 같은 항목들을 기억해야 한다.

첫째, 자기 삶의 목적이나 의미가 있어야 한다.
둘째, 자기 일 중에서 다른 사람이 하면 더 좋은 일들은 위임하고, 필요 없는 일들은 삭제하여야 한다.
셋째, 자신의 직위에서 자신만이 할 수 있는 일이 무엇인지 찾아서 해야 한다.
넷째, 마감 기한을 정한 후 즉시 실행해야 한다.
다섯째, 긴장과 이완을 잘 활용하여야 한다.

인생은 마라톤이 아니라 인터벌 훈련이다. 인터벌 훈련이란 400m 트랙을 전력 질주한 후 2~3분간 휴식을 취한 후 다시 전력 질주를 반복하는 훈련을 말한다. 일도 마찬가지로 몰입과 휴식을 적절하게 활용해야 한다. 휴식 없이 스트레스 회복 불능 상태를 유지하는 것은 성과에

지속성장 가능한 천년기업의 비밀

대한 압박을 회피하기 위해 다른 사람에게 그렇게 보이려는 것일 수도 있다. 스트레스 회복 불능 상태가 되면 건강상 문제는 물론 인간관계도 악화된다.

리더가 불필요한 업무의 삭제와 위임을 통한 시간 관리와 리더 자신만이 해야 할 일을 하게 되면 부하에게 보람을 주고 존경도 받게 된다.

리더의 기다림

상황이 여의치 않을 때, 리더는 기다림의 미학을 배워야 한다

노를 젓다
노를 놓쳤다.

비로소 넓은 물을 돌아다보았다.

– 고은

"일찍 일어난 벌레는 일찍 일어난 새에게 잡아먹힌다."는 말이 있다. 뭔가 빨리하고 부지런해야만 한다는 통설을 비웃는 말이다. 벤자민 프랭클린은 "기다릴 줄 아는 사람은 바라는 것을 가질 수 있다."고 했다. 항상 급하게만 돌아가는 현대사회에 기다림의 미학이 필요성이 더욱 대두되는 이유는 무엇일까? 아마도 깊은 생각 없이 행동하다 보니 놓치는 부분이 있기 때문일 것이다.

동양화에는 기다림 같은 여백이 있다. 여백은 더 많은 생각을 하게 된다. 여백이 없는 책은 읽기 싫다. 행간이 있다는 것은 그 안에 생략

한 글이 있다는 의미이다. 그래서 흔히 행간을 읽으라고 한다.

기다림은 문서의 여백과 같은 것이다. 기다림은 숨 쉴 공간을 제공한다. 리더는 때때로 부하 육성을 위해 기다릴 줄도 알아야 한다. 기다려 주지 않으면 부하가 성장하지 못한다.

회사가 커지면 리더십도 달라져야 한다. 1인 기업과 100인 기업을 거느리는 사장은 리더십이 달라야 하고 1,000명이나 10,000명 또는 그 이상의 직원이 있는 기업의 사장은 리더십이 달라야 한다. 기업은 커질 때마다 성장통을 겪는다. 기업의 성장통이란 결국 리더십 성장통이다. 리더를 육성하지 못했기 때문에 오는 현상이다.

왜 부하를 육성하지 못했는가? 기다리지 못해서이다. 부하가 아무리 열심히 일해도 리더만큼 잘하기는 어렵다. 답답함을 느낀 리더는 부하를 육성하는 그것보다는 스스로 모든 걸 처리하는 방법을 택한다. 이렇게 되면 부하는 존재감을 잃는다. 삶의 의욕도 사라진다. 회사를 그만두고 싶은 생각이 들기 시작한다. 이는 노자가 말하는 최악의 리더이다.

리더는 일을 맡기고 기다릴 줄도 알아야 한다. 자신이 무엇을 도와주면 좋을지, 어떤 자료가 필요하며 어디에서 자료를 얻을 수 있는지, 언제까지 마무리할 수 있는지를 질문한 후 기다리면서 부하의 성장을 도와주어야 한다. 그래야 부하가 성장한다.

필자가 코칭하고 있는 사장님 한 분은 기다림을 게으름으로 표현하면서 이렇게 이야기했다. "저는 팀장이나 임원으로 승진한 분들에게 이런 이야기를 합니다. '이제부터 여러분은 조금은 게을러야 합니다. 리더가 똑똑하면서 부지런하기까지 하면 부하가 숨을 제대로 쉬지 못합니다. 지금 승진한 것은 똑똑하면서 부지런했기 때문에 리더로 승진한 것입니다. 하지만 리더로 승진했다는 것은 조금은 게을러져야 한다는 것을 의미합니다. 게을러져야 한다는 의미는 일을 시키자마자 궁금해서 어떻게 진행되는지 확인하거나 점검하지 말고 조금은 기다려 주라는 말입니다. 리더는 궁금한 것을 참는 인내도 필요합니다. 이는 부하 육성을 위해 꼭 필요합니다. 조금은 게을러져서 생각하는 시간을 가지고 기다려주실 것을 당부합니다."라고 부탁한다는 것이다. 참으로 기다림의 미학을 잘 표현한 말이다.

기다림은 부하 육성에만 필요한 것이 아니다. 마케팅에서도 필요하다. 일찍 출시해서 안 팔렸던 신제품이 나중에 다른 회사에서 만든 후 성공한 사례는 시황을 잘못 읽었다는 말이다. 때를 기다리는 것은 마케팅 전략에 아주 중요하다.

기다림의 중요함은 손자병법에도 나온다. 도천지장법(道天地將法)은 손자의 병법을 요약한 것인데 이 중에서 천(天)은 외부 상황을 잘 분석한 후, 때를 기다려 잘 맞추라는 말이다.

기다림은 협상에서도 필요하다. 상대의 요구에 대해 즉답하는 것보다는 약간의 여유를 두고 답하는 것이 사려 깊은 사람처럼 보이기 때문에 함부로 하지 못한다. 더구나 손해 볼 것 같은 답변을 유도할 경우 흥분하지 말고 여유를 가진 모습을 보여주면 오히려 상대가 당황하기도 한다.

상대가 당황했다는 것은 평정심을 잃었다는 것이다. 평정심을 잃게 되면 냉정한 판단을 하지 못한다. 『오륜서』의 저자 미야모토 무사시는 '기다림'으로 인한 승리를 생생하게 그려낸다. 미야모토 무사시는 사사키 고지로와의 간류지마 결투에서 그를 기다리게 해 화나게 만들었다. 화가 난 고지로는 더는 처음의 긴장 상태를 견디지 못하고 무너졌다. 무사시는 이렇게 말한다. "나는 전투에서 승리한 것이 아니라 '기다림'이라는 심리전에서 승리한 것이다."

어린 시절부터 고난의 연속이었던 도쿠가와 이에야스도 기다림의 대가였다. 그는 6세부터 19세까지 이마가와 가의 인질이 되어 13년의 세월을 인고하며 보냈고, 노부나가 아래에서 20년을 견뎠다. 도요토미와 첫 전투에서 승리했던 그는 시대의 흐름을 파악한 후 도요토미 밑에서 15년이라는 세월을 자신의 칼을 숨긴 채 기다렸다. 그런 그가 몸을 일으켜 세운 에도막부 정권은 260년간 유지할 수 있었다. 상대방이 강할 때는 철저히 고개를 숙이고 때를 기다린다. 이것이 울지 않는 두견새가 울 때까지 기다린다는 그의 방식이었다. 한마디로 그의 삶은 '인내의 연속'이란 말로 표현할 수 있다.

더 높은 리더로 성장하려는 사람에게도 기다림의 미학이 필요하다. 당신이 만약 이런 상황에서 살아남아 성공하길 원한다면 풀턴 쉰(Fulton J. Sheen) 주교가 한 말, 즉 "순종하는 법을 배우지 않은 사람들에게 명령권이 주어질 때 문명은 언제나 위험에 빠졌다."라는 말을 기억해야 한다. 지도자를 제대로 섬긴 경험이 있는 리더만이 효과적인 조직 관리를 할 수 있다. 훌륭한 리더십을 발휘하려면 추종자들이 어떤 세계에서 사는지 알아야 하기 때문이다.

일식이나 월식이 잠시 어둠을 가져오지만 조금 기다리면 다시 밝음이 찾아온다

감당하지 못하는 시련은 기다리라는 신호다

신은 우리에게

감당할 만한 시련을 주신다.

신이 우리에게

감당하지 못할 시련을 주실 때는

현재에 충실하면서

기다리라는 신호이다.

신이 우리에게

감당하지 못할 것 같은 신호를 주실 때는

힘닿는 데까지

한 발짝씩 한 발짝씩 나아가 보라는 메시지다.

자신의 잠재능력을

과소평가하여
미리 포기하지 말라.

매일매일
천년기업 꿈을
조금씩 실천하면 된다.

때론 기다리고
때론 쉬기도 하고
때론 다른 방향으로 가기도 하겠지만
천년기업 꿈만 버리지 않는다면
언젠가는 제자리로 돌아오게 된다.

그렇게
한발작 한발작 나가면
천년기업 꿈이 이뤄지게 된다.

리더의 시각

리더는 긍정적인 시각으로 구성원을 바라봐야 한다

사람의 마음을 알기 위해 미술치료에서는 그림을 그려보게 한다. 보통은 집(House), 나무(Tree), 또는 한 명의 사람(Person)이나 가족(Family)을 그려보게 한다. 같은 그림을 보여주면서 느낌을 이야기하라고 하면 각자 다르게 이야기한다. 왜 그럴까? 모든 사람의 다른 마음이 각각 다르게 묻어나기 때문이다.

아무도 없는 파란 바닷가 해변 그림을 보고, 어떤 사람은 시원한 느낌이 든다고 하는 반면, 어떤 사람은 왠지 쓸쓸하다고도 느낀다. 수영하고 싶다는 사람이 있는가 하면 조용히 앉아서 바다를 바라보고 쉬고 싶다는 사람도 있다. 이렇듯 같은 그림을 볼 때도 관점이 다르다. 자기가 지금 처한 현실을 그림에 투영하기 때문이다.

사람에 대한 것도 관점도 마찬가지다. 같은 사람을 보고 꼼꼼하다고 표현하는 사람이 있는가 하면 치밀하다고 표현하는 사람이 있다. 마찬가지로 어수선하다고 표현하는 사람이 있고, 활력이 넘치는 사람이라고 표현하는 사람이 있다.

자신에 관한 생각도 그렇다. "나는 어두운 성격이에요", "나는 늘 느려 터졌다는 소리를 들어요!"처럼 자신을 비하하고 스스로 용기를 짓밟는 사람이 있는가 하면, "나는 생각이 깊은 사람이에요! 나는 굉장히 치밀한 사람이에요!"처럼 긍정적으로 생각하는 사람이 있다.

부정적 태도로 부하나 자녀의 용기를 짓밟는 사람이 있다. 이는 훌륭한 나무로 성장할 싹을 짓밟는 행동이다. 무한한 가능성이 있는 재능을 땅속에 파묻는 행동이다. 하지만 시각을 바꾸는 것만으로도 단점을 장점으로 바꿀 수 있다. 당사자는 바뀌지 않아도 된다. 바라보는 시각을 바꾸는 것만으로도 충분한 경우가 많다.

어두운 것이 아니라 얌전한 것이다. 느려 터진 것이 아니라 꼼꼼한 것이다. 성질이 급한 것이 아니라 재빠른 것이다. 참견하는 것이 아니라 친절한 것이다. 실패만 하는 것이 아니라 수많은 도전을 하는 것이다.

대상을 바라보는 시각을 바꾸면 세상이 180도 달라진다. 자기 자신과 상대에게 내뱉는 부정적인 말을 정반대 방향에서 바라보라. 그것을 말로 표현해 보라. 그것만으로도 용기를 얻게 한다. 도전 의식을 갖게 한다. 그런 후 어떤 자리가 그의 장점을 잘 살릴 수 있는 곳인지 관찰하라. 그가 에너지를 마음껏 발휘할 수 있는 곳이 보일 것이다.

능력이 있어야 임원으로 승진한다. 그러나 바로 그 능력이 양날의 칼이 되어서 자신을 칠 수도 있다. 자신의 능력이나 성공 경험은 축복인 동시에 저주가 될 수도 있다.

예를 들면, 저돌적인 일 처리로 성과를 인정받은 사람이 리더로 승진한 후에도 저돌적으로 부하를 계속 밀어붙이면 구성원들은 수동적인 사람으로 변한다. 시키는 일 외에는 하지 않는다. 자발적으로 새로운 일을 찾아서 하거나 스스로 도전적인 목표에 도전하려 하지 않는다. 이렇게 되면 결국 성과도 떨어지게 된다. 리더가 자신이 물러날 수밖에 없는 상황을 스스로 만든 것이다.

자신이 그 자리에까지 오르는 데 큰 도움이 됐던 기능적, 기술적 능력에 계속 의존하면서, 자신의 성공 경험 시각에서 부하를 바라보고 지시하고 통제하면 안 되는 이유를 보여준 사례다. 상대를 있는 그대로 바라봐야 한다. 자신의 패러다임으로 상대를 바라보고 재단하고 판단하면 안 된다.

팀장이나 임원으로 승진했을 때, 새로운 임무를 부여받았을 때는 종전에 갖고 있던 태도나 행동 중 많은 부분을 과감히 버려야 한다. 자신의 직위에 걸맞은 역할이나 임부를 찾아야 한다. 이를 위해 다음과 같은 질문을 하면서 스스로 답해 보라.

■ 나에게 해야 할 질문

> ① 내가 지금 위치에서 꼭 해야 할 일은 무엇인가?
> ② 나는 그것을 어떻게 하고 있는가?
> ③ 새로운 방법이나 효과적인 방법이 있다면?

긍정심리학의 대가 마틴 셀리그만은 "보험 영업사원이 실패를 다루는 시각에 따라 '최우수 사원이 되느냐 아니면 회사를 떠나게 되느냐?'를 결정한다고 했다. 그는 낙관적 시각을 가진 사원이 비관적 시각을 가진 사원보다 첫 두 해 동안 37%나 높은 성과를 거뒀지만, 비관적 시각을 가진 사람들은 첫해에 그만둔 비율이 낙관적인 사람들에 비해 두 배나 높았다."고 했다. 그만큼 긍정적 시각과 부정적 시각은 성공과 실패를 극명하게 가른다는 것이다.

당신은 어떤 시각을 갖고 싶은가? 긍정적이 시각인가 부정적인 시각인가?

개미의 눈으로 볼 것인가? 독수리의 눈으로 볼 것인가?

개미의 눈으로 볼 것인가? 독수리의 눈으로 볼 것인가?

개미의 눈으로 바닥만 바라볼 것인가? 독수리의 눈으로 숲을 볼 것인가?' 천년기업가라면 둘 다 봐야 한다. 전체를 봐야 할 때도 있지만 세세히 봐야 할 때도 있다. 눈높이와 깊이를 자유자재로 조절할 수 있어야 한다. 리더로 승진했음에도 불구하고 개미처럼 땅바닥을 기어 다니듯이 근시안적으로 일한다면 구성원들은 "왜 이런 사람이 우리 리더가 된 거지?"라고 불평하게 된다.

회사가 신임 리더에게 새롭게 요구하는 것은 구성원들을 회사 목표와 한 방향 정렬시키고 성과를 달성하라는 명령이다. 그런데도 늘 '바쁘다 바빠'를 외치면서 자기 외에는 일할 놈이 없다고 자랑삼아 이야기하면서 혼자서만 열심히 일하면 어떻게 될까?

실제로 이런 리더에게 "만약 사장님이 이런 리더를 보시면 어떻게 할까요?"라고 질문하자 그는 "저라면 잘라버릴 것 같은데요!"라고 답변했다. 그는 이 질문을 통해 스스로 무엇을 어떻게 해야 할 것인지 발견하려고 노력하기 시작했다.

성장통을 겪는 회사 CEO에게 이 문제는 가장 큰 고민거리다. 새롭게 관리자로 임명받은 리더도 마찬가지다. 부하 육성보다는 역량 있는 자신이 일 처리하는 것이 쉽게 느낀다는 말이다.

부하 육성에 대해 지금은 고인이신 동국제강그룹 장상태 회장님의 사례를 소개한다. 회장님은 그룹 핵심임원 5명과는 생각의 일치율이 100%가 되도록 노력하셨다. 핵심임원 5명과는 일주일에 최소한 1시간 이상은 일대일 대화하셨는데 이 시간은 임원 육성 시간이기도 했다.

이들도 회장님처럼 최소한 5명의 부하와 이런 대화를 하라는 메시지를 주신 것이다. 임원이라고 해서 모든 부하직원을 관리할 수 없으니 권한을 이양하고 5명 이내의 핵심 인원만 관리하라는 의미다.

회장님은 독수리의 눈으로 숲만 바라본 것은 아니다. 가끔은 개미의 눈으로 나무도 세밀하게 관찰하셨다. 한번은 포항제강소에 출장 중 숙소를 나와 밤 12시경 불시에 회사를 방문했다. 그런데 멀쩡해 보이는 후판을 절단기로 조각내는 것이었다. 깜짝 놀라 작업자에게 자초지종을 물어보니 불량품을 절단해서 운반이 쉽도록 자르고 있다는 것이다. 회장님은 다음 날 관계 중역을 질문했다. '무엇 때문에 불량 제품을 절단해서 팔려고 하는가? 그냥 팔면 어떤가?'라는 질문을 하였다. 나중에 조사해서 보고하겠다고 한 담당 중역은 불량 제품을 그대로 파는 것이 더 높은 가격을 받을 수 있고 비용도 절감된다고 보고했다. 이 이야기는 삽시간에 회사에 퍼졌다. 세밀한 관찰로 원가절감 의식을 몸소 보여 준 실제 사례이다.

또 다른 사례는 회사 정문 밖에 수십 대의 차량이 제품을 운송을 위해 1시간씩 대기하고 있는 것을 목격하셨다. 당연히 그 정도는 기다려도 괜찮다는 '갑'의 생각이었다. 하지만 회장님은 이 문제에 대해 발주부터 출고까지 전 과정을 세심하게 감사를 하듯 확인하면서 개선 방법이 없는지 질문하셨다. 이 과정에서 회사의 모든 문제가 적나라하게 드러났다. 소통문제, 운송회사 불만 문제, 1시간 대기 시간이 결국에 비용에 포함된다는 원가상승 문제 등이 줄줄이 드러났다. 이에 대한 개선이 즉시 이뤄졌음은 두말할 필요가 없다.

리더가 어떤 시각으로 문제를 바라봐야 하는지 몸소 실천해 보이셨다. 그러면서 내게 하신 말씀이 지금도 기억난다. "리더는 독수리의 눈으로 숲을 봐야 하지만 때로는 개미의 눈으로 나무도 세밀하게 바라봐야 한다. 가끔은 세세한 부분도 챙겨봐야 한다."라는 말씀이 지금도 새롭다.

나무와 숲을 동시에 보는 것이 불가능하다고 말할지 모른다. 하지만 그 말은 자신의 무한한 잠재능력을 무시한 것은 아닌지. 제한된 신념으로 자신을 바라본 것은 아닌지 생각해 봐야 한다. 비범한 리더가 될 아까운 기회를 포기하지 말라는 말이다.

천년기업가의
젊은 세대의 이해

버릇없는 젊은이들이 소비자도 되고 구성원이 된다. 그들을 이해하라

구분	전통세대	베이비 붐 세대	X 세대	밀레니엄 세대
연도	1940~54년 면대면 소통	1955~64년 면대면 원하면 전화/이메일	1965년~79년 전화/이메일 필요할 경우 면대면	1980~2000년 온라인 휴대폰
부모			전통세대	전통세대 베이비 붐 세대

*출처: 허두영의 요즘것들 중 일부 인용

젊은 세대의 소통방법

"요즘 젊은것들은 버릇이 없다!"는 말은 옛날이나 지금이나 별반 차이가 없는 듯하다. "요즘 아이들은 폭군이다. 부모의 의견에 반대하고, 음식도 게걸스럽게 먹고, 선생에게도 폭군처럼 군다. 장래가 암담하다!"고 소크라테스가 기원전 400년 전 이야기 했지만, 기원전 1700년경 수메르인들의 점토판 기록에도 "요즘 젊은것들은 버릇이 없다."는 이야기가 나타난다고 하니 말이다.

사람은 누구나 어른이 된다. 요즘 젊은것들도 어른이 돼서 미래를 이끌어 나갈 것이고 새로운 소비 형태의 시장을 만들 것이다. 기업가는 이들을 고용해야 하고 이들이 만들어 가는 시장에 선도적으로 대응해야 한다.

세대별 구분은 학자마다 다르다. 『요즘 것들』의 허두영 저자는 1940년~54년생을 전통세대, 1955년~64년생을 베이비붐 세대, 1965년~79년생을 X세대, 1980~2000년생을 밀레니얼 세대(Millennial Generation)로 구분했다.

그들의 성장배경과 부모의 양육 방법을 알아보면 밀레니얼 세대를 이해하는 데 도움이 된다. 이들의 부모는 대부분 베이비붐 세대이다. 그들은 경제발전 주역들로서 양육의 책임은 대부분 어머니 몫이었다. 아버지는 일에만 몰두했다. 이들 부모는 6·25 전쟁 이후의 세대로 먹고사는 문제가 급선무였다.

밀레니얼 세대의 성장환경을 알아보면 다음과 같다.

첫째, 가난을 대물림하지 않기 아버지는 열심히 돈을 벌어 가족 부양에 힘쓴 반면, 어머니는 자식 교육에 힘썼다.

직장 일로 늘 바쁜 아버지는 자녀와 함께할 시간이 부족했다. 절대적으로 어머니의 영향을 받았다. 복잡해진 대학 진학시스템을 이해하지 못한 아버지는 자녀의 대학 선택도 관여할 수 없었다. 그 몫은 고스란히 어머니의 몫이었다. 이런 현상이 이들 성격 형성에 영향을 주었다.

둘째, 이들은 정보화 시대에 자랐다. 인터넷에 아주 능숙하다.

인터넷은 실시간으로 정보가 검색되고 전달된다. 빠른 의사소통이 가능한 이메일이나 카톡과 같은 문자는 불편한 손편지를 대체했으며 면대면 대면의 필요성을 축소했다.

셋째, 물질적 부족을 느꼈던 부모는 가난을 대물림하지 않기 위해 자녀를 왕자나 공주로 키웠다.

해 달라는 것은 최대한 해 주었고 물질적으로는 부족함이 없도록 노력했다. 덕분에 77% 이상이 대학을 나왔으며, 먹고 사는 데는 어려움을 겪지 않았다.

이런 현상을 바탕으로 이들 성향을 분석해 본다.

첫째, 성장배경과 의사 결정에 어머니의 영향을 받은 밀레니얼들은 대부분 마마보이다.

이들은 모든 일을 엄마와 상의하며 자랐다. 대학진학은 물론 직장 선택이나 직장생활의 어려움은 물론 결혼까지도 엄마와 상의한다. 요즘 직장 상사에게 자상한 '엄마 리더십'이 필요한 이유이다.

둘째, 정보화 시대에 빠른 반응 속에서 자란 이들은 빠른 답변을 기대한다.

결단이 늦은 상사를 무능하다고 판단한다. 정보화 시대에 자란 이들은 뒤에 있는 상사에게 아무렇지 않게 문자를 보낸다. 그러면서 이런 행동이 바쁜 상사에 대한 배려라고 생각한다.

지속성장 가능한 천년기업의 비밀

셋째, 왕자나 공주처럼 자란 이들은 전통적 예의를 알지 못한다.

음식점에서는 상사보다 먼저 수저를 드는 것은 수저를 나중에 드는 것이 전통적인 예의라는 것을 모르기 때문이다. 이들은 자신이 이해하지 못하면 자연스럽게 즉시 질문한다. 이런 성향은 4차 산업혁명에 필요한 창의력 계발에 꼭 필요하기도 하다.

왕자나 공주처럼 자란 이들은 멘탈이 약해 힘들거나 어려움을 참지 못한다. 이들은 일과 삶의 균형을 유지하려고 한다. 욜로(YOLO : You Only Live Once)라는 말로 이들을 대변하기도 한다. '욜로'란 말을 직역하면 '네 인생은 오직 한 번뿐'이라는 의미이다. 이들은 자신만의 삶을 즐기려고도 한다. 그들만의 언어를 사용하기도 한다.

이외에도 많은 특성이 있겠지만 이 세 가지가 밀레니얼의 대표적 특성이라고 할 수 있다. 지금 같은 저성장 시대에 이들이 바늘구멍만 한 취업 관문을 통과하기가 쉽지 않다. 그래서 이들을 3포세대(연애, 결혼, 출산 포기)니, 5포 세대(내 집 마련, 인간관계 포기)니, N포세대(꿈, 희망 포기)라고 불리는 아픔도 가지고 있다.

그렇지만 모든 자녀가 그렇듯이 부모보다 더 훌륭한 사람이 되려는 욕구가 있으므로 자신의 성장을 위해 일과 후에는 학원에 다니는 등 기성세대 못지않게 큰 노력을 기울이고 있다는 점도 잊어서는 안 된다.

천년기업가라면 이런 밀레니얼 세대에게 어떻게 동기를 부여해야 할지, 이들이 창출하는 시장에 어떻게 대응해 갈 것인지에 대해 연구해야 한다. 이런 고민은 밀레니얼 세대에서 끝나지 않는다. 밀레니얼 세대 이후에 나타난 또 다른 새로운 세대인 Z세대가 있다. 이들은 밀레니얼 세대와도 전혀 다르다. 이처럼 앞으로도 계속 새로운 세대가 나타날 것이다. 이들에 관해서도 연구해야 한다.

천년기업가는 늘 깨어있어야 한다. 알랜 랭어는 마음 놓침은 어제의 해결책을 오늘에 적용하는 것이며 마음 챙김은 내일의 요구에 귀 기울이면서 오늘의 해결책을 찾아보는 것이라고 했다. 기업가는 항상 새로운 세대를 이해하고 연구하고 대응하려는 마음가짐이 필요하다. 천년기업가에게는 더욱 그렇다.

지속성장 가능한 천년기업의 비밀

천년기업가의
스트레스 조절

명상은 스트레스 해소에 가장 좋은 방법이다

스트레스가 나쁘다는 사실을 모르는 사람은 없다. 스트레스는 만병의 근원이라고도 한다. 『행복의 조건』의 저자 조지 베일런트는 그의 종단연구에서 스트레스를 잘 관리하는 사람과 그렇지 못한 사람의 수명차이가 최소 10년 이상이라고 주장했듯이 스트레스는 건강은 물론 행복과도 연결된다. 약간의 스트레스는 긴장을 주고 활력을 준다는 연구도 있지만, 과도한 스트레스는 면역기능도 약화시킨다는 한국교육심리학회의 보고도 있다.

스트레스는 왜 발생할까? 과중한 목표 때문에 발생하기도 하지만 갈등이 원인이 되기도 한다. 갈등은 왜 일어나는가? 차이를 인정하지 않기 때문이다. 가치의 차이, 성격의 차이, 욕망의 차이, 일하는 방식의 차이, 생각의 차이 등을 인정하지 않고 자기만을 고집할 때 갈등이 일어난다.

스트레스는 어떻게 줄이는 것이 좋을까? 명상이 스트레스를 줄여 준다는 연구와 함께 유명인들이 명상을 통해 스트레스를 해소하고 있다.

예를 들면, 심신의학과 명상분야의 세계 권위자인 디팩 초프라(Deepak Chopra) 박사에게 명상 지도를 받은 사람들로는 마이클 잭슨, 마돈나 등과 같은 톱 가수와 리처드 기어나 클린트 이스트우드, 휴 잭맨 등과 같은 할리우드 스타도 명상을 생활화하고 있다. 비틀즈의 멤버도 명상에 심취해 있었음은 이미 널리 알려진 사실이다. 경제 분야에서는 스티브 잡스와 빌 게이츠, 이나모리 가즈오 회장이 있으며, 정치 분야에서는 클린턴 전 대통령 내외, 앨 고어 전 부통령이 있고, 스포츠 분야에서는 스즈키 이치로 등이 명상을 꾸준히 실천하고 있는 유명인들이다.

명상은 어떤 효과가 있을까?『세계의 엘리트는 왜 명상을 하는가?』의 저자 '와타나베 아이코'는 명상의 효과에 대해 아래와 같이 주장한다.

① 스트레스 축소	② 체력 향상	③ 집중력 향상
④ 평온 유지	⑤ 업무 효율 향상	⑥ 결단력 향상
⑦ 직감 발달	⑧ 쉽게 목표 달성	⑨ 창의력 발달
⑩ 원활한 인간관계	⑪ 안정감 유지	⑫ 만족스러운 일상

한국의 숭산 스님으로부터 명상을 전수받은 매사추세츠 대학병원의 존 카밧진(Jon Kabat-Zinn)은 이를 쉽게 재구성하여 스트레스 감소 프로그램인 MBSR(Mindfulness Based Stress Reduction program)의 창시했는데, 우리나라는 물론 세계 많은 곳에서 스트레스 조절 프로그램으로 활용하고 있다.

명상에는 다양한 효과가 있다

명상은 집중명상 사마타(Samatha)와 통찰명상 위빠사나(Vipassana)로 크게 구분된다. 명상은 불교에서 유래했다고 하지만 유대교에서의 '까발라', 기독교의 '묵상기도' 또는 '관상 기도법', 중국 도교의 '단전호흡', 이슬람교와 유교에서도 명상법이 있었다는 것을 보면 특정 종교의 전유물이라고 하긴 어렵다. 명상의 구체적인 방법은 유튜브 등에서 동영상을 참고하면 좋다.

명상이 좋은 점만 있는 것은 아니다. 심신 허약자나 자아 구조가 취약한 사람은 근육 경련이나 일시적 흥분상태가 되기도 하고 황홀경에 빠지거나, 억압된 감정의 갑작스러운 분출 등 부작용도 있다는 주장도 있다.

명상 외에 다른 스트레스 조절 방법을 사용한 오바마 대통령은 가족과 함께 시간을 보내면서 편안함을 즐겼으며, 아놀드 슈왈츠제네거는 운동을 통하여 이완했고, 안젤리나 졸리는 취미 생활로 기분을 전환했다.

또 다른 스트레스 해소 방법으로는 음악감상, 그림 그리기, 붓글씨 쓰기, 춤추기, 봉사 활동, 스트레스 감정 적기, 좋은 향 맡기, 독서, 산책, 낮잠, 수다, 마사지 받기, 수공예, 조각, 뜨개질 등 다양한 방법이 있다. 이외에 스트레스 해소 기제로 사용할 수 있는 것들은 어떤 것에 집중했을 때 금방 시간이 30분 이상 지나갔다고 느꼈던 것들이면 된다.

스트레스가 없는 사람은 없다. 단지 스트레스를 온몸으로 받아들이면서 괴로워하느냐 조절하느냐로 구분될 뿐이다. 스트레스는 건강도 악화시키지만, 집중력이나 의욕, 판단력도 흐려지게 한다. 기업가는 사람 문제로 스트레스를 받지만, 자금문제로 회사가 망할 것 같은 걱정으로도 스트레스를 받는다.

스트레스를 조절하지 못하면 모든 걸 다 잃을 수 있다. 천년기업가도 마찬가지다. 명상이 아니더라도 반드시 자신만의 스트레스 조절 방법을 찾아 긴장에서 이완하는 방법을 찾아야 한다. 그중에서 명상은 좋은 스트레스 조절 방법으로 적극적으로 권장하고 싶다.

지속성장 가능한 천년기업의 비밀

천년기업 사업가의
협상대화모델

협상은 원-윈 게임이다. 이 규칙을 어기면 비즈니스는 거기서 끝이다

"협상이란 나만 원하는 것을 얻는 것인가?" 그렇지 않다. 협상이란 내가 원하는 걸 얻어야 하지만 상대도 얻는 것이 있어야 한다. 상대가 손해라는 생각이 들게 된 순간 비즈니스는 거기서 끝이다. 협상이란 이 해관계자들이 쟁점에 대해 합의점을 찾아가는 과정이다. 협상은 제로섬 게임이 될 수도 있지만, 의사소통을 통하여 가치를 증대시키면 플러스 게임이 될 수도 있다.

협상의 방법에 대해 하버드대 경영학 교수 디팩 맬호트라는 세 가지 힘, 즉, '프레이밍(Framing)의 힘, 프로세스(Process)의 힘, 공감(Empathy)의 힘'을 주장했는데 와튼스쿨의 다이아몬드 교수는 이와는 다른 협상의 핵심 전략 열두 가지를 제시했다.

■ 다이아몬드 교수의 12가지 협상전략

① 목표에 집중하라.

② 상대의 머릿속 그림을 그려라.

③ 감정에 신경 써라.

④ 모든 상황은 제각기 다르다는 것을 인식하라.

⑤ 점진적으로 접근하라.

⑥ 가치가 다른 대상을 교환하라.

⑦ 상대방이 따르는 표준을 활용하라.

⑧ 절대 거짓말하지 말라.

⑨ 의사소통에 온 힘을 쏟아라.

⑩ 숨겨진 걸림돌을 찾아라.

⑪ 차이를 인정하라.

⑫ 협상에 필요한 목록을 만들어라.

이외에도 협상 관련 주장이 수없이 많은 걸 보면 비즈니스에서 협상은 그만큼 중요하다는 의미다. 이들을 참고하여 협상대화모델 TEADISC(Trust, Empathy, Agenda, Data, Interest, Solution, Closing)를 제시한다.

협상의 첫째 단계는 신뢰(Trust)이다.

신뢰 요소로는 3A3C가 있다. 3A는 능력(Ability), 관심(Attention), 진정성(Authenticity)이며, 3C는 일관성(Consistency), 명확성(Clarity), 약속(Commitment)이다. 신뢰 관계는 평소에 구축해야 한다. 신뢰 요소 중 가장 중요한 하나를 꼽으라면 약속이다. 약속은 신뢰가 행동으로 나타나는 것이기 때문이다.

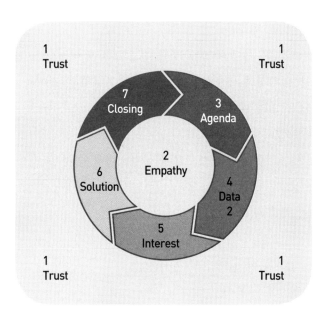

협상대화모델 TEADISC

둘째 단계는 공감(Empathy)이다.

공감은 우호 관계 구축에 꼭 필요하다. 공감은 동조나 인정과는 다르다. 공감한다고 해서 상대 의견에 찬성하라는 뜻은 아니다. 상대 감정에 공명하라는 말이다. 의견이 다른 경우, 상대의 말을 요약 반복해 주거나 상대의 감정을 읽어 주는 것이 공감이다.

매끄러운 협상을 위해, 진행 기본 규칙이나 범위 또는 틀을 협상 초기에 정하면 좋다. 말썽 소지가 있는 협상 대상자가 예상된다면 이를 배제할 수 있는 금지 조항도 이때 정하면 도움이 된다.

감정이 상해 있거나 갈등상황에 놓여 있는 경우라면 이를 먼저 해결해야 한다. 필요한 경우 신뢰를 증진시킬 수 있는 제3자를 개입시키는 방법도 있다.

셋째 단계는 주제(Agenda)를 정하는 단계이다.

협상 주제는 한 가지 주제를 다룰 수도 있지만 여러 개를 동시에 올려놓고 양보할 것과 양보하지 않을 것을 구분하는 것이다. 예상 주제에 대한 목표와 대안 즉 배트나(BATNA : Best Alternative To Negotiated Agreement)는 반드시 미리 준비해야 한다.

공격적으로 임할지 방어적으로 임할지? 협상 수문을 먼저 열 것인지, 닫을 것인지? 단지 시간 벌기 협상인지? 등에 대해 사전에 충분히 시나리오를 생각해 봐야 한다.

넷째 단계는 자료(Data)를 나누는 단계이다.

자료는 사전에 충분히 준비해야 한다. 협상은 데이터 경쟁이라고도 한다. 인수합병 전문가인 로버트 아이엘로(Robert Aiello)가 "협상은 정보의 고지를 선점하는 것"이라고 했듯이, 상대보다 더 많은 정보를 알고 있을 때 그 가치가 빛난다.

데이터는 객관적 데이터 외에 협상 대상자 성향 및 관심 사항, 의사결정권자 인적사항, 상대 조직의 우호세력, 유리한 협상 장소 등, 협상에 필요한 자료가 무엇인지 파악한 후 자료를 수집해야 한다.

다섯째 단계는 나와 상대의 관심(Interest)을 파악하는 것이다.

자신의 주요 관심사이면서 덜 중요하게 여기는 것, 자신은 덜 중요하지만, 상대에게 매우 중요한 것, 상대와 내가 처한 국면, 협상 결과가 만들어 낼 영향력, 압박요인, 야심의 크기, 상대가 염려하는 것 등은 무엇인지 알아봐야 한다. 상대의 예상되는 관심 사항을 파악하여 맞는지 확인 질문을 하는 것도 좋다.

지속성장 가능한 천년기업의 비밀

<u>여섯째 단계는 해결방법(Solution)을 찾는 과정이다.</u>

대부분 제로섬 해결방법에 집착하는데 이보다는 다양한 이해관계를 잘 활용하여 상호 이익이 되는 윈-윈 협상 요건을 최대한 찾는 노력이 필요하다. 내가 꼭 지켜야 할 가치가 아닌 차순위 가치를 양보할 수 있다면 플러스 협상이 될 수 있다.

현재의 욕구 만족이 어렵다면 미래 욕구를 만족시키는 방법도 있다. 자신에게 유리한 가격을 먼저 상대에게 제안하여 앵커링 효과(Anchoring Tactic)를 활용해도 좋다.

보통 협상은 최초의 제안과 최초의 반대 사이에서 타협이 이뤄진다. 이런 점에서 초반 전략이 중요하다. 초기에 상대가 제안한 것을 덥석 받아들이면 상대는 "좀 더 어려운 걸 요구할걸!" 하고 만족감을 느끼지 못할 수 있다. 이런 점에서 보면 상대가 받아들이기 다소 어려운 요구 항목을 많이 나열한 후 조금씩 양보해 가면서 상대가 협상에서 많은 것을 얻었다는 느낌이 들도록 하는 것도 방법이다.

그러나 어떤 사람은 이런 협상 태도를 싫어하는 사람도 있다. 상대의 의도를 사전에 정확히 파악해서 전략을 수립해야 하는 이유가 여기에 있다. 상대의 의도를 모르게 되면 오히려 손해를 볼 수도 있다는 점을 기억해야 한다.

<u>일곱째 단계는 마무리(Closing)단계이다.</u>

마무리단계는 합의서나 계약서를 작성하는 과정이다. 미진한 부분이 없는지, 향후 진행은 어떻게 하면 좋을지를 다루는 단계이다. 당신에게 결정 권한이 없는 경우는 의사 결정 과정을 이때 미리 알려주는 것이 좋다. 상대의 의사 결정 과정에 대해서도 궁금하면 질문해서 확인해야 한다.

협상 완료 후에는 복기하면서 성찰 시간을 갖게 되는 것도 좋다. 협상력이 향상된다.

협상은 비즈니스에서 꼭 필요하다. 영업도 협상 과정이라는 점을 고려할 때 천년기업가라면 반드시 협상에도 관심을 가져야 한다. 그런 의미에서 협상의 세 가지 힘과 협상대화모델 찻잔 받침 TEADISC를 잘 활용해 보면 좋겠다.

창의성이 4차산업 혁명의
승패를 좌우한다

자유로운 소통 속에서 창의력이 발현된다

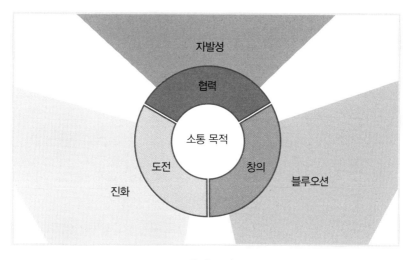

소통의 목적

"피아니스트에서 뮤지션이 되는 일이 5만큼 힘들다면 뮤지션에서 아티스트가 되는 일이 비슷한 수준으로 힘들 것으로 생각하겠지만 5만 배쯤 힘듭니다. 마찬가지로 후진국에서 중진국으로 가는 것이 5만큼 힘들다면 중진국에서 선진국으로 가는 길은 5배가 아니라 5만 배쯤 어렵습니다. 최고가 된다는 것은 모방이 아니라 세상에 없던 새로운 것을 만들어내야 하기 때문입니다."라고 최진석 교수는 『탁월한 사유의 시선』에서 주장한다.

그의 주장이 철학적 주장이기 때문에 증명할 수는 없겠지만 지금 우리가 처한 현실을 생각할 때 수긍할 만한 점이 많이 있다. 결국, 선진국이 된다는 것은 자신의 온 정열을 쏟아부어 새로운 것을 만들어 낼 수 있을 때 가능하다는 말로 이해된다.

구성원들의 단순한 손발의 기능만을 활용해서는 도저히 선진국에 들어갈 수 없다는 말이다. 이런 요구는 4차 산업혁명에서도 기업이 살아남기 위한 요소이기도 하다. 구성원들은 일 속에서 자신이 존재 의미를 발견할 수 있을 때 온 맘과 정성을 기울여 매진하게 된다. 구성원들이 서로 힘을 합쳐 다양한 아이디어를 제시하고 소통할 수 있는 기업 문화가 조성되었을 때 그들은 손발이 아닌 진정성 있는 마음으로 일에 몰두한다.

미국의 산타페이 복잡계 연구소 고프리 박사는 도시 크기와 창의력이 관계가 있다는 연구 결과를 발표했다. 즉 "도시가 커지면 창의력도 증가할까?"라는 질문을 통하여 얻은 결론은 "도시가 2배 커지면 창의력은 2.2배 커진다. 뉴욕이나 도쿄처럼 10배 더 큰 도시들은 창의력이 17배 증가한다."는 사실을 밝혀냈다.

이처럼 큰 도시에 창의력이 증가하는 이유는 무엇일까? 하버드대 에드워드 글래드 교수는 창의력은 소통으로 만들어진다는 것을 발견했다. 대도시에서는 다양한 사람들이 다양한 아이디어로 소통하면서 새로운 아이디어를 창출한다는 것이다. 예를 들면 에스컬레이터는 1900

년대 파리 박람회에 유원지 놀이기구로 개발되었지만 이를 본 사람들이 활용방법을 이야기하다가 사람들의 이동 수단으로 용도를 바꿨다는 것이다.

창의성의 아이콘으로 사람들 입에 오르내리는 애플의 스티브 잡스가 만든 스마트폰도 사실은 기존에 나와 있던 핸드폰과 MP3 기능과 카메라 기능을 합쳐서 만든 것이란 점을 상기해 볼 필요가 있다. 창의력이란 세상에 전혀 없던 것을 만들어내는 것보다는 세상에 이미 존재하는 아이디어나 제품을 새롭게 조합한 후 새로운 의미를 부여하여 얻어 낸 것들이 훨씬 더 쉽고 많다는 점을 되새겨 볼 필요가 있다.

영국의 경제학자 슘페터도 '혁신은 새로운 결합을 의미하며 이를 창조적 파괴'라고 하면서 '혁신은 세상에 없던 것을 만드는 것이 아니라 자원의 결합 방식을 바꾸거나 새롭게 결합해 가치를 높이는 활동이다.'라고 했다.

새로운 아이디어는 열심히 일만 한다고 나오지 않는다. '개미와 베짱이 이야기' 속의 개미는 농경사회일 때는 양식이 부족했기 때문에 열심히 일해야 살아남을 수 있었지만, 지금은 예술가인 베짱이가 돈을 더 많이 벌어 개미를 먹여 살리는 시대로 바뀌었다. 잘 노는 사람이 일도 잘한다는 쪽으로 인식이 이동했다.

"당신은 언제 최고의 아이디어를 얻는가?"라는 질문을 통하여 짐 로허와 그의 동료들이 얻은 결론은 "샤워 중에, 침대에서 쉴 때, 숲속에서 산책할 때, 조용히 음악을 들을 때, 조깅 할 때, 명상할 때, 꿈을 꿀 때, 해변에 멍하게 앉아 있을 때"라고 했다.

이 조사가 시사하는 바는 구성원들에게 자기만의 사유의 시간이 주어질 때 창의력이 나온다는 말이다. 구성원들은 이런 시간을 통하여 자신의 아이디어를 얻을 수 있고 이런 아이디어를 다른 사람의 아이디어와 통합해보고 재정의해 보거나 필요 없는 부분을 제거해 보면서 새로운 제품을 만들어 낼 수 있다는 것이다.

결국, 구성원들에게 내재되어 있는 무한한 잠재력을 어떻게 이끌어 내어 활용할 것인지가 4차 산업혁명에서 살아남기 위한 과제가 되었다. 이런 관점은 코칭 철학과도 매우 유사하다. 코칭 철학은 "사람들은 누구나 무한한 가능성이 있으며, 문제와 답을 동시에 가지고 있으므로 질문하면 답이 나온다는 것"이다.

질문이 있으면 당장은 아니더라도 언젠가는 답을 찾을 수도 있다. 질문이 없다는 것은 문제의식이 없다는 것이고 현실에 만족한다는 뜻이니 답을 찾지 못하는 것은 지극히 당연한 일이다. 베토벤은 "귀가 들리지 않으면 작곡을 할 수 없는 것인가?"라는 질문을 통하여 위대한 예술가로 탄생했다. 뉴턴은 "사과는 왜 늘 땅으로만 떨어지는 걸까?"라는 질문을 끊임없이 자신에게 해대면서 만유인력의 법칙을 발견했다.

인간은 삶의 의미를 발견했을 때, 존재 목적을 찾았을 때, 자신의 모든 정열을 쏟아붓는다. 4차 산업혁명에서 살아남기 위해서는 경영자는 구성원들의 마음을 얻어야 하는 이유가 여기에 있다.

리더는 구성원들이 자신의 아이디어를 활발하게 제시하고 논의할 수 있는 소통의 기업문화를 만들어야 한다. 자유로운 소통이 아이디어 상승작용을 불러일으켜 창의력을 배가할 수 있다는 연구 결과가 이를 뒷받침해 주고 있지 않은가.

무관심보다는
부정적 피드백

사랑과 배려로 포장된 무관심은 부정적 피드백보다 더 나쁘다

당신을 성장시킨 리더는 방관하는 리더일까? 잘못을 알려주고 고치라고 요청하는 리더일까? 당연히 후자다. 잘못을 지적할 때 꾸중하듯이 야단치는 것도 부하가 싫어하지만, 무관심한 태도를 보이는 것은 더 나쁘다.

이런 이야기를 하면 "요즘 젊은이들은 나이 많은 사람을 '꼰대'라고 부르면서 말 안 들어요!"라고 할지 모른다. 그렇더라도 잘못을 교정해 달라고 요청하지 않으면 젊은이들은 자신이 무엇을 잘못했는지 모르기 때문에 지금의 행동을 계속할 수밖에 없다.

물론 부정적 피드백보다는 칭찬 같은 긍정적 피드백이 더 좋다. 그렇다고 긍정적 피드백만 해 주면 좋을까? 전혀 그렇지 않다. 잘못한 것을 알려줘야 한다. 대신 부하 성장을 위한 진정성이 내포되어 있어야 한다. 진정성이 없으면 비난이 된다.

사람들은 누구나 다른 사람으로부터 관심받고 싶은 욕구가 있다. 아이돌처럼 많은 사람의 환호도 받고 싶어한다. 그러나 자신이 도저히 그렇게 하지 못할 것 같을 땐 포기해 버리거나 자신이 망가진다.

모든 자녀는 부모보다 더 훌륭한 사람이 되어서 부모의 칭찬을 듣고 싶어한다. 하지만 부모가 너무 훌륭해서 넘지 못할 벽처럼 느껴질 때, 또는 도저히 부모의 요구를 충족시킬 수 없다고 느낄 때 자신이 망가진다. 자신이 성공한 사람이라고 생각하는 부모는 자녀의 이런 심정도 이해해야 한다.

마찬가지로 자신의 상사가 너무 훌륭하여 상사의 욕구를 못 맞춰 줄 것 같은 생각이 들 때는 포기해 버린다. 그런데 포기에서 끝나면 좋은데 방해를 하기 시작한다.

부하가 이처럼 부정적인 태도를 보일 때는 내면에 어떤 긍정적 의도가 있는지 리더가 알아채고 이에 대해 충분히 공감해 줘야 한다. 노력도 인정해 줘야 한다. 그렇게 한 다음, 어떻게 하면 좋을지 질문을 통해 해결책을 찾게 하면 좋다. 질문했는데도 해결책을 찾지 못했다면 부하의 성장을 위해 이렇게 해 줬으면 좋겠다고 요청해도 좋다. 이렇게 정성을 들이면 부하도 고마워한다. 아마도 회사를 떠나서도 자신의 성장을 위해 이런 이야기를 해 준 상사에게 고마움을 느낄 것이다.

상사의 제일 나쁜 행동은 사랑과 배려로 포장된 무관심한 태도이다. 무관심을 견딜 사람은 많지 않다. 왕따를 싫어하는 것도 친구들의 무관심이 그만큼 싫다는 말이다.

"요즘 젊은이들은 이해가 안 돼요. 막돼먹었어요. 어떻게든 해 보고 싶은데 인사권한도 없어요!"라고 말하는 리더가 있다. 그러면 "투명인간 만들 권한도 없나요. 투명인간을 만들면 그 어떤 고문보다도 상대를 힘들게 하는데!"라고 말하면 그런 권한은 있다고 말한다.

투명인간을 만든다는 것은 있어도 없는 사람으로 취급하는 것이다.

소속의 욕구가 있고 협동 생활을 해야 하는 인간사회에서 투명인간 취급은 정말 참기 힘들다. 존재감은 없어짐은 물론 내가 왜 살아야 하는지 회의도 들게 한다.

한 명이라도 부하가 있는 리더라면 눈을 감고 떠올려 보라. 당신이 이 자리까지 오면서 영향을 준 사람이 누구인지? 급여를 올려준 사람인지? 자신을 인정한 사람인지? 자신의 성장을 위해 진심 어린 충고를 한 사람인지?

당연히 자신을 인정해 주고 자신의 성장을 위해 진심 어린 충고를 해준 사람이 기억에 남을 것이다. 부하도 마찬가지다. 당신의 진정성 있는 충고를 바라고 있다.

단지 충고할 때, 왜 이런 충고를 하는지에 대해 말해줘야 한다. 예를 들면, 당신이 훌륭한 리더로 성장하기 위해 꼭 해 주고 싶은 말이 있는데 어떻게 생각하느냐고 질문한 후 "예"라는 대답을 들은 후에 "당신이 우리 회사에서 훌륭한 리더로 성장할 수 있는 잠재력을 일깨워주기 위해 이런저런 충고를 합니다. 어떻습니까?"라고 질문하면 부하직원들은 십중팔구 감사하게 생각할 것이다.

기억하라! 무관심보다는 부정적 피드백이 훨씬 더 좋고 필요하다는 점을 말이다. 물론 칭찬은 이들보다 훨씬 더 좋다.

운동과 영성

운명을 바꾸고 싶다면 운동하라. 운동은 심리치료도 된다

심리치료 연구의 효시인 윌리엄 제임스는 이런 말을 했다.

단거리 달리기는 육체적 운동이다.
그에 반해 마라톤은 심리적인 운동이다.

1마일 달리기는
육체적이고 심리적이고 영적인 운동이다.
운동을 통해서도 가르침을 얻을 수 있다.

거리를 달릴 때 나는 철학자가 된다.

그 순간 나는
미운 사람에 대해서는 깡그리 잊어버리고
자신에 대해서만 생각한다.

나는
다른 사람이나 이슈에 대해 생각할 겨를이 없다.

미워할 겨를도 없다.

미워하는데도
사랑하는 것과 마찬가지로
관심과 시간과 힘을 쏟아야 한다.

나는 15년 동안 수천 시간을 길 위에서 달렸지만
단 1분도 화를 낸 기억이 없다.

내가 빠져드는 건 오직 나 자신뿐이다.

달리기 시작해서 처음 30분은
내 몸을 위해 달리지만
나머지 30분은 내 영혼을 위해 달린다.

달리는 것은 최상의 명상 도구이다.

마라톤 같은 운동을 한 사람은 이런 경험을 했을 것이다. 하지만 아무 의식 없이 운동만 했다면 이런 느낌을 못 받을 수도 있다. 그런데 분명한 것은 운동이 윌리엄 제임스의 말처럼 심리치료가 된다는 것이다. "운동은 집중력과 침착성을 높이고 충동성을 낮춰 우울증 치료제인 프로작과 리탈린을 복용하는 것과 비슷한 효과가 있다."고 하버드 정신과 의사 존 래티도 주장했다.

'석 달간 운동한 건강한 뇌에 새로운 신경세포가 생겨났다는 연구 결과'를 세계적 생명공학연구소인 솔크연구소와 컬럼비아 대학 메디컬센터 스콧 스몰 교수 연구팀이 발표하기도 했다. 이는 "나이가 들수록 뇌의 신경세포가 감소한다."는 그간의 통념을 완전히 뒤엎은 것이다.

이외에도 '미국국립정신보건협회'는 "운동이 스트레스 감소, 동기부여, 자아존중감 증대, 대인관계 향상 등에도 탁월한 효과가 있다."고 했으며, 캘리포니아 대학 어바인 캠퍼스의 뇌 노화 치매 연구소 연구팀도 "운동이 뇌 기능을 건강하게 할 뿐만 아니라 면역력도 증가시켜준다."고 했다.

리더는 상당한 스트레스를 받는다. 지위가 높을수록 더 많은 스트레스를 받는다. 아무하고도 상의 못 할 고민도 많다. 이런 경우 자신의 이야기를 마음껏 할 수 있는 친구를 둬도 좋고 비즈니스 코치를 둬도 좋다.

이것도 여의치 않다면 운동화를 신고 밖으로 나가서 뛰어보라. 뛰기가 어렵다면 걸어도 좋다. 이 시간은 자기와 대화하는 시간이다. 마음을 정리하는 시간이고, 새로운 아이디어를 얻는 시간이다. 스트레스를 해소하는 시간이며, 심리치료 시간이다.

『몰입』의 저자 황농문 교수는 창의성을 발휘되는 몰입이 좋기는 하지만 몰입만 하게 되면 정신병에 걸릴 수도 있다고 하면서 규칙적인 운동이 이를 방지할 수 있다고 했다. 필자도 이를 몸소 체험했다. 철인 3종 킹 코스, 100킬로 울트라 마라톤, 오산 종주, 자전거 국토 종주 등을 완주한 경험 속에서 느낀 것은 '건강한 육체에 건강한 정신이 깃든다.'라는 점이다.

물론 성철스님이나 한경직 목사님처럼 도량이 높은 분이라면 정신이 우선한다고 말할 수 있겠으나 보통 사람은 하기 힘들다. 오히려 '건강한 육체에 건강한 정신'이라는 말이 더 현실적이다. 육체적으로 건강할

지속성장 가능한 천년기업의 비밀

때는 뭐든지 할 수 있다는 의욕이 생기다가도 몸살감기라도 걸린 경우는 만사가 귀찮고 그냥 쉬고 싶지 않았던가?

아무리 바빠도 운동시간을 빼내라. 운동시간이 없다면 승용차 대신 지하철을 타도 좋고 계단을 이용해도 좋다. 운동할 시간이 없다는 것은 자기변명일 수 있다. 사실 운동은 아무 때나 할 수 있다. 강의시간에 할 수도 있고 걸어가면서 할 수도 있고, 연구하면서 할 수도 있다. 이런 경우 항문 근육을 긴장시켰다가 이완시킬 수도 있고 양손을 꽉 쥐었다가 펼 수도 있다. 이것을 100번쯤 하면 힘이 든다. 남모르게 배에 힘을 잔뜩 줬다가 이완했다가를 반복하면 복근 운동이 되고, 다리를 X자로 꼰 후 힘을 주면 다리 운동이 된다. 운동은 단지 필요성과 의지의 문제이다. 하려고 마음만 먹으면 걸어가면서도 할 수 있다. 운동(運動)이라는 한자 중 운(運)은 '움직인다.'는 뜻도 있지만 '운명(運命)'이라는 의미도 있다. 즉 운동(運動)은 '운명을 움직이게 한다.'는 의미도 된다.

어떤가? 건강한 육체와 정신을 유지하고 스트레스를 해소하며 당신 운명을 바꿀 수 있는 운동을 지금 즉시 시작해 보는 것이….

직장인의 성공요소
PRO-A

직장인의 성공요소로 질문하고 구성원도 육성하라

직장인의 성공요소는 무엇일까? 물론 많은 것을 다 잘하면 성공할 수 있다. 하지만 누구에게나 시간은 한정되어 있고 한정된 시간에 선택과 집중을 해야 한다. 더구나 주 52시간 근무제가 도입한 지금은 더욱 그렇다.

신입사원이자 중견 사원을 뽑을 때 어떤 기준으로 뽑아야 할까? 질문은 어떻게 하면 좋을까? 이런 질문 가진 사람이라면 직장인의 성공요소 PRO-A를 참고하면 좋다.

직장인의 성공요소는 PRO-A이다. PRO-A는 Performance, Relationship, Own-expression, Alignment를 말한다.

이를 좀 더 설명하면 다음과 같다.

첫째, 성과(Performance)를 내야 한다.

성과를 내지 못하면 직장이란 전쟁터에서 살아남지 못한다. 직장인들은 성과를 달성하기 위해 모든 수단과 방법을 동원한다. 하지만 지금과 같은 초고속 연결사회에서 수단과 방법을 가리지 않고 성과만을 내는 것을 용납하지 않는다. 역량에 앞서 성품을 갖춘 인재를 선발하는 이유가 바로 이런 이유다. 게다가 요즘 신세대는 과거처럼 성과만을 추구하는 폭압적인 상사와 근무하길 원치 않는다. 아무리 급여를 많이 주더라도 회사를 떠난다. 코치형 리더가 필요한 이유이다.

코치형 리더는 부하직원들로부터 자발적 동기부여를 위해 인정, 칭찬, 경청, 배려를 밑바탕으로 한 질문을 통하여 상대가 스스로 해결책을 찾도록 지원하면서 기다린다. 리더가 똑똑하면서도 게을러야 한다는 이유가 이런 이유이다. 리더가 똑똑하고 부지런하면 부하를 기다려 주지 않고 일일이 지시하거나 자신이 해 버린다. 그런 리더 밑에서는 시키는 것만 해야 생존할 수 있다는 사실을 본능적으로 알아차린다. 이런 상황에서 부하는 존재감이나 열정을 잃게 된다. 결국, 이런 상황이 지속되면 부하는 회사를 떠나는 것이 아니라 상사를 떠난다.

부하의 성과만 사용하기 위해 겉으로만 존중하는 척하면 부하는 금방 알아차린다. 부하는 상사에게 마음속으로 "그게 나에게 어떤 이득이 있지?"라고 질문한다. 이런 경우 상사가 먼저 그 일을 할 때 어떤 점이 좋은지 알려주는 것도 좋지만 "이 일이 본인에게 어떤 도움이 되는지? 어떤 의미를 발견할 수 있는지? 목적은 무엇인지? 어떤 기대를 하고 있는지?"와 같은 질문을 통하여 스스로 답변하도록 하는 것이 좋다. "당신 생각은 어떤가?" 라는 질문을 통하여 스스로 방법을 이야기하도록 질문하는 것도 좋다.

질문을 통하여 상대가 스스로 해결책을 찾도록 지원하는 것은 일종의 내면적 보상을 하는 것이다. 존재감을 느끼도록 하는 것이다. 뭔가 조직에 공헌했다는 자부심도 품게 하는 것이다. 이런 내면적 보상은 물질적 보상보다 훨씬 좋고 오래간다. 물질적 보상은 길어야 3개월 정도 가지만 깊은 내면적 보상의 경우는 평생을 간직하게도 한다. 부하가 하는 일이 회사 발전에 어떤 도움이 되는지, 자기 조직에 어떤 영향을 미치는지, 상사인 자신에게 얼마나 중요한 사람인지를 알게 하면 부하는 보람을 느끼고 자부심도 느끼게 된다.

최근, 우리나라 기업 중에는 세계 최고수준을 자랑할 수 있는 아이템을 생산하는 회사도 있다. 앞으로 세계 최고수준의 제품들을 만드는 회사가 더 많이 나올 것이다. 이런 수준이 되면 모방이 아니라 새로운 제품을 만들어내야 한다. 모방으로는 절대 선두자리를 유지할 수 없다. 구성원들의 자발성과 창의성이 어느 때보다도 필요한 시대다. 자발성과 창의성을 발휘하지 않으면 최고의 자리에서 언제든 내려와야 한다는 것이다.

리더는 질문하는 코칭 리더가 되어야 한다. 리더는 스스로 잔디를 깎는 기쁨을 누릴 수도 있겠지만, 부하직원들이 잘 깎아 놓은 잔디를 바라보며 기쁨을 함께해야 하는 사람이 되어야 한다.

둘째, 관계(Relationship)이다.

조직에서 리더는 구성원들이 성과를 낼 수 있도록 도와주는 지원자 역할을 해야 한다. 좋은 관계 유지를 통해 함께 성과를 창출해야 한다. 독불장군처럼 혼자 성과를 달성하라고 그 자리를 만들어 준 것이 아니다. 구성원들을 성장시키고 함께 성과를 달성하라는 말이다.

지속성장 가능한 천년기업의 비밀

자기 혼자 일하는 것을 좋아한다든지 함께 일할 때보다 혼자 일할 때 성과를 내는 사람이라면 리더가 되는 것보다는 어떤 한 분야의 전문가가 되는 것이 좋다.

리더의 역할은 구성원들이 일을 통해 성장하도록 지원하는 것이람 점을 잊어서는 안 된다.

좋은 관계를 유지하기 위해서는 이성적 접근보다는 감성적 접근이 필요할 때가 많다. 경청이나 배려, 믿음과 기다림 등은 감성적 접근 방법이다. 사람들은 이성적으로만 판단하는 것이 아니라 감성적으로도 판단한다. 이런 사실은 실험을 통해 밝혀졌다. 분명한 것은 조직에서 독불장군을 원하지 않는다는 것이다. 구성원들끼리 좋은 관계를 통해 성과와 창의력을 발휘하길 원한다. 특히 리더는 구성원들과 협력적 관계를 통하여 성과를 달성하는 사람이라는 의미를 기억하면 좋다.

셋째, 자기표현(Own Expression)이다.

리더는 자기 생각이나 의사를 말이나 글로 전달해서 영향력을 발휘한다. 이런 의미에서 리더십은 표현력이고 소통이고 태도라고 봐도 좋다. 따라서 말을 조리 있게 하지 못하거나 글로 자기 생각을 잘 표현하지 못하면 리더의 자격이 없다고 봐야 한다. 리더는 이를 위해 상당한 노력과 정성을 기울여야 한다.

리더가 구성원들을 매 순간 평가하듯이, 구성원들로 리더를 매 순간 평가한다. 알아듣지도 못하는 말을 한다거나 자신을 무시하는 듯한 말을 하는 리더를 구성원들은 따르려 하지 않는다. 리더가 구성원들을 만나 이야기하기 전에 많은 준비를 해야 하는 이유가 여기에 있다.

리더라면 구성원들과 회의를 하거나 미팅을 하기 전에 자신이 말해야 할 질문이나 요지를 미리 준비해야 한다. 한번 해 보라. 아무 준비

없이 구성원들을 만나 이야기하는 것과 사전에 해야 할 이야기를 메모한 후, 한 번이라도 연습해 보는 것은 상당한 차이가 있다. 훌륭한 리더는 이런 준비를 한다.

이렇게 준비하는 것에 대해 억울해할 필요가 없다. 사실은 내가 모셨던 회장님도 그렇게 하셨다. 높은 사람을 만날 때도 준비를 하시지만, 직원들을 만날 때도 메모하신 후 연습도 하신다. 연습도 한두 번 하시는 것이 아니라 상당히 여러 번 하신다. 이렇게 준비하신 후 아무 준비 없이 이야기하는 것처럼 연출하신다. 사람들은 이런 내용을 모른 채, '우와 대단하시네!'라고 말하지만, 사실은 미리 준비된 것을 연출하신 것이다. 회장님도 이렇게 하시는데 당신이라고 못할 것 없지 않은가.

중요한 것은 소통을 통하여 리더는 자기의 생각과 철학을 전달하고 목표를 제시하며 협력을 이끌어낸다는 것이다. 이 역할을 잘하지 못한다면 머지않아 리더의 자리에서 내려와야 한다는 점을 상기할 필요가 있다.

넷째, 한 방향으로 정렬(Alignment)이다.

리더는 회사의 비전이나 가치 또는 자기 조직의 목표나 방침을 구성원들이 적극적으로 추진하도록 한 방향 정렬시키는 것이다. 어쩌면 관리자는 이 역할을 위해 존재한다고도 볼 수 있다.

방침이 결정되기 전까지는 활발한 토의가 필요하지만, 목표가 결정된 후에는 구성원들이 힘을 합쳐 이를 추진하도록 해야 한다. 구성원들이 목적의식을 가지고 한마음으로 뭉쳐 일을 처리하도록 해야 한다. 그런데 조직에는 걸림돌이 나오기 마련이다. 일을 방해만 하지 않아도 좋을 텐데 그렇지 못한 구성원들이 나온다. 이끌든지, 따르든지, 아니면 비켜주면 좋을 텐데 방해하는 걸림돌을 만나면 참으로 난감하다.

지속성장 가능한 천년기업의 비밀

이런 경우, 구성원들은 리더가 걸림돌을 어떻게 처리하는지 유심히 바라보면서 상사의 리더십을 평가한다. 이를 잘 처리하면 훌륭한 상사라는 평을 듣지만 그렇지 않았을 때 전체 조직의 분위기를 망친다. 리더는 가슴 아프지만, 걸림돌을 과감히 제거하거나 다른 곳으로 보내야 할 때도 있다.

리더가 걸림돌 처리를 잘못해서 조직을 한 방향 정렬시키지 못하면 인사권자는 당신이 리더십이 없다고 평가한다. 더는 승진을 기대하기 어렵다. 리더 자격이 없음을 스스로 인정한 꼴이 되기 때문이다.

직장인의 성공율 = P × R × O × A

Performance(성과)

Relationship(관계)

Own Expression(자기표현)

Alignment(한 방향 정렬)

직장인의 성공요소

이상과 같은 직장인의 성공요소 PRO-A(Performance, Relati- onship, Own-expression, Alignment)는 리더는 물론 직장인들이 생존하기 위한 필수 요소다. 리더라면 자신이 각각의 항목에 몇 점을 줄 수 있는지 한번 점검해 보라. 면접자에게 이 항목을 질문하여 점수를 매긴 후 채용에 활용해도 좋다.

천년기업가의 영업철학과
대화모델 ENVCP

철학이 담긴 영업대화모델 ENVCP를 활용한 가치 제공 영업을 하라

포천지 선정 500대 기업의 최고경영자 가운데 상당수가 영업 출신이다. 전 휴거렛 패트 CEO인 칼리 피오리나는 영업직으로 입사했다. IBM의 설립자인 톰 왓슨도 금전등록기 영업직원이었다. 우리나라 CEO 중에도 영업을 거친 CEO가 상당히 많이 있다. 그만큼 영업은 사업에서 중요하다는 의미다.

영업에서 성공한 사람들은 자신만의 영업철학이 있다. 이들에게서 천년기업 영업맨이 가져야 할 영업철학을 발견할 수 있다. 이들은 영업을 통해서 자신도 이득을 취하지만 상대가 중요하게 생각하는 가치도 제공한다. 어느 한쪽만 일방적으로 이익을 보거나 손해를 보게 되면, 비즈니스는 거기서 끝이다. 당장은 아니더라도 사후에 자신이 손해 본다는 생각을 하게 되면 더 이상 비즈니스가 유지되지 않는다.

내가 알고 있는 보험 대리점 대표는 앉아서 억대 연봉을 번다. 그는 이렇게 말한다. "저는 제 경험과 지식과 인맥을 최대한 활용하여 고객에게 가치를 제공합니다. 예를 들면 회사를 처음 설립하려는 사람에게

법인 설립 전 토지를 사는 것과 법인 설립 후 토지를 사는 것은 세금이 다르다는 것을 알려주죠. 그런 후 그가 절약한 금액 일부를 보험에 들어달라고 요청하면 자연스럽게 보험을 들어줍니다."

영업 중 가장 어렵다는 보험영업 대표의 이 말은 천년기업이 어떤 영업철학을 가져야 할지 잘 말해주고 있다. 이를 바탕으로 영업코칭 대화 모델인 ENVCP(Empathy, Needs Find, Value Proposal, Closing, Post Management) 대화 모델을 소개한다.

첫째, 감정이입 또는 공감(Empathy)이다.

고객은 세일즈맨을 경계한다. 거절했는데도 끈질기게 달라붙으면 난감하기 때문이다. 이런 경우를 대비해 고객에게 자연스러운 대화 소재 3개 정도를 찾아보는 것이 좋다. 예를 들면 옷 색깔, 전체적인 분위기, 핸드백, 넥타이, 시계 등에 관해 관심을 표현하는 질문으로 남다른 관찰력이 있음을 보여주면서 이들이 지닌 가치를 알아보는 것이다.

"옷 색깔이 봄을 연상시키는 데 봄이 오길 고대하시나 봐요?", "IWC 시계를 차고 계신 것 같은데 디자인을 중요시 하나 봐요. 카탈로그에서 본 기억이 있는데 맞나요?"처럼 말이다.

이런 질문으로 상대의 취미에 관심을 표현하면 상대도 영업맨의 제품에 관심을 가지기 시작한다.

둘째, 고객의 욕구(Needs) 확인이다.

고객의 니즈를 파악하는 가장 쉬운 방법은 질문이다. 질문은 가정법 과거-현재-미래 질문이 좋다.

"혹시 이 진공청소기 써 보신 적 있으십니까?"

"아~ 예~ 청소기는 사용해 봤지요."

지속성장 가능한 천년기업의 비밀

"그래요. 혹시 지금도 사용하고 계시나요?"

"아닙니다. 지금은 사용하고 있지 않은데요?"

"그랬군요. 어떤 이유로 사용하지 않으시나요?"

"흡입력도 약하고 사용시간도 짧아서요."

"아 그렇군요. 그러면 흡입력도 강하고 사용시간도 긴 진공청소기를 원하시는 거군요?"

"예 그렇습니다."

셋째, 가치 제안(Value Proposal)이다.

'할리 데이비슨'은 제품에 가치를 붙여 파는 대표적인 회사이다. '할리'는 오토바이를 파는 것이 아니라 '남자들의 로망'을 제공한다고 한다. '파텍필립'은 예술성이라는 가치를 판다. "당신은 파텍을 소유하고 있는 것이 아니라 잠시 다음 세대를 위해 간직하고 있는 것입니다."라는 문구가 이를 말해준다. 고객이 요구하는 가치는 무엇이며 어떤 가치를 제공할 것인지, 어떻게 감성을 자극할 것인지 짧고 단순하게 표현할 수 있어야 한다.

넷째, 마무리(Closing)다.

이 단계에서 복병을 만나게 된다. 예를 들면 가격이 비싸다든지. 판매 실적이 없다든지 하는 이유로 거절하려는 단계이다. 이때 솔직하게 장단점을 알려주면서 고객이 얻게 될 가치를 다시 한번 더 설명해 주는 것이다.

예를 들면 차량의 경우 가격이 비싸다는 것은 두꺼운 철판을 사용하여 안정성이 높다는 장점이 있을 수 있다. 철판이 얇아서 안정성이 떨어진다는 것은 연비가 높다는 장점이 있을 수 있다. 이런 장단점을 있는 그대로 보여주면서 자신의 상품에 대한 장점을 추천하고 싶다는 의견을 제시하는 것이 좋다. 혹시 고객이 당장은 구매하지 않더라도 솔직하고 진정성 있는 당신에게 다음에 구매 기회 제공 가능성이 커지기 때문이다.

다섯째, 사후관리(Post Management)다.

이 단계는 고객에게 관심을 지속적으로 표현해서 계속 고객으로 만드는 단계이다. 계속 고객에게 추천받으면 매출 성공률이 50%를 웃돈다는 점을 반드시 기억해야 한다. 전화를 걸면 10명 중 9명은 받자마자 끊어 버린다든지, 이메일을 100통 보내면 1통 정도 답신이 온다는 통계를 고려해 보면 입소문 마케팅의 성공률은 상당히 높음을 알 수 있다. 사후관리가 그만큼 중요하다는 것이다. 더구나 만족한 고객이 소개한 경우는 성공확률이 60%를 웃돈다.

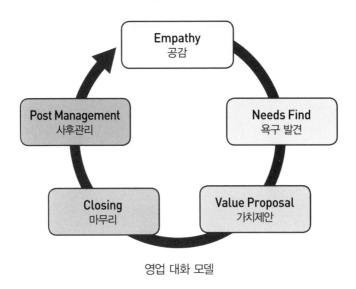

영업 대화 모델

지속성장 가능한 천년기업의 비밀

이상이 영업철학을 기반으로 한 ENVCP 대화 모델 소개이다. 천년기업이 가져야 할 영업철학은 한마디로 요약하면, "상대가 더 많이 얻는다고 느낄 수 있는 가치를 제공하는 것"으로 요약된다. 이런 영업철학이 조직에 스며들어 영업하는 사람의 태도에서 자연스럽게 묻어나오도록 해야 한다.

존중과 기대를 담은 분명한 요청은
마음을 흔든다

어른으로 대하면 어른이 되지만 애들로 대하면 애들이 된다

"유럽축구연맹(UEFA) 챔피언스 리그에서 뛰는 선수가 그러면 안 된다." 슈틸리케 감독이 패하면 탈락인 우즈베키스탄과의 8강전을 준비하면서 손흥민에게 한 말이다. 손흥민은 이 말을 듣고 우즈베크전에서 2골을 넣었다. 그는 8강 이전까지 10경기 연속 A매치 무득점 부진에 시달렸지만, 슈틸리케의 분명한 기대 섞인 요청에 자극받았다. 실제로 손흥민은 골을 못 넣어 부담감에 시달렸을 때보다 자존심에 상처를 받으면 이를 더 악무는 스타일이라고 한다.

새로운 골문의 수호신으로 떠오른 김진현에게는 "승부차기까지는 가지 않는다."는 말로 자신감을 심어줬다. 동점인 상태로 경기가 진행되면 골키퍼는 본능적으로 승부차기에 대해 걱정을 하게 된다. 그러면 제 기량을 발휘하지 못할 수도 있다.

은퇴를 선언한 차두리에게도 "후반전부터 투입돼 체력이 앞서니 공격적으로 플레이하라."라고 존중과 기대 섞인 요청을 했다.

지속성장 가능한 천년기업의 비밀

정확한 관찰을 토대로 한 기대 섞인 요청의 말은 사람의 마음을 흔든다. 존재를 인정하고 더 나은 가능성을 믿으며 결과보다는 최선을 다하길 기대한다는 피드백은 상대의 마음을 움직인다. 아이러니하게도 행동을 바꾸기 위해 행동에 초점을 맞춘 피드백은 상대를 더욱 경직되게 하거나 거부하게 만든다는 것이다. 슈틸리케 감독은 진정성 있게 선수들 개개인의 존재를 인정하고 가능성이 있다는 믿음으로 개개인에게 적합한 피드백을 했다.

사람들은 잘 변화하지 않는다고 한다. 특히 잘못된 행동에만 초점을 맞춰 지적하면 오히려 반발하게 된다. 그러나 진정성을 가지고 삶의 의미나 목적, 가능성이 있는 존재라는 것을 인정하면서, 분명하게 바뀌어야 할 부분에 대한 진솔한 피드백은 상대를 성장시킨다. 마스터풀 코칭의 창시자인 하버드의 로버트 하그로브 교수는 사람을 변화시키는 3단계를 다음과 같이 이야기했다.

가장 낮은 단계의 코칭은 행동을 변화시키려고 하는 것이며 두 번째 단계는 생각이나 감정을 통해서 변화를 시도하는 것이라고 하면서 가장 좋은 것은 존재 방식의 변화를 시도하는 것이 가장 상위의 코칭이라고 했다. 이는 영성코칭이기도 하다.

그런 점에서 슈틸리케 감독은 선수의 존재를 사랑하고 존중하는 마음으로 각각의 선수 개개인에게 변화가 필요한 부분을 정확하게 요청했다. 마음에 내키지 않는 칭찬은 상대가 금방 알아차린다. 비난이 섞인 지시는 사람을 방어하게 만든다. 기대되는 존재에게 정확한 관찰을 기초로 한 요청이 상대를 스스로 변화하게 한다는 점을 슈틸리케는 다시 한번 상기시켜줬다.

존중이 담긴 기대 섞인 요청은 부하는 물론 반항적인 사춘기 자녀가 제자리로 돌아오게 하는 데도 효과가 있다. 상대가 반항적인 태도나 공격적으로 말할 때, 반박하면 결국 감정싸움이 된다. 이런 상황에서 상대의 감정을 읽어주는 것이 좋다. 상대 공격을 부정하지 않고 "그런 면도 있다."고 수긍하는 사람을 공격하기란 쉽지 않다. 더구나 상대의 지적을 수긍하면서 상사가 협조를 구하면 따르지 않을 수 없다.

지속성장 가능한 천년기업의 비밀

감동적인 관계는 성과는 물론
건강과도 연결된다

감동적 관계공식 MERCY(Mutual Respect, Empathy, Ritual, Confidence, Yard)

혼자의 힘으로 성공할 수 있을까? 불가능하다. 더구나 리더는 혼자만 열심히 일해서는 안 되는 사람이다. 구성원들을 육성하고, 함께 성과를 달성해야 하는 사람이다.

"기업은 사람이다."라고 말한다. "세 사람만 얻어도 천하를 얻을 수 있다."고 한다. 모두가 사람의 중요성을 나타낸 말이다. 사람과 비슷한 인공지능이 나오더라도 사람의 중요성은 떨어지지 않을 것이다. 인간보다 더 똑똑한 인공지능이 나와도 인간의 중요성은 감소하지 않을 것이다. 사람은 모든 산출물의 소비자이고 생산자이기 때문이다.

2016년 세계경제포럼(WEF)은 『일자리의 미래(The Future of Jobs)』란 보고서에서, 앞으로 5년 안에 약 700만 개 일자리가 사라진다고 했다. 반면, 신규 일자리 창출은 200만 개에 불과하다는 것이다. 결과적으로 500만 개 일자리가 완전히 사라질 것이라는 예측이다.

2차 산업혁명 후에 많은 일자리가 사라진 것처럼 3차 산업혁명 후에도 많은 일자리가 사라졌다. 하지만 사라진 일자리 이상으로 새로운 일자리가 생겨났다. 4차 산업혁명은 이것과 다르다고 이야기하는 사람도 있긴 하다.

내러티브 사이언스 최고기술책임자인 크리스티안 해먼드는 2030년이 되면 뉴스의 90%를 컴퓨터가 쓰게 될 것이라고 이야기한다. 지금도 인공지능이 그린 창작 그림의 진위를 가리지 못한다고 한다. 하지만 인공지능이 감성을 가질 수 있을까? 아마도 감성까지 가지지는 못할 것이다. 갖게 되더라도 제일 마지막이 될 것이다.

인공지능이 어느 수준까지 발전할 것인지 알 수 없으나 지금까지 인공지능은 인간 수준까지 발전하지 못했다. 당분간은 아닐 것이다.

4차 산업혁명 파고가 어떻게 밀려오든 기업은 살아남아야 한다. 미래가 불투명하여 가야 할 길 전체가 보이지 않더라도 오늘에 기반하여 앞으로 나아가야 한다. 앞이 보이지 않는 밤중, 서울에서 부산을 갈 때, 100m 전방만 볼 수 있으면 갈 수 있는 것처럼, 지금 나타난 현실변화에 선제적으로 적응해가며 앞으로 나아가면 된다.

바로 앞에 닥친 현실의 벽을 넘지 못하면 미래도 없다. 현재는 미래보다 더 중요하다. 현재 나타난 예측 가능한 징후에서 대응 방법을 찾아야 한다. 현재에 살아남지 못한 자의 미래예측은 쓸모없는 것이다.

4차 산업혁명이란 현실의 벽을 넘는데 창의력은 무엇보다 중요하다. 창의력은 구성원들에게 내재된 잠재력을 마음껏 활용할 수 있는 기업문화 속에서 꽃핀다. 연구 결과도 있듯이 창의력은 활발한 소통 속에서 일어난다. 활발한 소통을 위해서는 좋은 인간관계가 밑바탕에 깔려있어야 한다. 좋은 인간관계는 행복의 원천이다. 고성과를 만들어낸다. 이런 의미에서 좋은 인간관계를 만들어내는 요소 MERCY를 소개한다.

감동적인 관계를 유지하는 MERCY

MERCY는 자비, 관용, 연민, 인정 많은 행위, 하나님의 은총 등으로 번역된다. 예수나 석가모니는 MERCY를 실천한 대표적인 분이다. 예수는 사랑을 전파했으며 석가모니는 자비를 설파했다. 사랑이나 자비는 좋은 인간관계를 유지하는 아주 중요한 요소이다.

MERCY는 (Mutual Respect, Empathy, Ritual, Confidence, Yard)의 약자이다. 각 항목을 설명하면 다음과 같다.

첫째, 상호존중(Mutual Respect)이다.

인간은 누구나 존중받기를 좋아한다. 예수는 "네 이웃을 네 몸같이 사랑하라."고 했으며 석가모니는 "미움은 미움으로 멈춰지는 게 아니라 사랑으로만 멈출 수 있다."고 했다. 공자는 "네가 싫어하는 것을 이웃에 하지 말라고 했다." 상호존중은 사랑하는 마음에서 나온다. 이는 좋은 관계를 유지하기 위한 첫 번째 요소이다.

둘째, 공감, 감정이입(Empathy)이다.

감정이입이란 상대의 마음에 공명한다는 것이다. 상대의 마음을 잘 알아주고 긍정해 주는 것이다. 공명한다고 하는 것은 동조와는 다르다. 동조는 상대의 잘못한 것에도 뜻을 같이하는 것이지만 공감이나 공명은 상대의 마음을 느끼는 연민이다. 이런 마음으로 관계를 유지해야 한다.

셋째, 의식(Ritual)이다.

의지나 규율은 특정한 행위를 하도록 떠미는 것이지만 의식(Ritual)은 저절로 일어나는 행동이다. 의지적으로 노력하거나 굳이 그래야 한다는 생각 없이 아주 자연스럽고 자동으로 일어나는 행동이다. 긍정적인 의식은 완전하게 상대에 몰입할 수 있도록 자신의 에너지를 효과적으로 관리해주는 가장 파워풀한 수단이다.

넷째, 확신(Confidence)이다.

상대에게 무한한 신뢰와 신임을 보낸다는 확신을 심어줘야 한다. 이렇게 되면 상대의 얼어붙은 마음도 녹게 한다. 구성원들은 자신의 모든 자원을 활용하여 새로운 아이디어를 창출한다. 무한한 가능성이 있는 존재라는 확신으로 사람들을 대하면 그들도 정성을 기울인다.

다섯째, 즐거운 장(Yard)을 만들어야 한다.

사람들이 자신의 의견을 충분히 발휘하고 재미있게 즐길 수 있는 공간(Platform)을 만들어 줘야 한다. 애플은 본사를 대학교 캠퍼스처럼 꾸몄다. 즐겁게 일하는 환경을 만들어 창의력을 이끌어 내기 위함이다. 좋은 환경에서 근무하는 사람은 자부심을 갖는다. 직원들이 회사를 사랑함은 물론, 가족들도 좋아한다. 좋은 환경을 만든다는 것은 결국 자부심을 만드는 것이다.

좋은 관계 유지는 건강과도 연결된다. 1950년대 초 하버드대 오니시스 교수는 건강한 남자 초등학생 156명에게 부모와의 관계를 조사했다. 친밀한지, 따뜻한지 아니면 긴장되고 차가운 관계인지 조사했다.

그들이 35년 뒤인 40대 중반에 조사한 결과는 놀라움 그 자체였다. "어머니와 관계가 좋지 않다, 냉랭하다, 얼음장같이 차갑다."고 대답한 사람 중 91%가 중년에 심각한 질병에 걸렸다.

반면, "어머니와의 관계가 따뜻하다, 훈훈하다, 화기애애하다."고 답한 사람의 발병률은 전자의 반 정도인 45%에 그쳤다.

특이한 점은, 어머니와의 관계가 나쁜 사람들은 중병 발병률이 두 배나 높았다는 것이다. 더욱 놀라운 것은 양부모 모두와 관계가 냉랭하다, 썰렁하다, 차가운 관계다.라고 대답한 사람들은 100% 중년에 큰 병을 얻었다는 결과다.

이런 결과를 보고 무엇이 느껴지는가? 직장에서 고성과 달성을 위해 구성원들과 좋은 관계 유지가 필요하지만, 건강을 위해서도 필요하다는 점이다. 가정에서도 좋은 부부 관계 유지는 자녀의 건강을 위해서라도 꼭 필요하다는 것을 기억해야 한다.

중년위기 리더가
자신에게 해야 할 질문

중년위기 리더라면 자기를 찾는 질문을 할 때다

"나는 직장을 언제까지 다닐 수 있을까? 자녀들에게 아직은 재정적 지원을 더 해줘야 하는데 직장생활을 계속 다닐 수 없다면 어떻게 해야 할까?" 중년이 되면 이런 고민이 '중년위기'라는 이름으로 불쑥 찾아온다. 중년위기란 중년에 겪는 사춘기이다. 중년위기는 가끔 사람을 우울하게 만든다. 지금까지 삶이 결코 잘못된 삶이라고 생각하지는 않지만, 삶에 대해 회의를 느끼게도 한다. '나는 누구인가?'라는 정체성에 대한 질문도 한다.

중년위기에 대해 새들러(Sadler, 2000)는 3가지를 말했다.

첫째, 중년에는 개인적인 차이는 있지만, 신체적, 심리적 변화가 나타난다. 자기정체감 또는 위기감, 조기 퇴직과 관련한 직장 문제도 대두된다.

둘째, 세대 간 문제로, 위로는 노부모 아래로는 성인 자녀와 관계 등 가족관계에서 중추적 구실을 하면서 다양한 기대와 요구에 직면한 갈

지속성장 가능한 천년기업의 비밀

등과 어려움을 겪는다.

셋째, 부부 문제로 성 역할 변화와 이에 수반되는 제반 문제들, 예를 들면 애정이나 소통문제 등이 있다는 주장이다.

중년기에는 "이혼율이 급증하며 결혼 만족도가 최저점에 도달한다. 정신질환, 신경증 발병률이 최고점에 이르기도 한다. 이로 인해 알코올 중독, 위궤양, 고혈압, 당뇨, 그리고 심장병이나 암과 같은 치명적인 질병들이 가장 많이 나타나는 시기가 바로 중년기"라는 연구도 있다.

반면에 중년기는 삶을 되돌아보는 시기이기도 하다. 융(Jung, 1969)은 인생에 있어서 근본적인 변화는 40세 이전의 정열과 모험심은 상실되고, 전에는 소중하게 여겨졌던 것이 무가치하게 보이며, 인생을 공허하고 무의미하게 느끼게 된다고 했다. 100세 시대를 살아가야 할 지금 세대들은 한 개 산만 등정하면 됐던 과거와는 달리 인생의 철인 3종 경기를 해야 한다. 은퇴 후 전혀 다른 직업을 구해야 할 경우도 있다. 직장 은퇴가 40대든 50대든 또는 60대든, 30~50년 이상의 시간이 남아 있기 때문이다. 이 시간을 어떻게 보내느냐에 따라 막막하고 지루한 시간이 되기도 하지만 소중한 시간이 될 수도 있다.

30~50년이란 시간은 결코 짧은 시간이 아니다. 20세에 왕이 된 알렉산더는 33세 사망하기까지 영토를 크게 늘렸다. 당시로써는 역사 지도를 다시 그릴 만큼 대대적인 규모였다. 그에게 13년이라는 시간은 세계를 정복하여 세계사를 바꿀만한 시간이었다.

오바마 대통령은 48세에 대통령이 되었고, 케네디는 44세에 대통령이 되었다. 이들이 20세부터 본격적인 정치를 시작했다고 하더라도 30년도 채 되지 않는 기간에 대통령이 된 것이다. 그렇게 본다면 중년위기의 사람들에게 남은 30~40년은 상당히 유익한 시간을 보낼 수도 있다.

코칭하다 보면 가끔 퇴직 후 어떻게 미래를 준비하면 좋을지에 대해 걱정하는 임원을 본다. 사춘기에 자신에게 했던 질문인 "나는 어떤 존재인가?"라는 질문을 다시 할 때도 있다. 몇몇 기업에서는 고급간부의 동기부여를 위해 미래의 삶을 찾게 하는 프로그램을 운용하기도 한다. 그 이유는 무엇일까? 회사에 남아서 근무하는 사람을 위해서다. 선배들이 은퇴 후 성공적으로 정착하면 남은 직원들에게도 동기부여가 되기 때문이다.

일본 전국시대를 다룬 드라마에서 가츠토요 장군은 전투에 임하는 병사들에게 '만약 우리 중 누군가 전사하게 되면 그의 아들에게, 아들이 없으면 부모나 친척에게 반드시 보상하겠다.'고 약속했다. 이에 병사들은 사기가 충천하여 전투에서 승리한다. 기업도 마찬가지다. 아무 준비 없이 내쳐지는 선배를 바라보면 남아 있는 사람도 실망한다. 그들에게 자발적인 동기부여를 기대하기 어렵게 된다.

중년위기는 자신의 존재 의미를 다시 한번 찾아가는 과정이다. 삶의 의미를 발견하는 시간이다. 회사에서 배려하면 좋겠지만 그렇지 못한 경우는 자신이 슬기롭게 삶의 의미를 찾아야 한다. 이럴 때 "나는 누구인가?"라는 포괄적 질문을 하는 것보다는 "내가 죽을 때 나는 자녀들에게 어떤 이야기를 듣고 싶은가?"라는 구체적 질문이 더 효과적이다. 이 질문을 통해 목표가 불가능할 것 같으면서도 가슴 설레는 목표를 세운 후 도전하면 좋다. 목표에 도달하지 못해도 좋다. 이를 달성하는 과정을 즐기면 삶의 활력도 찾게 된다. 자녀들도 이런 부모의 모습에서 고마움과 자부심을 느끼게 된다.

중년위기 리더에게
가족은 마지막 버팀목이다

난관에 부딪혔을 때는 가족을 생각하면서 다시 일어서라

전쟁터에서 돌아온 군인의 가족 재회 장면은 가슴을 뭉클하게 한다. 어린 자녀가 폴짝폴짝 뛰어서 아빠에게 안기는 모습을 보면 가슴이 아려온다. 살아 돌아온 남편에게 소리 지르며 달려오는 아내를 안아주는 모습은 그 누구도 연기할 수 없는 감동 그 자체이다. 또한, 아들을 반기는 어머니의 모습은 천사처럼 아름답다

가족은 당신이 성공했을 때 가장 기뻐하는 사람이다. 좌절했을 때도 다시 일어설 수 있게 용기를 주는 디딤돌이다. 거기엔 진솔한 순수 감정이 담겨 있다.

아무리 성공했더라도 가족이 파괴된 경우는 그의 성공은 빛 좋은 개살구에 불과하다. 사람들이 그의 사회적 성공을 존경하든 존경하지 않든, 그의 마음의 허전함은 채워지지 않는다. 회사에서 별을 단 임원도 마찬가지다. 자신의 사회적 성공이 물거품처럼 느껴진다. 가족은 그만큼 소중한 것이다.

직장이라는 삶의 전쟁터에서 기쁠 때도 있지만, 그보다 더 많이 좌절하고 절망하며 실적에 쪼들리게 된다. 그래서 가족을 생각할 겨를이

없을 만큼 바쁘고 정신이 없다고 말할지 모른다. 하지만 생각해 보라. 당신의 그런 노력은 누구를 위한 것인가? 자기 자신의 영달만을 위한 것인가? 절대 그렇지 않다. 결국, 그런 노력은 행복한 가정을 만들기 위한 것이다. 가족에게 조금 기다려 달라고 할 수도 있다. 문제는 가족이 해체되고 나면 기다려 줄 사람이 없다는 것이다.

그렇다고 직장 일을 소홀히 하라는 말은 아니다. 아무리 바쁘고 실적에 쪼들려서 아주 짧은 시간을 가족과 보낼 수밖에 없더라도 사랑과 연민의 마음으로 가족을 대하라는 것이다. 그러면 가족은 마음으로 알아차린다. 어려운 처지에 있을 때 이를 숨기는 것보다는 솔직하게 털어놓고 가족과 상의하는 것이 훨씬 더 좋다. 가족은 당신의 기쁨도 함께 나누지만 어려움도 기꺼이 함께 나눌 수 있는 후원자다. 자녀가 어려도 상관없다. 가족은 당신과 함께 어려움을 헤쳐나가기 위해 당신이 생각한 것 이상의 노력을 함께한다.

당신이 오너가 아니라면 지금 직장에서 언젠가는 은퇴해야 한다. 그것이 40대일 수도 있고, 50대일 수도 있다. 조금 운이 좋다면 60대일 수도 있지만 빠르면 30대일 수도 있다. 그때 당신에게 가장 큰 힘을 줄 수 있는 곳은 가정이다.

실직한 남성의 심정을 김현경 박사는 이렇게 표현하고 있다.

"그는 오늘 진종일 사람이 미치도록 그리웠고 따스한 것이 그리웠었다. 그는 아내의 몸속을 파고들었다. 그는 아내 속으로 숨고 싶었다. 세상은 잔인했다. 사람들도 차갑고 무서웠다. 그는 아내의 부드러운 살과 따스한 체온 속으로 녹아 사라지고 싶었다. 아내 속으로 들어가 한 세월을 살다 다시 새롭게 태어나고 싶었다. 다시 태어날 그때는 세상에 그 어떤 바람에도 쓰러지지 않는 나무 같은 사내, 바위처럼 강한 아버지로 다시 태어나겠다고 생각했다. 외롭고 두렵고 무섭다. … (중략) … 아 아내와 아이들이 실직한 것을 알았구나. 그런데도 전처럼 촛불보다 더 밝고 환한 표정으로 여태껏 날 기다려 주고 이렇게 아름다운 파티까지 준비해 두었다니 … (중략) … 이처럼 아름다운 사람들이 내 가족이라니. 그런데도 난 왜 이들을 믿지 못했을까. 차고 삭막한 도시 거리를 그토록 배회하지 않아도 됐으련만, 이들이 나와 함께 있었는데 왜 난 늘 혼자라고 생각했던가. 실직한 그는 자신이 부끄러워 목메어 왔다."

우리는 실직 후 가족이 해체되는 사례를 심심치 않게 본다. 위의 사례는 평소 가족과 좋은 관계를 유지했기 때문에 가능했으리라. 그렇다면 가족과 좋은 관계를 유지하려면 어떻게 하는 것이 좋을까? 답은 간단하다. 사랑과 배려의 마음으로 가족 모두를 무한한 가능성이 있는 존재로 대하면 된다. 사랑과 배려의 마음은 경청에서 시작된다. 가족의 이야기를 잘 들어주는 것이 필요하다. 다음으로 무한한 가능성이 있는 존재에게 답을 주는 것보다는 질문을 통해 스스로 답을 찾도록 하는 것이다. 스스로 판단하고 결정할 수 있도록 도와주는 것이다. 있는 그대로를 바라보고 장점을 활용할 수 있도록 지원하는 것이다. 이렇게 하는 것이 코칭 대화다.

중년위기의 구렁텅이에 빠진 사람에게 삶의 목적이나 의미를 찾길 원한다면 자신에게 이런 질문을 해 보라. "내가 이 세상을 떠나는 날 자녀에게 가장 듣고 싶은 말은 무엇일까?" 당신이 중년이라면 자기에게 끊임없이 이 질문을 하면서 스스로 답을 찾아보길 권한다.

Chapter 4

천년기업
리더의 실행력

천년기업가의
경영자문 그룹

자기 한계를 극복할 수 있는 경영자문 그룹을 만들고 이를 적극 활용하라

만약 유비에게 제갈량이 없었다면 어떻게 됐을까? 만약 또 다른 제갈량이 그의 뒤를 이었다면 삼국지는 어떻게 변했을까? 역사에 가설이란 있을 수 없지만 이런 상상은 충분히 해 볼 수 있다. 유비는 관우나 장비 같은 충성스러운 부하도 있었지만, 제갈량을 얻은 후에야 비로소 나라다운 나라를 세웠다.

천년기업도 마찬가지이다. 혼자의 힘만으로 천년기업을 만들기는 어렵다. 천년기업이 되려면 구성원의 마음은 물론 시대 변화를 잘 읽고 선제적으로 대응해야 한다. 천년기업가는 미래학자처럼 미래를 연구하고 변화에 대비해야 한다. 인구의 변화, 기술의 변화, 자원의 변화, 관리의 변화에 대해 끊임없이 연구해야 한다. 설령 이런 미래예측능력으로 자신이 직접 기업을 일구었더라도 이런 능력이 부족한 후계자에게 인계하면 기업은 생명을 다하게 된다.

기업가가 어느 정도 성공하면 자만에 빠진다. 초심 유지가 쉽지 않다. 때로는 좌절하고 때로는 방황하며 때로는 의심도 한다. 이런 현상

은 지극히 정상적인 과정이다. 천년기업가도 흔들릴 수 있다. 하지만 시계추는 흔들릴 때도 지향점을 향한다. 목적을 향해 움직인다. 천년기업가도 마찬가지다. 때로는 흔들리겠지만 되돌아올 수 있는 중심축이 있어야 한다. 문화로 정착되어야 한다.

중심축이 있는 경우에도 막강한 힘을 가진 CEO는 언제든지 이를 허물 수도 있다. 이에 대한 방지 시스템도 만들어야 한다. 방지 시스템이 있다고 하더라도 그것이 유지된다는 보장은 없다. 500년을 유지한 조선도 삼사인 사헌부 사간원, 홍문관을 두어 임금에게 직접 상소하는 제도를 두었지만, 폭군 앞에서는 무용지물이 된 때도 있다. 후계자 선발의 중요성을 일깨워 준 좋은 예다.

천년기업가는 내·외부에 도움을 받을 수 있는 훌륭한 인재를 확보해야 한다. 유비가 제갈량과 방통, 서서를 얻었듯이, 조조가 순욱과 곽가, 사마의를 얻었듯이, 손권이 여몽과 주유, 육손을 얻었듯이 내부에 훌륭한 참모를 두면 좋다.

외부에도 제3자 입장에서 경영을 바라보는 경영자문 그룹을 두어야 한다. 자신이 부족 부분을 보완해 줄 수 있는 경영자문 그룹이면 더욱 좋다. 경영자문 그룹을 둘 형편이 안된다면 대안을 활용해도 좋다.

첫째, 경영자문 역할을 해 줄 독서를 권한다.

리더(leader)라는 단어에는 책을 읽는 리더(Reader)라는 말이 포함되어 있다. 독서는 책의 저자를 경영자문으로 영입하는 것이다. 책을 통해 세계 최고의 경영전문가를 손쉽게 만날 수 있다. 이를 통해 경영 전반에 대한 도움도 받을 수 있다. 요즘은 종이로 된 책 외에 컴퓨터나 핸드폰으로 보는 e-book도 있고 귀로 듣는 오디오북도 있다. 시간이 없는 사람은 오디오를 겸한 e-book인 '리디북스'를 활용하면 도움이 된다. 예를 들면 러닝머신에서 뛰면서, 또는 실내자전거를 타면서 e-book을 보면 운동하는 시간이 책보는 시간이 된다. 약속장소에 일찍 가서 책을 보면서 기다리는 것도 좋다. 다행히 잠깐 본 책에서 좋은 화제를 발견하는 행운도 얻는다. e-book은 장소를 차지하지 않을뿐더러 아무 곳에서나 자투리 시간도 이용할 수 있다. 특히 책 둘 곳이 부족한 사람에게는 아주 좋다. 필자가 책을 많이 읽는 비결은 이 방법이다.

둘째, 좋은 강의를 열심히 듣는 것이다.
훌륭한 강의를 직접 들어도 좋지만, 시간에 쫓기는 경우라면 자투리 시간을 활용해서 유튜브나 동영상 강의를 들어도 된다. 요즘은 너무 많은 동영상 강의가 있어서 취사 선택해야 하는 어려움은 있다.

셋째, 잘 들어줄 수 있는 친구를 경영자문으로 두는 것이다.
동종업계에 있는 사람과 의견 교환도 좋지만, 타 업종에 있는 친구가 좋을 수도 있다. 그와는 경쟁의식을 느끼지 않기 때문에 속 이야기를 터놓고 얘기할 수 있기 때문이다. 이런 친구는 정신적인 건강에도 도움을 준다.
링컨은 정치적인 이슈가 있을 때마다 땅콩 재배를 하는 친구를 불렀다. 그와 밤새도록 자신의 이야기를 하면서 쌓인 스트레스도 해소하고, 생각도 정리하고, 정책 방향도 설정했다고 한다. 그는 친구인 땅콩 농부와 새벽에 헤어지면서 "오늘 정말 유익한 대화를 나눠서 고맙다." 고 했지만 정작 그 친구는 아무 이야기도 하지 않고 들어주기만 했다고 한다. 이 일화는 누군가 내 이야기를 들어주는 것만으로도 해결책을 찾을 수 있음을 보여주는 좋은 예다.

넷째, 경영자문그룹에 경영자 전문 코치를 두는 것이다.

잭 웰치는 램 차란이란 비즈니스 코치를 두었으며, 에릭 슈밋 구글 회장은 자신이 가장 잘한 일은 코치를 고용한 일이라고 했다. 국제코치연맹(ICF) 에드모델 회장은 포천 500대 기업 중 50% 이상이 코치를 고용하고 있다고 주장했듯이 코치를 경영자문그룹에 두는 것도 좋다. 경영자문 코치는 질문하는 사람이기 때문에 전공 분야와는 상관없다.

다섯째, 천년기업가 과정 졸업생을 경영자문으로 두는 것이다.

이들은 천년기업에 관해 관심은 물론, 많은 연구를 했기 때문에 충분한 도움을 줄 수 있는 사람들이다. 그들은 천년기업 리더십을 스스로 실천하려는 사람들이다. 마음 터놓고 얘기해도 좋다.

천년기업리더십이란 BHAG와 무한한 지속성장 가능 경영을 합친 리더십이다. BHAG는 Big Hairy Audacious Goal의 약자로 제임스 콜린스와 제리 포래스가 주장했다. 천년기업 과정에 참여한 사람들도 서로 경영자문을 해 주면서 성장하기로 했다.

변화에 선제적으로 대응하지 못하면 천년기업이 되긴 어렵다. 천년기업가는 좋은 문화가 유지하기 위해 경영자문그룹과 수시로 소통하면서 변화에 대응해야 한다. 이는 천년기업가에게뿐만 아니라 훌륭한 리더가 되려는 사람에게 꼭 필요하다.

지속성장 가능한 천년기업의 비밀

선언의 힘을 활용하여
실행력을 높여라

초기 선언은 저항을 줄이는데 상당한 효과가 있다

어느 날 갑자기 사장이 경영자 조찬모임에 참석 후 새로운 제도를 도입하겠다고 하면 구성원들은 어떤 반응을 보일까? 십중팔구 반기지 않는다. 상당한 저항도 불러온다. 해마다 연초가 되면 새로운 제도가 소개되고, 이를 도입하는 회사들이 많지만, 성공확률은 그리 높지 않다. 내부 저항으로 정착하지 못하기 때문이다.

사람들이 가장 좋아하는 칭찬도 갑자기 하면 저항을 불러오는 것은 마찬가지다. 평상시 부모와 말도 관계가 좋지 않던 사춘기 자녀가 어느 날 갑자기 "아버지 정말 멋있어요!, 엄마 사랑해요!"라고 칭찬하면 부모가 좋아할까? 아니다. "무슨 꿍꿍이지? 용돈을 달라는 건가? 혹시 큰 잘못을?"이라고 생각하며 가슴이 덜컥 내려앉는 부모도 있다.

실제로 EBS에서 이런 칭찬 실험을 했다. 도덕 선생님이 사춘기 학생들에게 부모님을 30번 칭찬하고 그 내용을 일기를 써 오라는 숙제였다. 한 남학생이 아버지에게 "아버지가 계시는 그 자체가 사랑스럽습니다!"라고 칭찬했다. 아버지는 어떻게 반응했을까. 믿기 어렵겠지만 "미친놈!"이란 반응을 보였다. 칭찬은 고래도 춤추게 한다고 했는데 말이다.

다른 여학생도 엄마에게 "엄마가 이렇게 학교 보내 줘서 공부를 잘하게 됐어!"라고 하자 엄마는 "야! 이 지지배야, 네가 공부를 뭘 잘해! 반에서 00 등 하는 게 잘하는 거야. 어! 너 뭐 잘못 먹었니?"라는 반응을 보였다.

칭찬은 분명히 좋은 것이다. 누구나 듣길 좋아한다. 사람을 기분 좋게 한다. 그런데도 갑작스런 칭찬은 저항을 불러온다. 물론 처음에는 비판적이었던 부모들도 구체적인 관찰 사실에 근거한 칭찬을 30번쯤 하다 보니, 눈물 흘리는 어머니도 계셨다. 하지만 갑작스런 변화는 어느 누구도 쉽게 받아들이지 못한다. 지극히 정상적이다. 그래서 잭 웰치는 핵심가치를 내재화하려면 700번 이야기해야 한다고 했다. 그만큼 변화가 어렵다는 말이다.

CNN 설립자 테드 터너도 "이끌든지! 따르든지! 비키든지!"라고 하면서 뒷다리만 잡지 않았으면 좋겠다고 했다. 삼성의 이건희 회장도 변혁을 시도할 때 방해만 하지 않으면 아무 일을 하지 않더라도 급여를 삭감하지 않겠다고 말한 것도 변화에 대한 내부 저항이 그만큼 크다는 의미다.

그렇다고 저항 때문에 기업이 변화하지 않으면 변화 당하여 소리 없이 사라진다. 기업이 생존을 위해서 시대에 맞는 변화는 필수다. 특히 천년기업가라면 기술의 변화, 자원의 변화, 시스템의 변화, 사람의 변화에 대해 미래학자처럼 연구하고 이에 대비해야 한다. 이런 노력 없이 천년기업이 되는 것은 불가능한 일이다.

좋은 변화 계획을 만드는 것도 중요하지만 실천은 이보다 훨씬 중요

지속성장 가능한 천년기업의 비밀

하다. 에너지가 많이 소비되긴 하겠지만 잭 웰치처럼 700번 이야기하면 될 것이다. 하지만 리더에게 이런 시간이 주어지는 경우는 흔치 않다. 이럴 때 '선언의 힘'을 활용하면 시간을 줄일 수도 있고 효과 또한 높다. 예를 들면, 감동적인 코칭 교육을 받은 후 갑자기 질문하면 저항을 불러오겠지만 다음처럼 선언하면 저항을 상당히 줄일 수 있다.

"이번에 내가 코칭 교육을 받으면서 많은 반성을 했습니다. 특히 인간은 무한한 가능성이 있는 존재이며 문제와 답을 동시에 가지고 있으므로 질문하면 해결책을 스스로 찾는다는 코칭철학을 몸소 느낄 수 있었습니다. 그렇다고 질문만 하지는 않을 것입니다. 여러분이 해결책을 찾지 못할 때는 제 경험을 이야기할 순 있겠지만 선택권은 여러분에게 드릴 것입니다. 늘 지시만 하다가 질문하겠다는 약속을 저도 지키기 어렵겠지만, 질문받는 여러분은 익숙하지 않아 힘들 것입니다. 그래서 다음과 같은 질문리스트를 미리 제공하겠습니다. 앞으로 보고할 때는 제공된 질문리스트에 답변을 미리 준비해 오시기 바랍니다.

① 이슈나 주제는?
② 현재 상황은?
③ 그 이슈가 중요한 이유나 의미는?
④ 바람직한 상태는?
⑤ 자신이 해결할 수 있는 것은?
⑥ 다른 사람의 도움을 받을 수 있는 것은?
⑦ 버려야 할 것은?
⑧ 새롭게 시도해 볼 것은?
⑨ 매일 해야 할 것은?
⑩ 계획이 실행되면 좋아지는 점은?

이 질문에 대해 미리 생각을 정리해 오시길 바랍니다. 새로운 시도가 모두에게 쉽진 않겠지만 질문은 존재감을 일깨우고 자발성을 이끌어 낸다는 경험을 몸소 체험했기 때문에 이를 꼭 실천할 것입니다"라고 미리 선언하면 어떨까? 저항을 상당히 줄일 수 있다.

사실 이런 선언은 새로운 제도 도입 외에, 승진 때나 부서 이동 시에 활용해도 좋다. 마음에 들지 않은 부하의 행동이 관행처럼 굳어져 버린 경우라면 지금이라도 자신의 경영방침을 분명하게 전달하지 못한 것 같다는 반성과 함께 조직 운영방침을 선언하는 것이 좋다.

물론 경영방침 외에 자신의 직업 가치나 일하는 방식 또는 평가 기준 같은 것을 함께 선언하면 더욱 좋다. 한번 실행해 보라. 확실한 효과를 보게 될 것이다. 이는 마치 훌륭한 영화감독이 연출하는 것과도 비슷하다. 기업가는 조직실행력을 높이기 위해 많은 연구를 해야 한다. 천년기업가는 더욱 그렇다.

실행력
어떻게 높일 것인가?

절박함, 보상, 성취를 함께 나눌 사람과 연결하면 실행력이 높아진다

현재는 신이 내게 준 선물이며 미래는 내가 신께 드릴 선물이다. 누구에게나 하루는 똑같이 주어졌지만, 오늘 무엇을 했느냐에 따라 미래는 달라진다. 허드렛일을 했는지, 아니면 목적 있는 삶을 살았는지에 따라 미래가 결정된다.

잠자는 사자는 공격하는 벌보다 무섭지 않다. 액자 속에서 잠든 행동하지 않는 거창한 철학이나 목표는 잠자는 사자와 다를 것이 없다. 성공하는 사람과 실패하는 사람의 차이는 실행력이다. 올바른 실행과 행동은 성공을 보장한다. 생각은 누구나 할 수 있지만 행동하는 사람은 많지 않다. 행동한다고 해서 모두가 성공하는 것은 아니지만 성공한 사람 중에 행동하지 않은 사람은 없다. 행동하는 사람 중에 성공하는 사람이 나온다는 말이다.

연초가 되면 계획을 세운다. 어떤 계획은 실행되지만, 어떤 계획은 계획으로 끝난다. 그렇다면 어떤 계획이 실행될까? 절박한 계획, 보상이 있는 계획, 축하받을 수 있는 계획이 실행력이 높다. 공식으로 표시하면 $E=AC^2$이다.

실행력은 절박함과 축하할 사람과 보상의 곱으로 표시된다. 만약 결과가 40% 이하로 나왔다면 실행 가능성이 거의 없다고 봐야 한다.

실행력(Execution)을 높이는 구체적 방법은 다음과 같다.

첫째, 가슴 설레는 절박함(Aspiring)이 있는 계획이어야 한다.

담배를 끊지 않으면 6개월 이내에 사망할 것이라는 의사의 진단결과를 듣고도 담배를 피울 사람은 거의 없다. 이런 경우가 100% 절박한 상황이다. 담배를 피우면서 얻는 마음 편안함이나 여유로움의 이득보다 생명이 훨씬 더 소중하기 때문이다. 이런 절박한 목표라면 실행 가능성이 크다. 삶의 의미나 존재의 목적에 연결되었을 때도 실행 가능성이 크다.

『죽음의 수용소』의 저자인 정신과 의사 '빅터 프랭클'은 나치 치하에서 언제 죽을지 모르는 수용소 생활을 하면서 자기 삶의 의미를 발견했다. 그는 자신이 "수용소에서 살아남게 되면 이 모든 것을 대학교 강당에서 강의하겠다."라는 삶의 목적을 발견했다. 그가 삶의 목적을 발견한 순간 살아남아야 하겠다는 강한 의지가 생겼다. 동료들이 죽어나가는 상황에서도 절망하지 않았다. 죽음의 수용소에서의 모든 경험을 대학에서 강의하겠다는 강한 의지는 지금과는 전혀 다른 삶을 선택

지속성장 가능한 천년기업의 비밀

하게 했다. 자신의 아픔도 객관적으로 바라보면서 어떻게 어느 정도로 아픈지 느껴보기로 했다. 병자부터 가스실로 향하는 것을 보고 건강한 사람처럼 보이기 위해 아침에 일어나서 물이 없으면 손으로 얼굴을 비벼서 혈색이 돌게 하여 건강한 사람처럼 보이게 했다. 말쑥하게 보이기 위해 깨진 맥주병 조각으로 매일 면도도 했다. 그런 그는 수많은 사람이 희망을 잃고 죽어 나가는 극한 상황에서도 살아남았다. 이후 의미 치료인 로고테라피(Logotherapy)를 창시해서 많은 사람을 치료했다.

사람들은 왜(why) 사는지에 대한 의미를 발견하면 스스로 움직인다. 더구나 요즘 젊은 사람들은 거리낌 없이 상사에게 "그것을 왜 해야 하죠?"라고 질문한다. 이는 자신의 존재 이유를 알기 위한 질문이기도 하다. 해야 하는 이유를 알려줘야 한다. 하지만 훌륭한 리더는 이 일이 성공하면 본인에게 어떤 득이 되고 조직에 어떤 영향을 줄 수 있는지 중요한 이유를 질문해서 스스로 답을 발견하게 한다. 자발적 동기부여가 되기 때문이다.

절박함은 목숨도 구한다. 세렝게티에서 매일 아침 사자가 달린다. 가젤도 뛴다. 사자는 한 끼 식사를 위해 달리지만, 가젤은 사자를 피해 살기 위해 뛴다. 목숨 걸고 뛰는 가젤은 한 끼 식사를 위해 뛰는 사자보다 삶에 대한 욕구가 더 절실하다. 그래서 사자로부터 추격당한 가젤의 생존율은 80%를 넘는다. 절박함이 가젤을 죽음으로부터 살아남게 한 것이다.

우리도 어떤 일을 할 때는 그 일이 절박한 이유를 찾아야 한다. 스스로 찾아야 하고 구성원들에게도 찾도록 해야 한다. 찾으려고 노력하면 발견된다. 우리가 사는 것 자체가 다른 사람에게 도움이 되기 때문이다. 모든 기업은 인류사회에 공헌을 목적으로 한다. 단지 이것이 잘 지켜지지 않을 뿐이다. 기업 목적을 의식하고 삶의 의미를 곰곰이 생각하면, 얼마든지 일의 의미를 발견할 수 있다.

둘째, 축하(Congratulation)해 줄 사람이 있어야 한다.

축하해 줄 사람으로는 회사 사장이 될 수도 있고 상사가 될 수도 있다. 아내나 남편 또는 자녀가 될 수도 있다. 이들이 좋아할 일이라면 실행력이 높게 된다. 가족은 직장인들이 힘든 상황을 견뎌낼 수 있는 버팀목이기 때문이다.

전장에서 돌아온 전사와 가족과의 상봉 장면을 촬영한 유튜브 영상을 보면 가슴이 뭉클해진다. 눈물이 날 정도로 가족이 그리웠고 보고 싶었기 때문이리라. 전우들이 죽어 나가는 전쟁터에서 가족을 떠올리며 어떻게든 살아남아야겠다는 생각을 늘 했을 것이다. 죽음을 극복하고 이런 사랑스러운 가족을 만났을 때 환희는 말로 표현할 수 없으리라. 부모는 이런 가족을 위해 헌신한다.

장소만 다를 뿐 직장도 전쟁터이긴 마찬가지다. 보기 싫은 상사와도 함께해야 하며, 고객의 싫은 소리도 참고 견뎌야 한다. 달성하기 어려운 목표도 달성해야 한다. 마음 같아서는 당장 때려치우고 싶은 순간이 수없이 많았으리라. 하지만 이럴 때 가족은 크나큰 위안이 된다.

힘든 일이 있을 때 이렇게 가족은 나를 지켜주는 버팀목이 된다. 이는 자신뿐만 아니라 구성원 모두가 마찬가지이다. 가족을 생각하고 가족과 함께할 수 있는 기업이란 이미지를 심어주고 느끼게 하면 자발적인 실행력은 높아질 수밖에 없다.

지속성장 가능한 천년기업의 비밀

셋째는 보상(Compensation)이 있어야 한다.

물질적인 보상도 필요하지만, 내면적인 보상이 더 효과적이다. 물질적인 보상은 급여나 보너스 같은 것이라면 내면적인 보상은 성취감, 존재감, 자신의 성장, 인류사회 공헌 같은 것이다. 사람들은 물질적인 보상을 표면적으로 더 선호하는 듯 보이지만 실제로는 내면적인 보상을 더 중요하게 생각한다.

이 말이 의심스럽다면 당신이 지금 이 자리에 오기까지 가장 영향을 준 사람이 누구인지 생각해 보면 금방 알 수 있다. 자신의 성장에 영향을 준 사람은 금전적인 도움을 준 사람도 있지만, 그보다는 자신이 더 성장할 수 있고 훌륭한 사람이 될 것이라는 믿음을 준 사람이다. 자기 존재 의미를 깨우쳐 준 사람이나 삶의 목적을 발견해 준 사람이다. 금전적인 도움에 보태어 이런 내면적 동기를 준 사람은 평생토록 잊지 못한다. 자신의 존재 의미를 느낄 수 있는 경우는 봉사도 마다하지 않는다.

물론 물질적인 보상이 중요하지 않다는 말이 아니다. 평균적인 생활을 할 수 없을 정도의 물질적 보상으로는 자발적 동기부여를 이끌어 내지 못한다. 영적 도량이 웬만큼 높은 사람도 먹고사는 것이 해결되지 않으면 세속적으로 변하는 사례를 많이 보아왔지 않던가. 단지 물질적 보상만을 사람들은 바라지 않는다는 말이다. 이에 더하여 내면적인 보상이 필요하다는 것이다.

통나무 위에 있는 개구리 다섯 마리중 네 마리가 뛰어내려야 하겠다는 생각을 했다. 통나무 위에 몇 마리가 남아 있을까? 생각을 안 한 한 마리가 남아 있을까? 아니다. 다섯 마리 모두 남아 있었다. 생각은 실행이 아니기 때문이다. 전략도 실행이 아니다, 비전이나 경영철학도 실행이 아니다. 실행은 즉시 하는 것이다.

개구리 다섯 마리 중 네 마리가 뛰어내리겠다는 생각을 했다.
몇 마리가 남아 있을까?

실행하지 않는 지식은 모르는 것만 못하다. 교만해지기 때문이다. 결국, 성공하는 사람과 실패하는 사람의 차이는 실행력이다. 성공하는 조직과 실패하는 조직의 차이도 결국, 조직실행력이다. 이것이 문화로 나타난다.

성공한 리더가 되고 싶다면, 구성원들이 실행력 3요소를 느끼게 하거나 의미를 깨달을 수 있도록 해야 한다. 질문을 통해 구성원이 이들 3요소를 찾아서 스스로 움직이게 했다면 그는 노자가 말하는 가장 위대한 리더이다.

천년기업가의
성공적 경영혁신

회의 전 회의는 저항을 줄일 수 있고 성공적으로 경영혁신을 안착시킨다

"다른 곳에서 성공한 경영전략이 왜 우리 회사는 실패한 걸까?" 진정성 있는 열정을 끌어내지 못했기 때문이다. 사람은 프린터처럼 입력한 대로 출력되지 않는다. 10을 입력하면 1이 나오기도 하고 100이 나오기도 하는 것이 사람이다.

2007년 포천(Fortune)지에서 500대 기업 경영전략을 10년간 조사한 결과 성공률이 고작 25%로 나타났다. 맥킨지에서 2006년 일류기업 CEO 796명을 대상으로 조사한 결과도 실패 확률이 60%를 넘었다. 4개 중 1개 회사만 성공할 정도로 잘 나가는 글로벌 일류기업도 성공률이 낮다는 것이다.

조찬모임에서 좋은 성공 사례에 감명받은 CEO가 회사에 돌아와서 툭 던지면서 해 보라고 지시하면 어떻게 될까? 임원들은 서로 얼굴을 바라보며 "뜨악!" 하는 반응을 보인다. 책에서 소개한 좋은 제도에 감명받아 자기 회사에 적용하겠다는 CEO를 코칭한 적이 있다. 그는 회사 문제에 대해 많은 고민을 통해 그 해답을 책에서 찾았다고 한다. 좋

은 현상이다. 그만큼 CEO가 자기 회사 문제를 고민 후 내린 결론이기 때문이다. 하지만 이런 방식으로 사전에 충분한 준비 없는 즉흥적인 시도가 성공한 사례는 찾아보기 어렵다. 오히려 실패할 확률이 높다. 과거 이런 실패 사례가 여러 번 있었다면 구성원들은 "사장님이 어디서 또 좋은 얘기 듣고 오셨네. 이것도 그냥 한번 해 보는 거겠지! 하는 척 시늉만 하자!"라는 태도가 기업문화로 정착된 상태일 수 있다.

CEO의 말은 무게가 있어야 한다. CEO의 말은 반드시 실행되어야 한다. 그냥 한번 지나가는 말이 돼서는 안 된다. 그것이 조직문화로 정착되기 때문이다. 조직문화는 CEO의 태도에 의해 결정된다.

천년기업 리더가 작은 징후에서 큰 징조를 발견하고 이를 대비하기 위한 시스템을 만들 때도 마찬가지다. 훌륭한 감독처럼 조직이 실행할 수 있도록 연출해야 한다. 연출이 나쁘다고 생각할 필요는 없다. 같은 '스토리'라도 감독에 따라 연출이 달라진다. 흥행도 달라진다. 당연히 수익도 달라진다. 성공한 리더는 성공한 영화감독처럼 연출한다. 인간의 근본을 생각하는 구체적인 실행계획을 세운다.

우리가 바라보는 산은 서 있는 위치에 따라 다르게 보인다. 천년기업 리더라면 자신의 관점이 아니라 구성원들의 관점에서 바라보고 판단해야 한다. 어렵더라도 많은 시간을 들여 의도적으로 노력해야 한다. 이를 생략하면 실패한다.

사장의 제안이라고 해서 구성원들이 무작정 따라주지 않는다. 요즘 밀레니얼 세대나 제트 세대는 이유를 모르면 행동하지 않는다. 왜 이것을 해야 하느냐고 단도직입적으로 묻는다. 좋은 현상이라고 생각하고 이해해야 한다. 이들이 자신의 존재 이유나 회사 발전에 이바지한다는 믿음을 갖게 되면 열정과 창의력을 마음껏 발휘한다. 새로운 제도나 전략을 도입하려는 리더라면 반드시 자신에게 먼저 '왜 이것을 하려고 하는지?' 질문해 봐야 한다. 당신 자신이 설득되지 않으면 하지 않는 것이 좋다.

『골드 리더십』의 저자 존 맥스웰은 구성원들을 설득하기 위해 '회의 전 회의'를 반드시 거쳐야 한다고 강조한다. 그가 말하는 '회의 전 회의'는 회의가 있기 전에 조직에서 영향력이 큰 사람과 사전 논의하는 것이다. 새로운 전략이나 제도 도입 전에 영향력 있는 사람들에게 미리 리더의 관점을 알리면 사전에 그들의 도움을 받을 수 있다는 말이다. 단순히 마주 보고 앉는 것 이상의 효과를 기대할 수 있다는 것이다.

존 맥스웰은 다음과 같이 주장했다.

① '회의 전 회의'를 가질 수 없다면 회의를 미뤄라.
② '회의 전 회의'에서 원만한 해결책을 찾지 못했다면 회의를 시작하지 말라.
③ '회의 전 회의'에서 원만한 해결책을 찾았다면 그때 회의를 시작하라.

결국, 새로운 제도나 전략 도입은 회의를 통해 결정되고 확산된다. 이의 성패는 구성원들의 진정성 있는 동의 여부로 결정된다. 사전에 핵심 인물들과 충분한 교감이 필요한 이유이다. 더구나 그들과 충돌이 있었다면 사전에 충분한 교감의 시간을 가져야 한다. 이들에게 어려움이나 인간적 고충을 솔직하게 표출하면서 의견을 구하면 그들도 인간적인 따스함 속에서 마음 문을 열고 아이디어도 제공한다. 이런 노력은 비단 그들만을 위해서가 아니라 리더를 바라보는 전체 구성원들을 위해서도 필요하다.

당신이 상당히 큰 조직의 리더로서 파격적인 변화를 성공시키려면 사전 조율이 성패를 좌우한다는 점을 기억하라.

천년기업가의
조직 한 방향 정렬

"리더의 조직 한 방향 정렬(Alignment) 역량을 어떻게 평가하면 좋을까?"

이나모리 가즈오 회장은 경영 초기에 친목회 참석률로 리더십 역량을 평가했다. 물론 지금은 친목회 활동이 기업문화로 정착했기 때문에 더 이상 평가 요소는 아니다. 하지만 이 질문은 관리자의 조직 장악력과 조직 한 방향 정렬을 평가하는 좋은 질문이기도 하다.

당신이 관리자라면 스스로 자문해 보라. "내가 과연 회식 자리를 마련한다면 부하직원 중 몇 퍼센트가 참석할까?" 어떤 사람은 "현실을 몰라서 하시는 말씀인데 요즘은 옛날과 달라서 젊은이들은 회식 좋아하지 않아요! 그건 지금 시대에 맞지 않습니다."라고 말하는 분도 있다. 그래서 "회식 일정을 두 달쯤 뒤로 잡고, 회식 목적이 구성원이 단합과 회사 방침을 설명하는 자리라고 밝히고 100% 참석할 것을 요청하면 어떻게 되겠습니까?"라고 질문했더니 그렇게 하면 될 것 같다고 한다. 회식이 먹고 노는 자리라면 참석하지 않아도 좋을 것이다. 그러나 친목을 도모하고 구성원들의 마음을 한군데 모으는 게 목적이라면 회식은 회사 행사가 된다는 점이다.

조직 한 방향 정렬은 리더의 핵심 업무 역량이다. 방침이 결정되기 전까지는 격렬한 토론이 필요하다. 하지만 일단 방침이 결정된 후에는 구성원들이 한 방향으로 전진하도록 이끄는 것이 리더의 역할이다.

이나모리 가즈오 회장은 친목회를 통해 조직을 한 방향 정렬시켰다. 그는 친목회를 통해 ①회사를 위해 애쓰는 전 직원에게 감사의 마음 전달했다. ②교세라의 경영철학과 주요 사안 공유했다. ③가족 같은 회사 분위기를 만들었다.

심리학 관점에서 보면 화목한 대가족에서 자란 아이들은 정신적이나 사회적으로 건강한 삶을 산다. 그들은 부모의 엄격함에서 규율과 규범을 배운다. 이 과정에서 받은 상처는 할머니, 할아버지의 무한한 사랑으로 치유된다. 형제간에는 협력과 사회성은 물론 조직 적응력도 배운다. 때문에, 이 속에서 자란 아이들은 건강한 사회생활을 한다.

기업도 마찬가지다. 화목한 대가족처럼 운영하면 조직을 한 방향 정렬시키는 데 도움이 된다. 이런 점에서 이나모리 가즈오 회장의 친목회 운영은 시사하는 바가 크다. 그는 주요 사업장에 반드시 '친목을 목적으로 한 공간'을 만들었다. 이 공간에서 직원들과 둥그렇게 둘러앉아 맛있는 음식을 나누면서 속 깊은 이야기를 나눈다. 리더가 회사를 가족처럼 생각할 수 있도록 분위기를 만드는 것이다.

교세라의 친목회는 일반 회식과는 거리가 있다. 이나모리 회장은 다음과 같이 친목회 목적을 명시했다.

① 경영철학을 조직에 정착시킨다.

② 깊은 신뢰 관계에 바탕을 둔 강한 조직을 만든다.

③ 한 사람 한 사람이 자기 삶의 방식, 업무수행 방식을 찾은 후, 스스로 성장하게 한다.

④ 회사를 위해 애쓰는 전 직원에게 감사의 마음을 표현하고 그들과 교세라의 경영철학과 주요 사안을 공유한다.

이나모리 회장의 강연을 듣고 자기 회사에 친목회를 도입한 중견기업 사장 한 분이 "우리 회사에 친목회를 도입했지만 큰 저항에 부딪혔습니다. 영향력이 아주 큰 임원이 '사장님이 솔선수범하지 않는 가족경영 주장은 이제 절대 하지 마십시오!'라고 하면서, 가장 신뢰하는 임원이 반발하는데 어떻게 하면 좋겠습니까?"라고 질문했다. 이를 들은 이나모리 회장은 "친목회는 직원에 대한 애정 표현의 장이라는 점을 기억하고 계십니까?"라는 질문을 통해 중견기업 사장이 구성원들의 행복은 제쳐놓고 회사 이익을 위해서만 친목회를 이용했기 때문에 실패했다는 점을 일깨워 줬다고 한다.

이나모리 회장의 친목회는 이름만 친목회이다. 형태는 회의처럼 진행한다. 창업 초기 기업이라면 모를까 기존회사에 이런 친목회를 적용하기는 상당한 어려움이 따를 것이다. 무엇보다도 구성원들의 마음을 얻기 위해 사전에 많은 준비가 필요할 것이다. 하지만 조직을 한 방향 정렬시킬 수 있는 좋은 방법임은 분명하다.

이외에도 조직을 한 방향 정렬시킨 사례는 많이 있다. 국내 기업의 어떤 회장님께서는 기업 인수 후 매주 임원 워크숍을 실시하여 조직을 한 방향 정렬시켰다고 한다. 잭 웰치는 크론토빌 연수원에서 700번의 경영철학 전파교육을 통하여 조직을 한 방향 정렬시켰다.

기업은 반드시 자기 조직에 맞는 조직 한 방향 정렬 시스템을 갖추어야 한다. 기업이 발전하기 위해서 꼭 필요하다. 더군다나 천년기업가라면 '경영철학과 제도를 기업문화로 정착시키기 위한 노력'을 끊임없이 실천해야 한다.

천년기업가의
조직실행력

One Team One Spirit

　성공하는 사람과 실패하는 사람의 차이가 개인실행력이듯이 성공하는 조직과 실패하는 조직의 차이도 조직실행력이다. 개인의 실행력은 개인 의지의 차이지만, 조직실행력은 리더의 소통력 차이다. 소통이란 단순한 소리 전달이 아니다. 솔선수범이나 진정성 있는 태도도 포함된다.

　천년기업이 된다는 것은 몇백 세대 동안 생존한다는 의미이다. 지금은 조직이 한 방향 정렬(One Team, One Spirit)되어 있고 조직실행력이 높다고 하더라도 시대가 변화하면 안 맞을 수도 있다. 이럴 때 시대 상황에 맞게 변신해야 한다. 벤자민 프랭클린은 "변화를 멈추는 순간 당신은 사라지게 될 것이다"라는 말은 의미하는 바가 크다.

　변신을 시도할 때는 항상 새로운 장애물에 대비해야 한다. 안 하던 칭찬도 갑자기 하면 저항이 일어나는데 하물며 새로운 제도를 도입하거나 높은 목표를 달성해야 할 때 일어나는 저항은 지극히 정상적 현상이다. 변화를 수용한다는 것은 지금까지의 자기를 부정하고 새로움을 수용한다는 의미이기 때문에 저항은 지극히 정상적이라는 점을 상기해야 한다.

CEO가 외부에서 좋은 강의를 듣고 와서 이를 조직에 적용하려다 실패한 사례를 많이 들어봤을 것이다. 조직문화가 다르거나 구성원의 공감을 얻지 못했기 때문이다. 조직실행력이 낮은 가장 큰 원인은 결국 CEO이다. CEO가 깊은 생각 없이 새로운 제도를 시행하다 중도에 포기하게 되면 구성원들은 허탈해진다. 이런 일이 반복되다 보면 결국 이런 기업문화가 형성된다.

CEO의 지시는 신중해야 한다. 지시했으면 반드시 실행하도록 해야 한다. 아무도 실행하지 않을 지시 사항이라면 절대 하지 말아야 한다. 지시했다면 한 사람이라도 설득해서 반드시 실행하도록 해야 한다. 두 사람이면 더욱 좋고 세 사람이면 더더욱 좋다. 선도그룹을 만들어 실행하면 조직 전체가 실행하게 된다.

만약 지시 사항을 이행할 것 같지 않다면?

지속성장 가능한 천년기업의 비밀

새로운 제도를 조직에 정착했다면 반드시 보상해야 한다. 보너스 같은 물질적 보상도 좋지만, 존재감 또는 일의 의미를 느끼게 하는 내면적 보상도 좋다. 물질적 금전적 보상은 한계가 있으나 존재감을 느끼게 하는 칭찬 같은 내면적 보상은 누구나 할 수 있다. 한계도 없다. 언제든지 할 수 있다.

조직실행력을 높이려 할 때, 조직체계를 이용하면 좋다. 이에 대해 패트릭 렌치오니는 "무엇이 조직을 움직이는가?"에서 이렇게 주장한다.

첫째, 먼저 리더들의 협력을 이끌어 낸다.
둘째, 리더가 앞장서서 명료함을 창출하도록 한다.
셋째, 창출된 명료함을 반복적으로 소통하게 한다.
넷째, 시스템을 통해 명료함을 지속해서 강화한다.

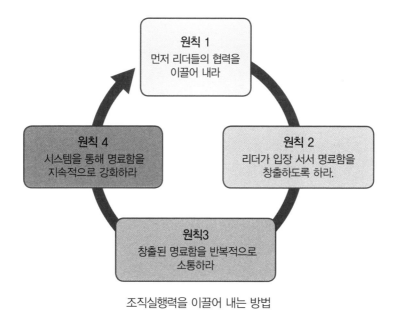

조직실행력을 이끌어 내는 방법

임원 협력을 이끌어 내는 것은 언제나 필요하지만, 합병 상황에서는 더욱 절실하다. 실제로 회사 합병 후 주말 워크샵을 통해 중역들의 협력을 이끌어 낸 후 전사적 화합을 이룬 사례도 있다. 방법은 다음과 같다.

① 임원들이 숨김없이 자신의 단점도 드러내는 분위기를 만든다.
② 갈등이나 충돌도 두려워하지 않도록 한다.
③ 동의하지 않는 결정이더라도 헌신하도록 한다.
④ 리더 개개인의 책임을 분명히 한다.
⑤ 조직 전체의 공동 목표에 집중시킨다.

회의나 워크샵 시작 전 미리 위와 같은 회의 진행 원칙을 선언하면 저항을 줄일 수 있으며, 실행력도 높일 수 있다. 또한, 리더의 지시는 명료해야 한다. 명료함은 비전체계를 바탕으로 해야 한다. 비전체계에 포함할 내용에 대해서는 패트릭 렌치오니는 이렇게 정리했다.

① 왜 존재하는지에 대한 업의 본질이나 핵심목적이 포함된 경영이념
② 어떤 기준으로 행동할 것인지에 대한 핵심가치
③ 무엇을 할 것인지에 대한 사업의 정의
④ 어떻게 성공할 것인지에 대한 핵심 전략
⑤ 현재 당면한 문제에 대한 최상의 목표 설정
⑥ 목표 달성을 위해 매일매일 할 일 정하기

회의를 진행했으면 합의 내용 또는 결론을 A4 3장 이내로 정리한 후 임원은 휘하 부서장과, 부서장은 팀장과, 팀장은 팀원과 공유하는 시간을 가져라.

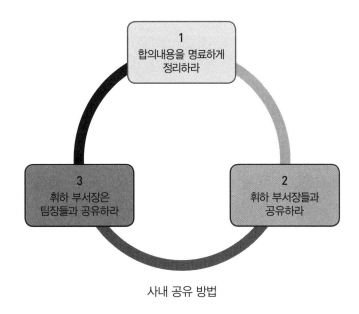

사내 공유 방법

핵심가치는 일을 할 때 배의 방향키 같은 역할을 한다. 핵심가치 3가지 요소는 아래와 같다.

① 회사가 지향하는 가치
② 최소한 지켜야 할 가치
③ 위협에 대비한 가치

핵심가치는 반드시 문화로 정착되어야 한다. 업무를 할 때는 핵심가치를 기준으로 행동방향을 결정해야 한다. 핵심가치가 살아 숨 쉬도록 해야 한다. 특히, CEO가 핵심가치를 기준으로 행동할 자신이 없으면 바꾸는 것이 좋다. 구성원의 일 처리가 일관성이 없어지기 때문이다.

대전의 어느 회사 공장장의 이야기는 시사하는 바가 크다. 화학약품을 사용하는 이 회사는 장마철에 비가 너무 많이 쏟아져 공장 일부가 물에 잠겼는데 이때 화공약품이 배출되었다고 한다. 밤 12시경 이 사건이 발생하자 환경담당 팀장이 공장장에게 전화를 걸어 왔다.

환경팀장 공장장님 지금 회사에 빗물이 유입되어 공장 내에 있는 화공약품이 빗물에 쓸려 하천으로 흘러갔습니다. 화공약품의 양은 그리 많지 않은 데다 비가 많이 와서 환경에 영향을 없을 그것으로 예상합니다. 그래서 시청에 보고할 필요는 없다고 생각됩니다만, 어떻게 처리하면 좋을까요?

공장장 이런 경우 우리 회사의 일하는 기준인 핵심가치 중 무엇을 적용하면 되는가?

환경팀장 '신뢰'입니다.

공장장 그렇다면 '신뢰'라는 가치 기준으로 이 일을 처리하면 어떻게 해야 하는가?

환경팀장 시청에 신고해야 합니다. 더 이상의 화학물질 유출방지 조치는 했습니다.

공장장 그러면 그렇게 하게. 지금 시간이 너무 늦었으니 사장님에게
는 내일 내가 보고드리도록 하겠네! 사장님도 회사 핵심가치 기준으
로 사건을 처리하는 것을 원하실 거야. 책임은 내가 지겠네. 마무리
잘 해 주게.

환경팀장 알겠습니다. 그렇게 시행하겠습니다.

이렇게 일이 마무리됐다. 결과는 어떻게 됐을까? 시청으로부터 고맙
다는 연락을 받았다. 비가 많이 와서 티 나지도 않는데 신고까지 해줘
서 감사하다는 표창도 받았다. 물론 다음 날 사장님께서도 핵심가치
기준으로 일 처리해 준 것에 대해 격려의 말씀을 해 주셨다고 한다. 물
론 최하 수준의 범칙금은 냈다고 한다.
   핵심가치란 이처럼 일하는 기준이 되는 것이다. 이 회사는 '신뢰'라는
핵심가치가 실제로 잘 작동한 사례를 보여준다.

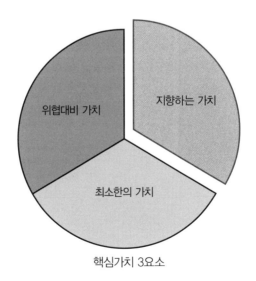

핵심가치 3요소

핵심가치나 경영철학을 문화로 정착시키는 방법으로 패트랙 렌치오니는 아래와 같은 원칙을 주장했다.

① 조직문화에 적합한 인재를 채용한다.
② 경영이념과 핵심가치 중심으로 소개한다.
③ 회사의 비전체계를 명료화하여 성과를 관리한다.
④ 급여와 보상 역시 비전체계에 연계시킨다.
⑤ 비금전적인 동기부여 요소도 꼭 다룬다.
⑥ 해고 결정도 조직의 핵심가치에 따라 결정한다.

조직실행력이 없으면 기업은 생존하지 못한다. 아무리 좋은 비전이나 전략이 있더라도 실행하지 않으면 한낱 망상에 불과하다.

천년기업의 조직실행력은 결국 사장의 솔선수범, 관심 있는 태도가 중요 요소이다. 중역들이 결정한 사항을 즉시 실행하도록 해야 한다. 중역과 사장의 1mm 오차가 사원들에게 내려가면 100m 오차가 되기도 한다. 천년기업가가 조직을 한 방향 정렬(One Team, One Sprit)시켜 조직실행력을 높여야 하는 이유가 여기에 있다.

구성원의 마음을 얻어야
4차 산업혁명에서 살아남는다

변화하는 시대에 살아남기 위해서는 구성원이 창의력이 필요하다

앞으로 20년 안에 47%의 일자리가 살아질 것이라고 한다. 다른 미래 학자는 일자리가 없어지는 것만큼 새로운 직업이 창출되기 때문에 문제없을 것이란 예측도 있다. 하지만, 인공지능이 빠르게 산업구조를 재편할 것임은 분명해 보인다.

이런 가운데도 기업은 창의력으로 재무장해 생존해야 한다. 창의력은 인간의 마음을 얻었을 때 최고도로 발휘된다. 인공지능이 발달한다고 해도 인간의 마음을 대체하여 창의력을 발휘할 인공지능은 만들지 못하거나, 나타나더라도 제일 마지막이 될 것이다. 이런 점을 고려할 때 기업이 사람의 마음을 얻는 일은 4차 산업혁명 시대에 살아남기 위한 필수 요소다.

창의력은 모방과는 다르다. 손발만 이용하겠다고 생각하는 리더는 결코 부하직원들의 창의력을 끌어내지 못한다. 손발만 이용하는 일은 대부분 인공지능으로 이미 대체되었거나 대체되고 있다. 로봇 청소기, 복잡한 자동기계 조립 로봇 등은 상용화된 지 오래다. 지진이 발생하자 즉시 기사를 게재한 것도 로봇이다. 천재들의 그림을 모방해 그림을

그리는 로봇도 있고 음악을 작곡하는 로봇도 있다. 이들 로봇이 그린 그림이나 작곡은 전문가들도 구분하기 힘들 정도라고 한다. 갤럭시 노트 9에 탑재된 빅스비는 말로 상당 부분을 제어할 수 있다. 구글도 마찬가지다. "오케이 구글 유치원 노래 틀어줘!"라고 말하면 유튜브에서 유치원 노래를 찾아서 들려준다. 이처럼 인공지능은 상당 부분을 우리와 함께하고 있다.

토마스 J. 왓슨, 전 IBM 회장은 "어떤 기업이 성공하느냐 실패하느냐의 실제 차이는 그 기업에 소속되어 있는 사람들의 재능과 열정을 얼마나 잘 이끌어 내느냐 하는 능력에 의해 좌우된다."고 봤다. 적자 기업을 흑자 기업으로 만든 사장을 만나서 이야기를 해 봐도 그렇고 남다른 성과를 일궈낸 리더도 '구성원들의 마음을 얻었을 때 좋은 성과를 얻었다.'고 말한다.

사람들의 마음을 얻는 방법으로 금전적 보상을 생각하지만 조사 결과는 그렇지 않다. 전 세계 20,000여 명을 대상으로 한 어느 조사에 의하면, ①근로자들은 자신을 최대한 존중해 주는 사람들과 일할 수 있는 곳, ②흥미롭고 도전할 만한 업무 기회가 있는 곳, ③업무성과에 대한 공로의 인정과 칭찬을 받을 수 있는 시스템이 있는 곳, ④자기계발의 기회가 부여된 곳의 순으로 일하고 싶다고 했다.

아무런 비용 투자 없이도 헌신과 몰입을 충분히 끌어내는 방법이 수없이 많이 있다는 것이다. 『사랑을 남겨라』의 저자 정동일 교수는 15년 이상 직장생활 한 사람들을 대상으로 "상사의 어떤 행동이 나를 동기부여 하게 했는가?"라는 질문을 통해 얻은 결론은 다음과 같다.

지속성장 가능한 천년기업의 비밀

① 당신은 잘할 거야! 내가 필요하면 언제든 말해.

② 이 일은 당신 덕에 가능했어! 잘했어!

③ 힘들지? 쉬어가면서 해! 아이들은 잘 크고 있지?

④ 내가 책임질 테니 열심히 해봐!

⑤ 당신은 이런 장점이 있는 것 같아!

⑥ 이 업무 한번 해 보겠나?

이처럼 상사의 평소 관심 표현이 동기부여 요인이 된다.

중국을 통일한 진시황도 겸손한 마음으로 사람을 받아들이고 좋은 의견을 경청하고 능력을 인정해 주었기 때문에 천하를 통일하는 대 업적을 남겼다. 반면 주변 국가 중 하나인 위나라에는 오기와 상앙, 손빈, 범저 등 모두 뛰어난 인재들이 있었지만, 이들은 인정받지 못하고 오히려 박해를 받았다. 심지어 병법이 대가라고 불리는 손빈은 무릎을 못 쓰게 하는 형벌을 받고 반죽음에까지 이르기도 했다. 이들은 각각 진나라를 비롯해 제나라, 초나라로 떠나갔다. 결국, 위나라는 인재들이 떠나간 탓으로 170년 만에 역사 뒤편으로 사라졌다.

사람의 마음은 변한다. 어느 한순간 마음을 얻었다고 해서 안심한 후 아무렇게나 대하면 마음은 떠난다. 사장은 물론 모든 리더가 부하의 마음을 얻기 위해 노력하여야 하는 이유가 여기에 있다. 진시황도 천하를 통일한 후 자신이 최고라는 교만함 때문에 충신들의 말을 경청하지 않았다. 결국, 진 나라는 진시황 사후 4년 만에 멸망하고 말았다.

부하의 마음을 얻었다는 것은 그들이 회사에서 자기 삶의 의미를 발견했다는 뜻이다. 의미를 발견한 사람은 실패는 물론 도산의 그림자가 드리운 어려운 상황에서도 빅터 프랭클처럼 역경을 함께 할 수 있다. 회사를 다시 일으켜 세우는 1등 공신 역할도 할 수 있다.

천년기업가의
걸림돌

걸림돌을 어떻게 처리하는지 구성원들은 유심히 리더를 보고 있다

"회사 발전에 걸림돌이 되는 사람은 어떻게 해야 합니까?" 경영자 코칭 시 심심치 않게 나오는 이슈다. 더구나 채용이 어려운 중소기업에서 걸림돌 처리는 난제이다. 예를 들면, 회사 매출에 어느 정도 기여하는 영업직원이 조직 한 방향 정렬에 방해되는 경우이다. 그를 내보내면 당장 매출이 떨어지기 때문에, 선뜻 결정하기가 쉽지 않다. 마땅한 대안도 없다. 사람을 바꿔보려고 온갖 노력을 기울여보지만 변하지 않는다. 이런 경우, 상당 기간 고민하다가 거의 예외 없이 그를 내보내는 것으로 마무리된다. 이 과정에서 기업문화는 엉망이 된다.

회사 발전에 걸림돌 처리 문제는 늘 뜨거운 이슈다. 걸림돌이 되는 사람은 비켜만 줘도 괜찮겠는데 오히려 뒷다리를 잡는 게 문제다. 어떻게 하면 좋을까? 한마디로 말하면 즉시 가능한 한 빨리 제거하는 것이 좋다. 대안이 없는데 어떻게 내보내느냐고 말할 수도 있다. 실제 대안이 없을 수도 있다. 이런 경우 구성원들의 능력을 과소평가한 것은 아닌지 자문해 보라. 방법을 찾아보라! 그래도 방법이 안 보인다면 최

대한 빠른 해결 방법을 찾아서 시행해야 한다. 중역도 마찬가지다. 오히려 중역이라면 더 빨리 내보내는 것이 좋다. 임원의 영향력은 팀장의 영향력보다 훨씬 크기 때문이다.

하지만 이럴 때조차도 남아 있는 사람들을 위해 따듯함도 보여야 한다. 최대한 끌어안으려고 노력해야 한다. 구성원들이 보고 있기 때문이다. 사람을 함부로 내치는 회사를 좋아할 사람은 없다. 사람을 해고하는 일은 경영자가 해야 할 일 중에 가장 괴로운 일이다. 그렇지만 걸림돌을 제거하는 일은 반드시 해야 한다.

스스로가 임명권자인 최고경영자는 자신이 걸림돌이 된다는 평판을 받기 전에 후계자를 육성하고 스스로 물러나야 한다. 천년기업가에게 이 업무는 필수적이다. 그런 점에서 얼마 전 코오롱 그룹을 떠난 이웅열 회장은 사회에 잔잔한 파문을 던져주고 있다.

어느 기업에든 업무에 태만한 사람이나 게으른 사람이 있게 마련이다. 동료나 부하 또는 상사와 사사건건 부딪치는 독불장군도 있다. 이들은 기업의 일하는 기준인 핵심가치에 맞지 않는 사람들이다. 이런 사람들을 회사가 즉시 조치하지 않으면 그런 행태가 기업문화로 정착된다.

특히 경영자는 주변 사람들에게 나쁜 평판을 받는 관리자를 찾아서 솎아내야 한다. 가능한 한 빨리 신속히 처리해야 한다. 이런 행동은 성실하게 일해 온 생산적인 다른 직원들의 한숨을 돌리게 한다. 박수도 받는다.

사람을 내보낼 때 경영자는 무척 괴롭다. 판단 착오로 사람을 내보낸 경험이 있다면 더욱 괴롭다. 이런 실수를 범하지 않기 위해 누군가를 해고해야 할 때는 자신에게 이런 질문을 해 봐야 한다. "어떤 기준으로 그를 자르려고 하는가? 원가절감 압박 때문은 아닌가? 적자 때문은 아닌가?"

만약 그렇다면 그것은 경영자 책임이다. 경영자가 미래예측 경영을 하지 못했다는 이야기다. 경영자는 항상 PTRG인 사람, 기술, 자원, 관리에 대해 미래학자처럼 연구해야 하는데 이를 소홀한 책임이 있다. 피치 못할 사정이라면 먼저 자신의 잘못부터 솔직히 시인한 후 사람을 내보내야 한다.

실적이 신통치 않을 경우도 해고 대상이 되겠지만 그의 실적이 저조한 이유가 무엇인지 자문해 봐야 한다. 상사와 갈등 때문은 아닌지? 지원 부족은 아닌지? 감당키 어려운 일을 맡긴 것 아닌지 자문해 봐야 한다. 만약 그가 다른 부문에 재능이 있다고 생각되면 해고보다는 원하는 부서에 전환배치 하는 것도 방법이다.

무엇보다도 힘든 경우는 열심히 일하고 최선을 다했음에도 성과를 내지 못하는 경우이다. 이런 경우 '일의 우선순위를 제대로 잘 정하고 있는지? 결과를 예측하면서 현재의 업무를 추진하는지 등'을 알아보고 일할 수 있는 환경을 만들어 줘야 한다.

회사에 헌신했지만, 건강과 의욕이 따라주지 못하는 직원도 있다. 이런 사람을 어찌해야 하는가? 이런 사람을 함부로 쫓아내면 구성원들은 "내가 쓸모 있는 동안은 마음껏 부려먹다가 늙고 쓸모가 없어지면 회사는 피도 눈물도 나를 버린다."는 생각을 하게 된다. 남아 있는 구성원들의 의욕을 꺾는 일이다. 어떤 방법이 구성원들에게도 도움이 될지 생각해 봐야 한다. 회사에서 일정 기간 배려해 주는 것도 방법이다.

걸림돌 해결은 리더의 중요 역할이다. 걸림돌은 마치 한 방울의 잉크가 양동이 전체의 물을 파랗게 물들이듯이 조직에 악영향을 미친다.

걸림돌이 될 사람은 아예 채용하지 않는 게 좋다. 하지만 면접 몇 분으로 이를 판단하기가 어렵다. 때문에, 천년기업가는 자신의 경영철학과 핵심가치가 포함된 경영방침을 수시로 선언하고 이를 어기는 사람은 즉시 최대한 빨리 제거해야 한다.

제거 당사자에게는 능력이나 역량문제가 아니라 핵심가치에 맞지 않기 때문이라고 설명하면서 내보내는 것이 좋다. 인간의 판단은 한계가 있기 때문이다. 실제로 이런 사람이 다른 곳에 가서 능력을 발휘한 예도 있다. 가능하다면 가치관이 맞는 다른 회사를 알선해 주는 것도 방법이다.

회사를 떠나는 사람의 평판도 중요하다. 사람들은 이들의 평판은 신뢰한다. 이들에게 따듯함을 보이게 되면 남아 있는 사람도 안정감을 느낀다. 한때는 구성원이었던 사람을 아무렇게나 대하는 것을 보고 좋아할 구성원은 없다. 언제 어느 곳에서든 서로 도움을 주고받을 수도 있다고 생각하고 마지막 마무리를 잘하는 것도 필요하다. 이런 행동은 퇴직자가 떠나온 회사를 원망하지 않게 할 뿐만 아니라 도움을 주는 사람으로 변하게 된다. 넷플릭스에서 이런 예를 보여줬다.

천년기업가의
위기관리

위기는 위험과 기회가 공존한다. 위기는 도약의 기회로 활용하라

기업에 위기가 존재하지 않게 할 수 있을까? 불가능한 일이다. 위기가 없다고 느끼는 그 순간이 바로 위기일 수 있다. 기업은 위기에서 살아남기 위해 고군분투한다. 대한상공회의소의 보고에 따르면 코스피 상장기업 686개의 평균수명이 약 32.9년이라는 것만 봐도 지속가능기업이 얼마나 힘든지 알 수 있다. 결국, 천년기업은 위기관리 극복 여부에 달려있다고 봐야 한다.

위기는 기회이기도 하다. 위기는 개별 기업에게만 찾아올 경우도 있지만, 업종이나 기업에 공통으로 다가오기도 한다. 이런 경우 위기를 극복하는 기업은 또 다른 강한 경쟁력을 가지게 된다. 〈국가부도의 날〉이라는 영화에는 위기에 대처하는 세 가지 유형의 사람이 있다. 첫 번째 유형은 위기를 숨기고 자신의 지위를 보전하려는 사람이다. 두 번째 유형은 위기를 이용해 돈을 벌려는 사람이다. 세 번째 유형은 계란으로 바위치기처럼 위기를 극복하려고 노력하는 사람이다. 당신이 기업가라면 어떤 유형의 사람을 택하겠는가? 사장의 생각은 위기대응 문화 정착의 시발점이 된다.

위기 유형은 한둘이 아니다. 『회색 코뿔소가 온다.』의 저자 미셸 부커는 위기의 유형을 아래와 같이 구분했다.

① 불안전한 근로 환경처럼 알고 있지만, 혁신에 저항이 큰 위기
② 서브프라임 모기지나 자연재해처럼 순식간에 전개되는 위기
③ 사이버 공격처럼 반복해서 발생하는 위기
④ 법 위반처럼 다른 문제를 수반하는 구조적 위기
⑤ 성차별처럼 여러 가지 문제가 결합하여 키메라 같은 괴물이 탄생하는 위기
⑥ 이스라엘과 주변국들의 종교문제처럼 해결책이 존재하지 않는 고질적인 걸림돌
⑦ 코닥필름이나 노키아처럼 피할 수 없는 노후화와 몰락위기
⑧ 인공지능처럼 위기의 본질과 해결책이 무엇인지 모르는 불확실한 위기

위기를 극복하기 위한 좋은 방법 중 하나는 빌 게이츠처럼 언제라도 회사는 망할 수 있다는 생각으로 준비경영을 하는 것이다.

그는 회사가 한참 잘나가던 시절에도 그랬다. 혹시 제2의 빌 게이츠가 나타나서 자신을 위협할 수도 있다는 생각을 늘 했다. 이러한 그의 염려는 잘 알려지지 않다가 우연히 그 전모가 밝혀졌다. 빌 게이츠는 자신의 강박증을 글로 써서 임직원들에게 나눠주곤 했다. 내용은 경쟁사들의 동향, 기술, 지적 재산권, 재판, 고객 등에 대한 것들이다. 그는 이런 걱정을 임직원에게 메모형식으로 전달했는데 그것이 유출되어 '산호세머큐리뉴스(San Jose Mercury News)'에 실리게 되었다. 그 결과 MS 주식이 11%나 폭락했다. 1991년 6월 17일 발생한 사건이다. 이러한 그의

강박관념이 오늘의 마이크로소프트를 만들었다고도 할 수 있다.

위기가 없는 경우에도 경영혁신을 위한 첫 번째 조건으로 위기감을 조성하라는 존 코터의 경영혁신 8단계는 시사하는 바가 크다. 그의 경영혁신 8단계는 아래와 같다.

① 위기감 조성
② 혁신 지도부 구성
③ 비전 및 전략의 개발
④ 새로운 비전의 전파
⑤ 권한위임을 통한 힘 실어주기
⑥ 단기적 성공 사례 만들기
⑦ 여러 혁신단계의 통합 및 혁신의 가속화
⑧ 새로 도입된 제도를 기업문화 차원으로 승화

위기를 정확히 예측하기란 어렵다. 예측은 대부분 빗나간다. 그렇더라도 위기를 예측해 봐야 한다. 많이 생각하고 미리 대책을 세워 보게 되면 그와 유사한 상황이 발생했을 때 쉽게 대응할 수 있다.

위기 도래 전 상당히 많은 징후가 발견된다는 하인리히 법칙도 되새겨 볼 필요가 있다. 하인리히는 아주 큰 사건 발생 전 29건의 작은 사고가 발생했었고, 300건의 작은 징후가 있었다는 조사 결과는 작은 사건에서 큰 징조를 발견할 수 있다는 점을 암시하고 있다.

존슨 & 존슨의 타이레놀 독극물 사건처럼 갑작스럽게 찾아오는 비재무적인 위기도 있다. 이런 경우 대응 방법은 다음과 같다.

첫째, 사전에 위기관리에 대응할 수 있는 사회공헌 기업철학과 시스템을 만들고 이를 실행하는 기업문화를 조성하는 것이다.

둘째, 위기관리 통제센터를 만들어 위기 발생 시 내부 조직이 한목소리를 낼 수 있도록 창구를 일원화하는 것이다.

이를 통해 조직이 같은 생각과 행동을 하도록 하며, 신속하게 내부 조직의 상황과 대응전략 공유함으로써 구성원들이 자신의 존재감을 느끼게 하는 것이다. 평소에 구성원들에게 인간적인 대우를 해 줬다면 이럴 때 큰 힘을 보탠다.

셋째, 내부가 정비되었으면 이해관계자와 소통을 통하여 마음을 얻는 것이다.

이해관계자로는 주주나 소비자는 물론 거래처나 정부부처, 신문 방송 기자들이 포함된다. 이들에게 진심 어린 사과와 반성은 물론 자신의 회사는 사회공헌 경영철학을 철저히 준수하며, 전 임직원들이 합심하여 대응책을 준비하고 있다는 점을 홍보하는 것이다. 이때 언론은 소비자와 회사를 연결해 주는 좋은 중간다리 역할을 해 주기도 하지만 대응이 미흡하거나 소홀할 경우 적으로 돌변하기도 한다.

위기관리를 하지 못하면 천년기업이 되지 못한다. 이를 위해 작은 징후에서 큰 징조를 예측하고 이에 대응하기 위한 스토리를 미리 만들어 보는 '시나리오 경영'은 많은 도움이 된다. 문화로 정착시키면 더욱 좋다.

임원에게도
동기부여가 필요하다

리더에 대한 동기부여는 남아 있는 사람을 위한 것이기도 하다

"팀장이나 임원에게도 동기부여가 필요할까?" 이들은 스스로 열심히 일하니까 동기부여가 필요 없다고 생각할 수 있겠지만 그렇지 않다. 동기부여가 필요하다.

리더가 됐다는 것은 직장에서 성공한 사람이 됐다는 의미지만, 행복한 가정을 이룬 것과는 별개 사항이다. 직장 일에 몰두하느라 가정을 소홀히 할 수도 있다. 자녀 교육문제로 고민하는 사람도 있을 것이고, 노부모 때문에 고민하는 사람도 있을 것이다. 때로는 직장생활 이후에 미래를 고민할 때도 있을 것이다. 지금까지 삶이 잘못됐다고 생각하진 않지만 뭔가 허전함을 느끼기도 하고, 우울해질 때도 있다. '중년위기'가 찾아온 것이다. 이 현상은 천신만고 끝에 성공한 배우나 가수가 명예를 한 몸에 지녔으나 이런 명성을 계속 유지할 수 있느냐 하는 불안감을 느끼는 것과도 비슷하다. 삶에서 가끔 찾아오는 이런 위기는 칼날의 양면성과 같다.

이를 극복하면 좀 더 성숙한 모습으로 거듭나지만 무너지면 의욕을 잃게 된다. 방황하게 된다. 중년기는 자기 인생의 오르막을 넘어 내리막에 들어섬으로 지금까지 생각하지 않았던 많은 것들을 보게 되는 시기다. 앞으로의 삶에 대한 불확실성 때문에 불안과 근심에 빠지기도 한다. 강한 압박감, 심리적인 불안감을 동반한 강한 스트레스도 받는다. 자기 삶의 목적을 잃게 되면 단기 실적에 목매는, 생각 없는 성과달성 기계로 전락하게 된다. 부하직원을 족쳐서 실적을 높이는 데만 열중하기도 한다. 이 때문에 분위기 살벌한 조직이 만들어지기도 한다.

다른 경우는 심한 자책감 느끼고 삶을 포기하듯이 달관한 태도를 보이기도 한다. 이럴 때 회사에서 이들을 배려해 주면 다시 동기부여 되어 열심히 일하게 된다. 트리거 포인트를 만들어 주면 멋진 리더로 탈바꿈하게 된다.

손자병법의 저자로 알려진 '손무'도 자기의 전략 이론을 실전에 적용해 보려는 목적이 있었을 때였다. 오나라의 '합려'와 '오자서'가 도움을 요청해와 오나라의 원수로 등극한 '손무'는 초나라와 전쟁에서 상대를 초토화하는 대승을 거두었다. 하지만 승리 후 자만심에 빠진 '합려'가 정사를 돌보지 않고 자신의 건의도 받아들여지지 않게 되자 존재 의미를 상실한 '손무'는 오나라를 떠나 은둔생활을 하게 된다. 그 후 오나라 왕 '합려'는 월나라와의 전투에서 전사하고 '부차'가 승계한다. '부차'는 즉위 초기에는 '오자서'의 도움을 받아 월나라를 정복하지만, 자만심에 빠져 '오자서'의 의견을 묵살한 것도 부족해 그를 죽이고 결국 월나라에 의해 패망하게 된다.

역사에 가정은 있을 수 없겠지만 만약 오나라가 '손무'와 '오자서'에게 동기부여 기회를 제공했다면 중국을 통일하는 대업적을 이룰 수 있었지 않았을까? 오나라는 당시로써는 가장 유능한 인재 '손무'와 '오자서'를 가지고 있었지만 제대로 사용하지 못하고 버렸다. 기업도 마찬가지다. 자신의 미래에 대한 불안으로 고민하는 팀장이나 임원들에게 이들의 미래를 생각하게 하고 스스로 자신의 목적의식을 갖게 하는 데 도움을 줄 필요가 있다. 일부 기업에서는 이런 프로그램을 운용하는 회사도 있긴 하지만 고위 간부에게 이런 것을 제공한다는 것은 사치라고 생각하는 기업도 있다.

100세 시대를 살아가야 하는 지금, 4차 산업혁명이라는 파도가 세차게 밀려오고 있어 정신 차리지 못하겠다고 할 수도 있겠지만 이들에게 삶의 목적을 찾고 직장을 은퇴해서 잘 정착하도록 돕는 일은 결국 남아 있는 직원들을 위한 것이란 점이다.

남아 있는 사람들은 선배를 바라보며 직장생활을 한다는 점을 상기해야 한다. 더구나 도래한 4차 산업혁명에 살아남기 위해서 가장 필요한 것이 구성원들의 마음을 얻어내어, 이들에게서 자발적인 창의력을 이끌어 내야 한다는 점을 고려한다면 이들을 동기부여 시키는 일은 선택이 아니라 필수사항이라는 점을 최고경영자는 잊어서는 안 될 것이다.

환경변화에
선제적으로 대응하라

서서히 끓는 물에 삶아 죽는 개구리가 되지 말라

택시업계의 반발로 우버 택시가 물러갔다. 이번엔 택시업계가 국내 카풀 서비스 업체인 카카오 모빌리티와 한판 대결을 벌이고 있다. 택시업계로선 생존권이 달린 문제라 양보할 수 없는 처지다. 정부가 이를 중재하기 위해 나서고 있으나 타협점은 찾기 어려워 보인다. 수익성 절벽에 부딪힌 택시업계로서는 저렴한 서비스 제공을 무기로 등장할 회사를 사전에 차단하고 싶을 것이다.

지금까지는 택시업계가 잘 방어하고 있는 듯하다. 하지만 이런 방어가 얼마 동안 가능할까? 그렇게 오래갈 수 없을 것이다. 스마트폰으로 시작된 초연결 사회에서 가장 성공한 업체인 우버 택시를 쫓아냈다고 해서 계속 경쟁업체를 쫓아내기는 어렵다. 이는 마치 영국에서 자동차를 제일 먼저 개발했지만, 마부들의 반발로 자동차 시장을 독일에 빼앗긴 것과 같은 결과가 될 것이다. 결국, 영국의 마차업계도 자동차를 도입할 수밖에 없었듯이 국내 택시업계도 카풀제도를 도입할 수밖에 없는 상황이 올 것이다. 단지 지금의 택시업계 행동은 그 기간을 조금 더 연장하는 효과만 있을 뿐이다.

이런 상황이 택시업계에만 해당하는 것은 아니다. 모든 업종에 일어날 수 있다. 세계최대의 핸드폰 업체인 노키아는 애플의 스마트폰 개발로 인해 추락했다. 세계최대 카메라 필름 시장을 독점했던 코닥도 디지털카메라의 출현으로 몰락했다. 이런 상황은 다른 업종에서도 앞으로 얼마든지 발생할 수 있다.

　당분간 택시업계 주장을 시장도 참고 받아들이겠지만 통계를 보면 얼마 오래가지 못할 것이라는 사실을 알 수 있다. '택시업계 파업을 대중들이 반긴다.'는 농담은 이미 유명한 우스갯소리가 됐다는 것이 이를 잘 대변해 준다. 온라인 설문 기관인 두잇서비스 조사에 의하면 전체 응답자의 60%가 승차 거부를 당한 경험이 있으며 65.8%는 택시를 대중 서비스 교통수단으로 보는 것은 무리라고 통계는 말한다. 직장인 커뮤니티 블라인드가 5,685명을 대상으로 실시한 설문조사에서는 카풀 서비스를 전면적으로 중단해야 한다고 답변한 이용자는 전체의 8%에 지나지 않았다. 90% 이상이 전면적이건 한정적이건 카풀 서비스를 허용해야 한다는 의견이다.

　논란은 계속되고 있지만 당분간 해결책은 나오기 어려워 보인다. 어떻든 택시업계의 생존권이 걸린 문제라는 점은 인정되기 때문이다.

　기업가라면 이런 상황을 예측하고 준비했어야 한다. 물론 택시 회사가 지금 하는 것처럼 카풀업체 등장을 반대하는 것도 방법이긴 하지만 근본적인 해결책은 아니다. 구글이나 애플 등 세계적 기업들이 차량공유를 넘어선 다음 세대 서비스 연구를 진행 중이고, 국내에서도 도로교통공단이 지방자치단체들과 손잡고 자율주행차 인프라 구축을 하고 있다. 2020년까지 자율주행 자동차를 상용화하겠다는 나라도 있다. 자율주행차가 도로를 활보하면 도로에 자동차가 줄어들 것이고 그로 인해 교통이 원활해질 것이다. 물류비용도 절감될 것이다. 물류비용이 절감된 나라의 가격 경쟁력을 높아질 것이다.

이는 결국 국제 경쟁력이 높아진다는 의미다. 지금과 같은 택시업체의 요구는 어쩌면 우리나라 전체의 기업경쟁력을 떨어뜨리는 결과를 가져올 것이다. 당장은 택시업계와 카풀업체 모두를 만족하게 할 방법은 없어 보인다. 하지만 장기적으로 어떻게 결론이 날지 모르는 사람은 거의 없다. 중간단계로 모든 택시를 개인택시로 전환해서 카풀 서비스에 동참하는 방법도 있을 것이다.

다른 업종이라고 지금과 같은 택시업계 입장이 되지 말라는 법은 없다. 기업가는 생존하기 위해 미래를 예측하고 사전에 준비해야 한다. 미래에 대한 예측은 택시업계의 경우처럼 사전에 그 징후를 발견할 수 있다. 택시업계의 미래가 예견되듯이 모든 업종의 미래도 예견되는 징후가 나타난다. 이를 잘 감지하고 대응하면 된다. 변화란 화산 폭발처럼 갑자기 일어나지 않는다. 하긴 화산 폭발도 사전에 징후가 나타난다고 한다.

기업가는 환경변화에 선제적으로 대응할 수 있어야 한다. 이를 위해 자기 자신의 노력도 필요하겠지만 자문 그룹을 운영하는 것이 좋다. 자문 그룹에는 기술의 변화, 자원의 변화, 관리제도의 변화, 사람의 변화에 대한 전문가가 포함돼야 한다. 이들과 대화를 통해 미래를 준비해야 한다. 만약 당신이 최근 6개월 이내에 만난 사람 중에 이 분야에 전문가가 없다면 해결책을 찾아야 한다.

물론 이보다 더 중요한 것은 구성원들의 자발적 창의력을 끌어내는 것이다. 이를 통해 미래를 준비하고 연구하는 것이 먼저다. 천년기업가

지속성장 가능한 천년기업의 비밀

라면 미래에 대해 반드시 준비해야 한다. 그렇지 않으면 노키아나 코닥이 되거나 지금 현실의 벽에 부딪힌 택시 회사 입장이 될 수도 있다.

Chapter 5

천년기업가 과정
사례와 참여자 소감

천년기업의 비결

김선희

천년기업을 꿈꾸는 리더에게

세계적으로 천년기업을 유지해온 기업은 일본의 7개 기업이 있으며 그중 가장 오래된 기업으로 설립연도가 578년인 일본의 건축회사 콘고구미(金鋼組)가 있다. 현재 세계에서 국가별로 200년 이상 된 장수기업의 비율은 1위 일본 56.3%, 2위 독일 15%, 3위 네덜란드 4%, 4위 프랑스 3.5%, 5위 영국 3.3% 등 3위부터는 차이가 크지 않다. 반면 한국은 100년 된 기업이 7개[두산, 신한은행, 동화약품, 우리은행, 몽고식품, 광장(시장), 보진재(인쇄출판기업)]가 있다.

■ 일본에서 천년을 유지해온 기업의 비결

① 내부적 요인

- 본업중시

- 신뢰 경영(고객 만족과 신용제일주의)

- 투철한 장인정신

- 혈연을 초월한 후계자 선정

- 보수적 기업운영(성장성보다는 안전성 전략)

② 외부적 요인

정부, 은행, 사회가 최대한 기업을 지원해주는 제도가 있었기 때문에 가능했다고 하며 1922년 법정관리제도가 도입되면서 기업의 지각변동이 나타나고 있다고 한다.

130년에서 천년기업을 꿈꾸는 이금기 유한공사

이 회사는 비상장 중국기업으로 1888년에 설립되어 130년 되었다. 매년 두 자리 숫자로 성장하고 있다. 연 매출은 10조 원 이상으로 추정된다. 미래 목표는 천년을 장수하는 가족 기업으로 성장하는 것이다. 천년기업을 꿈꾸는 '이금기 유한공사'를 소개한다.

중국 남부 광동성 해안마을 남수(南水) 지방에서 탄생한 이금상(李錦裳)은 굴이 풍부한 이곳에서 작은 식당을 운영하며 굴 스프를 만들어 팔았다. 어느 날 굴을 넣고 스프를 끓이다가 깜빡하고 불을 끄지 않았다. 실수로 뭉근하게 오래 끓은 굴은 갈색으로 졸아버린 맛 좋은 국물에서 굴 소스로 변했다. 이금상 회장은 이를 상품으로 만들었다. 회사 이름은 자기 이름에서 가게를 의미하는 기(記)자를 넣어 이씨네 굴 소 스라는 뜻으로 회사명을 '이금기'라 지었다. 식당이 커지자 그는 1902년 에 마카오에 '이금기 유한공사'를 세웠다. 그 후 그는 1932년 홍콩 지사 를 설립하여 굴 소스의 대중화를 이뤘다. 100주년이 되던 1988년에는 본사를 홍콩으로 이전했다. '이금기'의 대표상품인 굴 소스는 현재 세 계 시장의 약 80~90%를 점유하고 있다.

2015년 10월, 홍콩의 '이금기' 본사를 방문했을 때 입구에 3대 그룹 회장 리만탓의 경영철학인 사리급인(思利及人, 이익을 생각할 때는 그것이 남 에게도 미치도록 하라)의 문구가 크게 걸려 있었다. 이 회사의 경영 원칙은 "실용주의, 성실주의, 영원한 창업가 정신 고수, 단기적 이익보다 장기 적인 파트너십을 유지, 문제 발생 시 파트너와 함께 해결방안을 모색, 파트너에게 책임 전가하지 않고 그것을 이유로 쉽게 파트너를 교체하지 않기" 등이다.

'이금기'는 더 많은 이익을 주겠다는 업체가 나타날 때도 회사를 바 꾸지 않는다고 한다. 홍콩유통업체와는 50년 이상 파트너십을 유지하 고 있다. 멕시코에는 90년이 넘은 거래처도 있다. 한국에는 1996년부 터 17년째 오뚜기와 관계를 유지하고 있다. '이금기 유한공사'가 이처럼 130년을 지속할 수 있었던 비결의 원동력은 '신뢰'다.

이금기 유한공사의 경영 승계는 현재 가업 승계로 4대째 이어온다. 이 과정에서 형제간 갈등과 소송, 분쟁도 있었다. 많은 경제적, 감정적 비용도 지불했다. 덕분에 가족 기업의 핵심문제는 가족의 화목에 있다 는 것을 깨닫고 3대 이만탓 그룹회장은 막내아들 세미의 조언으로 공식적인 가족총회를 운영하고 가족규정을 제정했다. 가족헌장에는 장기적으로 가족 모두의 이익을 보장하는 주요한 역할담당을 문서로 기록하였다. 기록에는 가족의 경영 참여 범위와 역할, 주주의 의무와 책임을 명시하고 있다.

- 가족헌장
  - 배우자 경영 참여 금지
  - 가족헌장 변경 시 ⅔찬성일 때 가능
  - 정년퇴직은 경영직은 65세, 가족협의회는 70세
  - 가족 외 사람도 회장이나 CEO를 역임 가능

이만탓 그룹회장은 인터뷰에서 "앞으로 100년을 더 가기 위해서 가장 중요한 것은 사람이다. 경영을 제대로 하기 위해선 올바른 정책과 전략을 짜야 한다. 기업은 사람이 만드는 것이다. 리더의 역할은 올바른 인재를 뽑는 것이다. 사람을 고를 때는 충성심을 가장 눈여겨보라. 충성심이 있으면 하나의 공통된 목표를 향해 힘을 합치게 된다. 회사에 충성하는 직원은 회사와 함께 성장할 것이다. 나는 똑똑하고 일 잘해도 우리 기업문화와 어울리지 않는 사람은 쓰지 않는다."라고 하였다.

이금기 유한공사도 일본의 천년기업과 비슷한 경영방식을 갖고 있다. 리더의 역할에서 후계자 육성과 올바른 인재를 채용하는 것, 파트너십의 신뢰 가치를 매우 중요하게 생각하는 경영철학은 천년기업이 되는 값진 밑거름이 될 것으로 생각한다.

지속성장 가능한 천년기업의 비밀

■ 이금기 유한공사의 경영방침 및 역량
- '소스 전문기업'이라는 본업에 충실
- 가족의 협력 시스템
  (가족 중심의 독특한 경영문화, 혈육도 회사 입사하기 위해선 3년 이상 경력 쌓기)
- 파트너십의 신뢰
- 100−1=0의 원칙으로 엄격한 품질관리
  (사람이 먹는 것이므로 100번을 잘 만들다가 만약 한 번 실수하면 모든 것을 잃는 것)
- 창의적인 제품개발

천년기업을 꿈꾸는 기업들이여!

세계가 하나로 경쟁하는 시대에 장인정신과 기술을 바탕으로 최고수준의 엄격한 품질관리를 실행해서, 고객 및 파트너와 신뢰 구축을 굳건히 쌓아가고 시대 변화에 대응할 수 있는 후계자 육성과 올바른 인재 육성을 중시하는 천년기업 리더가 되어 세계 속에서 경쟁해 보지 않으시렵니까?

천년기업가의 마음으로 생각하세요.
천년기업가의 행동으로 실행하세요.
천년기업가의 꿈을 꾸시기 바랍니다.

천년기업 리더를 꿈꾸는 김선희

모든 구성원이 공감하는
경영철학만이 살아남는다

김재중

천년 이상 영구히 존속 발전하는 기업의 필수 요소는 공감이다

모든 기업은 이윤을 창출하며 안정적으로 지속 성장하려 한다. 그러기 위해서는 회사의 경영철학과 비전에 대해 모든 구성원이 이해하고 기업이 추구하고자 하는 본질을 달성하기 위해 모든 일에 대해 설렘으로 임해야 가능하다. 하지만 현실적으로 모든 구성원이 기업경영의 본질을 이해하기는 쉽지 않다.

"사람들은 생각하는 것을 피해, 달아나기 위해서 책을 읽는다"라는 글이 탈무드에 기록되어 있다. 단순하게 글씨를 읽는 것과 저자의 의도를 생각하고 배우겠다는 자세로 읽는 것은 많은 차이가 있다. 구성원에게 기업경영 본질을 이해시키려면 어떻게 하면 좋을까? 기업의 경영철학과 비전, 실행 방안 등을 단순하게 읽게 하는 것이 아니라 내용에 공감하고 몸에 익힐 수 있도록 하기 위해 고민하고 또 고민해야 한다. 아무리 좋은 경영철학이 있다고 하더라도 구성원들의 공감을 얻기 위해 고민하지 않는다면 우이독경(牛耳讀經)과 같다.

이번 천년기업가 과정을 참여하면서 많은 생각을 하게 되었다. 지금 다니는 회사가 천년 가는 기업이 될 수 있을까? 아니면 향후 만들어질 회사가 천년을 갈 수 있으려면 어떻게 해야 하고 무엇을 준비해야 할 것인가? 천년을 갈 수 있는 기업문화가 있다면 가능하지 않을까? 아무리 좋은 기업 철학이 있다고 한들 구성원 중에 우이독경(牛耳讀經)처럼 듣지 않는 구성원이 있다면 천년은 고사하고 몇 년을 넘기지 못할 것이다. 그럼 어떻게 해야 할 것인가? 무엇이 문제일까? 소에게 문제가 있을까? 아니면 소에게 경을 읽어 주는 사람이 문제일까? 소가 가장 잘하는 일은 밭을 가는 일이 아닐까?

소에게 성과를 내게 하려면 밭으로 보내야 한다. 우이독경 하는 구성원이 있다면 어떻게 해야 할까? 가장 잘할 수 있는 일을 찾아 주는 것이 회사나 구성원 모두에게 도움이 된다는 점을 기억해야 한다.

리더는 구성원을 자세히 관찰하고 맡은 자리에서 최고의 성과를 낼 수 있도록 지원해야 한다. 구성원이 최고의 생산성을 높이기 위해서는 그들의 강점을 최대화할 수 있는 업무를 배정하는 것이 좋다. 구성원을 세심하게 관찰하여 강점을 찾는 방법으로 '피터 드러커는 자기경영 노트'에서 네 가지 질문이 유용하다고 했다.

- 그가 무엇을 잘했는가?
- 그가 앞으로 잘할 수 있는 것은 무엇인가?
- 그의 강점 활용을 위해 무엇을 배워야 하는가?
- 만약 나에게 자식이 있다면, 이 사람 밑에서 일하게 할 것인가?
  ① 만약 그렇다면, 그 이유는?
  ② 만약 그렇지 않다면, 그 이유는?

이처럼 각 구성원에게 개별적인 심도 있는 질문을 하고 강점을 최대한 잘 살릴 수 있는 업무를 배정함으로써 최고의 생산성을 낼 수 있게 해야 한다. 설사 현재 생산성이 떨어지는 구성원이더라도 미래 가치를 보고 잘할 수 있는 것을 찾고 필요한 교육을 통해 역량을 향상시켜야 한다.

모든 구성원은 있어야 할 자리에 있어야 하고 있어야 할 시간에 있어야 한다. 무엇보다 중요한 것은 지행일치(知行一致) 즉, 아는 대로 행하는 것이다. 기업의 경영철학과 비전 실행 방안이 행동으로 연결되게 해야 한다. 구성원이 기업의 본질에 대해 공감할 수 있을 때 천년기업이 시작될 수 있다.

천년기업가는
구성원을 어떻게 대하면 좋을까?

엄상경

사람을 소중하게 생각해야 천년기업이 된다

SK 최종현 회장을 모델로 한 『천년 가는 기업 만들기』의 저자 허달 경영자 코치는 평소 고(故) 최종현 회장은 "몇 년 가는 기업을 만들고 싶은가?", "기업은 영구(永久)히 존속·발전해야 하고, 기업에서 일하는 구성원은 이를 위해 일정 기간 기여하다 떠나는 것이다"라고 말했다고 한다. 여기서 '영구(永久)'라는 단어가 막연한 개념이라는 지적에 대해 이를 보완하고자 '천년(千年) 가는 기업이라고 책 이름을 지었다고 한다.

허달은 최종현 회장 시절 SKMS(SK Management System) 체계 수립에 기여하고, 유공(현 SK이노베이션)의 경영 일선에서 일하다가 퇴직 전 SK Academy로 옮겨 교수로서 SKMS 강의를 하였다. 이후 퇴직하고 글쓰기와 경영자 코치 일을 하고 있다. 그는 그것이 SK의 선배로서 해야 할 일이라고 생각했다.

여기서 '구성원은 일정 기간 기여하다 떠나는 것이다'를 사실로 받아들이는 관점에서 HRD 혹은 평가시스템에 대해 몇 가지 질문을 던지고

자 한다. C-Player(평가가 평균 이하로 좋지 않은 구성원)를 양산하고 있는 평가시스템이 천년기업의 HR 시스템이 될 수 있는가?

많은 기업이 회사에 기여하지 못한다고 평가한 C-Player를 강제로 버스에서 내리게 하고 있다. 조직에서 걸림돌 제거는 필요하나, 일정 비율 C-Player를 양산하는 인사평가시스템은 천년기업의 인사평가시스템으로써는 바람직하지 않다고 본다. 좀 더 과격하게 이야기하면 그런 시스템은 없는 것이 기업운영에 도움이 될 것이다. '사람을 쓸 때는 신중하게 보낼 때는 과감하게', '믿지 못하면 쓰지 말고, 썼으면 의심하지 마라'고 했다.

조직의 걸림돌이 되는 구성원이나, 성과가 좋지 못하다고 평가한 C-Player가 많은 회사가 천년을 가는 기업이 될 수 있을까?

구성원이 일 못 하는 조직의 팀장은 능력이 있는 걸까? 성과가 좋은 않은 구성들이 포함된 조직이 초일류가 될 수 있을까? 불가능한 일이다. 성장 위주의 경영시대에 사용하던 인사평가시스템은 보내야 한다. 조직에 더는 많이 기여하지 못하는 구성원(CEO, 임원 포함)을 내보낼 때도 좋은 예우를 해줘야 한다. 남아 있는 사람이 보고 있기 때문이다.

축구의 예를 보면, 전성기 시절 활약으로 팀의 전설로 불리던 선수가 나이 들어 기동성이 떨어지면 다른 팀으로 이적시키거나, 재계약을 하지 않아 스스로 은퇴하게 한다. 하지만 박지성 같은 경우, 팀에 많은 공헌을 하고 우승에 이바지한 선수는 은퇴식을 열어주고, 팀의 전설로서 홍보대사(엠베서더)로 임명하여 은퇴 후에도 공헌할 기회를 준다. 이것이 일정 기간 기여하고 떠나는 사람들에 대한 예(禮)라고 생각한다.

일부 기업에서는 떠나는 CEO나 임원에 대해서 1~2년 예우를 하는 예는 있지만, 일반 구성원에 대해서는 그렇지 못하다. 인사평가제도에 의해 혹은 근무 기간이 오래되어 떠밀려 나가는 경우도 그렇다. 지금까지 몸과 마음을 바쳐 회사를 위해 젊음을 불살랐는데 마지막은 너무 초라하다. 이를 보고 후배 구성원들은 어떻게 생각할까? '나도 저렇게 되겠구나!'라고 생각하지 않을까? 이를 보고 자발적으로 이바지할 마음이 생길까?

제갈량의 읍참마속은 그 시대에 필요한 것이지 현재는 아니라고 생각한다. 기업운영에, 조직의 안녕을 위해 필요할 때도 있다는 의견이 있을 수 있겠으나, 조직에 맞지 않고 한 방향 정렬에 해가 되는 사람은 스스로 내리게 하는 방법을 쓰는 것이 좋다고 할 수 있다. 방법이 어렵긴 하지만 연구하면 좋은 방법을 찾을 수 있을 것이다.

교육과정에서
얻은 통찰

이대우

첫 번째 통찰

류호택 교수님과의 첫 번째 만남을 통해서 새로운 변화가 시작되었다. 그것은 선언에는 힘이 있다는 것이다.

나는 자동차 정비업계에서 25년 이상 차량 수리를 담당하였다. 기술자로서의 외길을 걸어오면서 자동차 정비의 꽃이라 할 수 있는 기능장을 취득하며 나 자신에게 자부심과 긍지를 느꼈지만, 조직 내에서 직책이 올라가면서 팀장이 되었을 때 나는 새로운 어려움에 봉착하게 되었다.

직장에서 팀원의 위치에 있었을 때는 내게 주어진 업무와 차량 수리를 완벽히 수리하면 그것으로 인정을 받을 수 있었다. 어느 순간 팀장 위치에 있으면서 팀원을 이끌어 가며 팀원들에게 업무를 지시하고 제어하며 목표 달성을 위해서 팀장의 역할을 담당해야 했다.

팀원들이 한마음으로 열정을 다해 업무를 수행하지 못하고 어떤 문제가 발생하였을 때 서로가 문제를 해결하기보다는 자기 책임을 회피하기만 급급한 모습에서 화가 나 팀원을 질책하기 바빴었고 나의 경험을 드러내며 책망하기만 하였다. 그러면서 내 생각과 경험이 정답인 것처럼 업무 지시에 따라오도록 강요하며 따라오지 못하는 팀원들에게는 무능력한 직원으로 치부하였다. 흔히 말하는 직장 내에서 제일 회피하는 포악한 리더의 모습이었다.

하지만 어느 순간 일방적이고 포악한 리더로서의 모습에서 소통하고 경청하는 리더로서의 모습으로 변화하는 계기가 찾아왔다.

한국 생산성본부에서 근로자를 대상으로 교육하는 직원의 동기부여와 멘탈 코칭 리더십 과정이었다. 교육을 담당했던 류호택 교수님을 통해서 직원과 소통하고 경청하는 방법과 직원들에게 동기부여를 통해서 직원 스스로가 일하고 결과에 만족할 수 있도록 질문을 통한 코칭 리더십 교육을 배우면서 나에게는 정말로 신선하고 큰 충격이었다.

그동안 독단적인 판단과 강압적인 아집으로 인하여 팀원들에게 많은 상처를 주고 조직을 제대로 이끌어 가지 못했다는 생각에, 나 자신이 부끄러웠고 팀원들에 한없이 미안한 생각이 들었다. 그래서 나는 교육을 마치고 현장으로 돌아가서 그곳에서 배우고 느꼈던 부분들을 바로 실행에 옮겨야 하겠다고 결심하였다. 새로운 변화를 팀원들에게 시도하였을 때 팀원들의 반응이 부정적인 피드백으로 돌아올 것으로 생각했고 혹시 다른 의도가 있지 않을까 수군거릴 것이 뻔하였다. 그래서 부정적인 피드백을 줄이기 위해서 교육과정에서 배운 선언의 힘을 시도해 보기로 하였다.

교육과정 속에서 배운 것들을 팀원들과 함께 나누며 앞으로 어떻게 팀을 위해서 행동을 할 것인지 선언하고 실행에 옮겼는데 역시 선언의 힘은 대단했다. 일하면서 부정적인 피드백보다는 팀원들이 하나로 뭉쳐서 문제를 해결하려고 노력하고 서로 경청하며 소통하려고 하는 변화된 모습을 느낄 수 있었고, 선언에는 힘이 있다는 것을 실천을 통해서 배울 수 있었다.

두 번째 통찰

"90점이면 당연한 점수잖아!"라고 하면 오산이다. 고객에게 100점이 당연한 점수이다. 천년기업가 만들기 프로젝트 1기 과정을 통해서 류호택 교수님과의 두 번째 만남이 시작되었다. 천년기업가 만들기 1기 NYME 회원님들과 함께 교육과정 동안에 서로 주제를 가지고 토론과 발표를 통하여 천년기업가 리더십의 방향타를 잡을 수 있도록 도전할 수 있게 만들었던 소중한 시간이 되었다.

4차 산업혁명 시대에 사는 우리는 너무나도 급변하는 시대에 살고 있다. 급변하는 시대에 살아가면서 제일 어려운 부분은 상대방의 관점에서 경청하지 않고 이해하려 하지 않으려는 부분이다. 서비스 부분에서 고객과의 견해 차이와 고객 만족은 앞으로도 꾸준히 노력해야 하는 부분이라고 생각한다.

고객이 원하는 고객 만족의 핵심은 무엇인가? 내가 일하는 자동차 서비스 업종에 고객 만족의 핵심은 고객 관점에서 이해하며 경청하려는 마음가짐이라고 생각한다. 물론 행동에 옮기기는 힘들겠지만, 고객은 그런 모습 속에서 감동하고 만족한다고 생각한다. 보이지 않는 것에 대해서도 고객은 우리의 마음과 모습을 읽을 수 있다. 실제 예를 들어 고객이 서비스를 받고 해피콜 전화를 받으면 안내원의 목소리만 들어도 상대방이 나의 말에 귀를 기울이고 경청하고 있는지 이해하려고 노력하고 있는지를 느낄 수 있다는 것을 우리는 잊지 말아야 한다.

세 번째 통찰

어떻게 하면 천년기업가 리더십의 해결책을 찾을 수 있을까? 서점에 가 보면 경영 리더십에 관한 다양한 책들이 무수히 많이 진열되어있는 것들을 볼 수 있다. 책의 내용을 보면 모두가 작가들의 성공 사례들이거나 유명한 학자들의 문헌들이 마치 모두가 Solution인 것처럼 글 속에 적혀 있다. 그리고 우리는 그 사람들이 했던 경험들을 똑같이 실행해 보려고 노력하지만, 생각처럼 잘되지 않는다. 오히려 실패하면 "나는 안돼! 그럼 그렇지, 내가 될 일이 있겠어!"라고 자책한다. 그러면서 "이건 이론일 뿐이야!"라고 하면서 나와는 맞지 않는다고 자신을 설득시킨다.

그렇다고 성공한 리더들의 경험이나 유명한 책 속의 문헌들은 다 쓸모없는 것일까? 아니다. 그건 결코 아니다. 단지 나는 자신에게 내재된 힘을 발견하려고 노력하기보다는 다른 사람의 모습을 모방하려고 애쓰고 행동한 것이다.

성공한 리더의 모습을 보면, 분명한 공통점을 발견할 수 있다. 그것은 모방이 아닌 모든 것을 배움과 동시에 자신만의 것을 만들어 낸 후, 자기를 믿고 끊임없는 도전정신으로 열정을 쏟아부어 실행에 옮겼기에 인정받는 리더가 됐다는 생각을 가진다.

실패한 리더는 언제나 남이 힘들게 얻은 것들을 쉽게 얻으려고 하거나 그것들을 모방하면서 마치 자기도 그 사람처럼 행동하면 성공한 리더가 될 수 있다는 착각에 빠지는 것을 볼 수 있다. 리더십 변혁에 실패하면 남 탓을 하면서 좌절하기보다는 자신에게 내재되어 있는 해결책을 발견하려는 노력이 필요하다.

천년기업 리더십의 해결책을 찾길 원한다면 배움을 통한 지식과 더불어 자기 자신을 신뢰하며 자기 자신의 내면에 내재된 해결책을 찾아 실행에 옮길 수 있다는 생각을 하고 노력하다 보면 어느새 천년기업 리더십도 발휘되고 천년기업도 만들 수 있지 않을까? 이는 천년기업 과정을 졸업하면서 작은 경험을 바탕으로 얻은 결론이기도 하다.

천년기업가 과정에서
천년기업 가능성을 보았다

이흥민

천년기업 리더십 1기 과정을 마무리하면서

'천년기업'이라고 말하는 것 자체가 수긍하기 힘들었습니다. 하루에도 수많은 기업이 파산하고 다시 생겨납니다. 우리나라 기업 역사가 짧긴 하지만 100년이 넘은 기업은 고작 10개에 불과합니다. 물론 이웃 나라 일본은 3만3천 개가 넘는다고 하지만, 그 역시 아직 300년이 넘는 기업은 많지 않습니다.

비약적인 의료기술의 발전으로 인류의 수명은 100세를 맞이하고 있는 데 반해, 기업들의 수명은 오히려 줄어들고 있습니다. 이처럼 급변하는 시대에 '천년기업'이라는 주제 자체가 의심스러움을 넘어 황당하기까지 하였습니다.

천년기업이 가능할까 하는 의문을 간직한 채, 천년기업가 과정에 참여하였습니다. 1년 동안 여러 분야를 주제로 서로 공부와 토론을 통하여 천년기업을 만들기 위해서 리더가 갖춰야 할 가장 중요한 요소 2가지를 발견한 의미 있는 시간이 되었습니다.

첫 번째, 천년기업 리더는 겸손해야 한다는 것입니다.

겸손한 사람은 교만하거나 오만하지 않습니다. 변화와 혁신만이 기업의 생존 발전을 위한 필수 요소라는 것은 모두가 공감하는 사실입니다. 그러나 그 변화와 혁신을 이끌어 가는 리더의 기본소양은 겸손해야 한다는 것입니다.

리더는 조직원들을 진심으로 섬겨야 하며, 고객은 가족처럼 생각해야 합니다. 성경 속에 등장하는 인물 중 민족과 나라를 이끌었던 아브라함이나, 모세 같은 탁월한 리더는 자신의 권위 아래 있는 사람들의 제안을 귀 기울여 들었습니다. 그들은 자신의 권위보다 높은 사람 의견에도 순종하고 겸손하게 받아들였습니다.

기업을 이끌어 가는 리더는 자신보다 더 좋은 아이디어를 제시하는 구성원에 대하여 직급에 상관없이 인정하는 겸손한 자세가 필요합니다.

최근 갑질 논란으로 순식간에 기업의 이미지가 심각하게 훼손되는 경우를 많이 접하게 됩니다. 겸손하지 못한 리더들의 실패 사례를 통해서 알 수 있듯이, 리더의 겸손한 자세야말로 장수기업으로 가는 기본적인 요소라 할 수 있습니다.

두 번째, 천년기업 리더는 뚜렷한 목표를 제시하고 지혜롭게 미래를 준비해야 한다는 것입니다.

현재 인류는 제4차 산업혁명이라고 하는 새로운 변화의 시대에 접어들었습니다. 다양한 분야가 서로 융합하고, 전에 없던 것들이 기술의 발전으로 새롭게 생겨나고 있습니다. 당연히 새로운 기회가 만들어지기도 하지만, 순식간에 사라지기도 합니다.

정보력과 자본력이 막강한 기업과 그렇지 않은 기업들의 양극화는 더욱 심해지고 있습니다. 새로운 변화를 예측하고 한 치 앞을 분간하기 힘겨운 시기에 리더들은 끊임없이 공부해야 합니다. 독서를 통하여 수많은 정보를 취득하고 직간접경험으로 통찰력을 겸비해야 합니다. 통찰력은 독서를 통한 사고력에서 파생됩니다. 또한, 관심의 영역을 확대하고, 사고의 폭을 확장해 지혜로운 의사 결정을 내리는 데 도움이 됩니다. 이를 바탕으로 리더는 지혜롭게 미래를 예측하고 구성원들에게 정확한 목표와 임무를 제시할 수 있어야 합니다.

지식은 시대에 따라 변하지만, 지혜는 시대를 관통하기 때문에 훌륭한 리더라면 지혜롭게 미래를 대비해야 합니다. 장수기업의 리더들은, 현재의 성과와 순간의 호황에 만족하지 않았습니다. 현실에 안주하지 않고 늘 미래를 생각하며 준비하였습니다.

천년기업 리더는 겸손한 자세로, 뚜렷한 목표를 제시하고 지혜롭게 미래를 준비하고 혁신해야만 합니다. 미래를 선도적으로 주도해야만 천년기업이 될 수 있을 것입니다. 그렇다고 오늘이 중요하지 않다는 말은 아닙니다. 오늘은 더 중요합니다. 단지 오늘의 이슈를 오늘뿐만 아니라 장기적인 관점에서도 바라봐야 한다는 말입니다.

구성원들이 정신적으로 행복해지고, 경제적으로 풍요로울 수 있도록 노력하겠습니다. 사회적 책임을 다하며 늘 봉사와 선교에 앞장서는 기업을 만들겠습니다. 배움의 기회를 주신 ㈜신일팜글라스 김석문 회장님과 가족 모두에게 감사의 마음을 전합니다.

조직은 절대
리더의 크기를 넘어설 수 없다

최익성

천년기업을 만들어 가는 리더의 책임과 역할

우리는 누구나 책임을 지고 있다. 특히 천년기업을 만들고자 하는 회사의 리더에게 주어진 책임은 막중하다. 리더십이란 권위나 자리가 아니라 책임과 역할을 말한다. 지도자가 되는 사람은 그 책임의 무게를 가벼이 여기지 않으며, 책임을 다해야 한다. 리더에게 권한 이전에 주어지는 것이 책임이다. 대통령 선서나 법관의 선서, 의사의 선서를 읽어보면 알 수 있다. 선서에는 "나에게는 어떤, 어떤 권한이 있다. 그러니 너희는 나를 따라야 한다." 라고 쓰여있지 않다. "나는 OOO의 책임이 있으며, 이 책임을 다할 것이다."라고 되어 있다. 리더가 된다는 것은 큰 책임을 진다는 것을 의미한다.

리더에게 있어 두 가지 책임은 업(業)의 안정에 대한 책임과 업(業)의 성장에 대한 책임이다. 책임이 무엇인지 인식하는 것보다는 중요한 것을 맡겨진 책임을 다하는 것이다. 이때 중요한 것은 안정과 성장에 대한 두 가지 책임의 균형을 유지하는 것이다. 또한, 상위 리더가 될수록 업(業)의 성장에 대한 책임으로 무게 중심을 이동해야 한다. 자신의 업무 중 절반 이상은 변화를 분석하고 불확실한 미래를 준비하는 데 바쳐야 한다. 탁월한 리더라면 외부의 변화가 초래할 미래의 모습에 더 많은 관심을 기울여야 한다.

책임을 다하지 않는 리더는 최악의 리더이다. 조직을 심각하게 만든다. 리더의 위치는 많은 것을 누릴 수 있다. 다른 사람보다 높은 수준의 연봉 높은 보수를 받고, 권위와 결정권을 가진다. 다른 사람들보다 사회적 위상을 가진다. 그런데 리더가 물러나고 난 다음 회사나 조직에 어려움이 발생한다면 그것은 잘못된 것이다. 물론 "있을 때만 잘 되면 되는 거 아닌가?" 라고 말할 수 있다. 있는 동안 잘하는 것 그것은 플레이어가 할 말이지 리더가 할 말은 아니다. '있는 동안 잘한다.'는 심리를 가진 사람은 리더의 자리에 앉지 않아야 한다. 리더의 자리에 올려서도 안 된다. 리더의 자리에 있다면 내려오라고 누군가 얘기해야 한다. 리더의 올바름이란 현재에 관한 것에도 미래에 관한 것에도 적용되어야 한다. 있는 동안에는 어떻게 해서든지 조직을 생존시키고 조금이나마 성장을 시켰는지는 모른다. 그러나 미래의 새로운 가치가 창출되는 것을 막아버렸다면 그는 최악의 리더이다. 리더로서 책임을 다하지 않은 것이다.

책임을 다하기 위해서 책임을 진 리더가 해야 할 질문은 두 가지이다.
"현재의 안정을 유지하기 위해 무엇을 해야 하는가?"
"불확실한 미래이지만 더 투자해서 성장을 도모하기 위해 무엇을 해야 하는가?"

두 가지 책임을 다하기 위해서 리더는 세 가지 역할을 완벽하게 한다. 일을 완벽하게 만드는 역할(Work Perfect), 사람을 관리하는 역할(People Management), 미래를 준비하는 역할(Value Creation)이 그것이다.

일을 완벽하게 만드는 역할이란 업의 안정에 대한 책임을 다하는 것이다. 일이 잘 돌아갈 수 있도록 해서 조직에 주어진 목표를 달성하는 것을 의미한다. 이를 위해서는 사람을 관리하는 역할을 해야 한다. 사람을 관리하는 역할이란 조직에 사람들이 들고, 나는 것, 그 과정에서 성장할 수 있도록 돕는 것을 의미한다. 사람을 관리하는 역할은 현재와 미래를 연결하기 때문에 중요하다. 리더와 플레이어는 다르다.

리더십의 반대말은 개인 공헌자(individual contributor)이다. 리더는 자신이 직접 그 일을 해서 성과를 내는 사람이 아니라 구성원의 마음을 움직여서 성과를 만들어내는 사람이다. 사람을 관리하는 역할은 그래서 중요하다. 이는 미래를 준비하는 역할과도 이어진다.

미래를 준비하는 역할이란 새로운 미래 가치를 만들기 위해서 노력하는 것을 의미한다. 단순히 시장의 추세를 파악하거나, 업계의 사람들을 만나는 것, 다른 업계의 사람을 만나는 것만을 의미하지는 않는다.

리더는 여유시간을 확보하고, 깊은 생각을 해야 한다. 리더가 리더다운 책임과 역할을 할 때 조직은 성장하는 법이다. 조직은 절대 리더의 크기를 넘어설 수 없다.

지속성장 가능한 천년기업의 비밀

천년기업가과정 참여자
플랜비디자인의 사례

플랜비디자인의 철학

플랜비디자인은 플랜비다운 철학을 가지고 있습니다. 여섯 명의 멤버가 함께하는 플랜비디자인은 플랜비다운 철학을 가지고 있습니다. 다음 내용은 구성원들과 함께 공유하며 외부에 공개하고 있는 플랜비디자인다움에 대한 글입니다.

플랜비디자인은 어떤 회사인가?, 기업의 철학은 어떻게 정리되고 연결돼야 하는가? 라는 관점으로 읽어보시면 좋을 듯합니다.

플랜비디자인의 사명은 세상과 사람을 향합니다. 플랜비디자인은 회사의 규모가 작을 뿐 철학이나 사람이 작은 회사는 아닙니다. 플랜비디자인은 세상에 긍정적 영향을 미치는 기업을 지향합니다. 그래서 우리는 우리에 대해서 정의하고, 우리가 하는 일에 대해서 정의하고, 우리가 일하는 방식에 대해서 정의하는 것에 한 치의 소홀함이 없을 것입니다.

플랜비디자인은 왜 존재하는가?

우리는 이 질문에 답할 수 있어야 합니다.

플랜비디자인은 개인과 조직이 더 중요한 일을 발견할 수 있도록 돕기 위해 존재합니다.

플랜비디자인은 개인과 조직이 더 중요한 일에 집중할 수 있도록 돕기 위해 존재합니다.

플랜비디자인은 개인과 조직이 더 중요한 일을 잘할 수 있도록 돕기 위해 존재합니다.

플랜비디자인의 비전은 무엇인가?

비전은 현재 우리의 모습이 아닙니다. 우리가 되었으면 하는 모습입니다. 지금 우리는 그 길을 향하고 있습니다. 리더십, 문화, 팀에 대한 일을 가장 잘하는 회사가 되고자 합니다.

구성원 관점의 비전

플랜비디자인은 구성원들이 좋은 회사라고 다른 사람에게 '자랑스럽게 말할 수 있는 회사'가 되고자 합니다.

플랜비디자인은 '인생에 한 번쯤 이런 회사에서 일하고 싶다'라는 말을 듣는 회사가 되고자 합니다.

플랜비디자인은 '직장인 연봉 상위 1%'가 아깝지 않다는 생각으로 지급하는 회사가 되고자 합니다.

고객 관점의 비전

플랜비디자인은 '그들과 일하면 확실히 다르다'라는 말을 듣는 회사가 되고자 합니다.

플랜비디자인은 '사람과 조직에 대한 고민이 시작되었을 때 가장 먼저 떠오르는 회사'가 되고자 합니다.

플랜비디자인은 '프로젝트를 가장 잘 수행하는 회사'가 되고자 합니다. 이를 통해 플랜비디자인은 '천년기업'이 되는 초석을 갖출 것입니다. 단기적으로는 최고의 교육 프로그램을 설계/개발하여 2020년 미국에서 열리는 ATD에서 발표할 예정입니다. 이때 플랜비디자인 멤버 모두가 함께 참여하고, 해외 워크샵을 가질 예정입니다.

플랜비디자인의 목적이 있는 전진

스타트업에게 있어 현금은 산소와 같습니다. 비즈니스가 유지되려면 수익을 내야 한다는 말은 옳은 것입니다. 그렇다고 비즈니스의 목적을 수익이라고 할 수는 없습니다. 살기 위해서는 공기와 물, 음식 등이 필요합니다. 하지만 인생을 사는 목적이 숨을 쉬고, 물을 마시고, 음식을 먹는 데 있는 것은 아닙니다. 인간에게는 기본적인 생존의 행위를 넘어 더 풍부하고 심오한 삶의 이유가 있습니다. 마찬가지로 비즈니스도 의미 있는 목적이 있어야 합니다.

플랜비디자인은 미션에 집중하고 있을까요?

사업은 이루고자 하는 목적을 잊지 않는 것과 유지를 위해 어쩔 수 없이 해야 하는 것 사이에서 열심히 줄타기하는 행위라고 생각합니다. 이루고자 하는 목적만 생각하고 달렸다가 무산소증에 걸려 갈수록 발걸음이 무거워지고 어느새 멈추게 되겠죠. 반면에 어쩔 수 없이 해야 하는 것만을 하다 보면 처음 생각했던 바와는 너무 다른 방향으로 가고 있는 플랜비디자인을 보게 될 것입니다.

수영하고도 비슷합니다. 가끔 나와서 숨을 쉬지 않으면 물속으로 영영 가라앉지만 위로 올라와서 숨만 쉬다가는 앞으로 나갈 수 없이 숨만 쉬는 게 되어버리니 말이죠. 그래서 플랜비디자인은 균형을 잡으면서 앞으로 나아가려 합니다.

플랜비디자인은 어떤 문화를 가지고 있는가

플랜비디자인은 수평적이고, 플랜비디자인은 자율적이며, 플랜비디자인은 원칙을 지키는 문화는 가지고 있습니다. 우리가 얘기하는 수평

은 인간을 인간답게 대하는 것을 의미합니다. 우리는 상대의 나이, 경험, 지식을 떠나 인간의 현명함을 믿습니다. 우리는 어느 누구도 상대에 의견을 막을 권리를 가지고 있지 않다는 것을 믿고, 그렇게 행동하기 위해 노력합니다. 이것이 우리가 말하는 수평입니다.

우리가 자율적이라는 것은 판단과 의사결정을 본인이 할 수 있다는 것을 의미합니다. 우리는 철저하게 본인의 판단과 결정을 존중합니다. 어떤 일이든 오너가 정해지면 우리는 오너의 판단과 결정을 따르기 위해 노력합니다. 우리가 말하는 자유로움은 개인 존재 자체를 인정하는 것이며, 개인이 스스로 많은 것을 할 수 있고, 해낼 수 있도록 하는 것이며, 결국 해내야 한다는 것을 의미합니다.

우리가 원칙을 지킨다는 것은 변하지 않는 가치와 기본들을 중요하게 생각하고 지켜나가기 위해 노력한다는 것을 의미합니다. 우리는 일을 대하는 방식에 대한 원칙, 사람을 대하는 방식에 대한 원칙을 가지고 있습니다. 이 기본 원칙을 기반으로 우리의 약속과 행동 규범은 더욱 견고하고, 강력해지기 위해 노력합니다. 이것은 우리를 옥죄는 것이 아니라 우리를 더 자유롭게 하는 것임을 잘 알고 있습니다.

다시 말해, 권한과 책임이 플레이어에게 있고, 철저하게 원칙을 지키는 것이 우리가 말하는 수평적이고, 자유로우며, 원칙을 지키는 문화입니다. 우리는 수평, 자율, 원칙이 말만 좋은 허울에 지나지 않게 만들기 위해 노력합니다. 우리는 각자의 일에서 최선을 다하는 것이 우리의 수평과 자율 그리고 원칙을 지키는 것이라는 것을 잘 알고 있습니다. 지금 우리의 노력은 플랜비디자인의 문화를 유지하게 하고, 10년 후, 20년 후 그리고 우리가 없을 100년 후에도 플랜비디자인이라는 위대한 조직을 존재하게 만드는 기반이 될 것입니다. 이를 통해 많은 조직에 본이 되고, 많은 사람이 우리를 통해 배우고 성장하게 될 것입니다. 그

것이 우리가 수평, 자율, 원칙의 문화를 소중하게 생각하는 이유입니다. 우리는 사람과 조직이 더 중요한 일을 발견할 수 있도록 돕는 사람이고, 조직이기 때문입니다.

플랜비디자인이 조직으로서 가지고 있는 핵심역량

플랜비디자인은 연결에 강합니다. 사람과 사람, 사람과 조직, 조직과 조직, 일과 일을 연결하여 새로운 가치를 창출합니다.

플랜비디자인은 뛰어난 수용력을 가지고 있습니다. 고객의 니즈에 부합하고, 훌륭한 콘텐츠와 좋은 파트너를 발굴하기 위하여 다양성을 존중하고 빠르게 수용합니다.

플랜비디자인은 빠른 실행력을 가지고 있습니다. 한발 빠른 실행력으로 더 큰 성과를 창출합니다.

플랜비디자이너는

플랜비디자이너는 자신이 가지고 있는 다양한 경험과 지식, 정보와 네트워크를 계속해서 활용할 수 있는 능력을 갖춘 사람입니다. 따라서 우리는 각자가 가진 다양성을 존중합니다. 플랜비디자인은 플랜비디자이너 개인의 정서적 행복과 물질적 행복을 얻도록 하는 것을 가장 중

지속성장 가능한 천년기업의 비밀

요한 지향점으로 두고 있습니다. 플랜비디자인은 투쟁적 치열함으로 사회에 이바지할 것이나 이 과정에서 플랜비디자이너 개인의 행복과 안정을 담보로 희생을 강요하지 않을 것입니다.

플랜비디자인이라는 기차에 함께 타는 사람들은 이래야 합니다

무언가(교육)를 제공하는 것으로 인재상이 갖춰지지 않습니다. 이미 그래야 합니다. 그래서 우리는 다음 5가지를 가지고 있는 사람과 함께 가는 것을 중요하게 생각합니다. 만약 흔들림이 있다면 정중하게 "내려주시겠어요?"라고 말할 수 있는 조직을 지향합니다. 이건 근로자 보호나 노동법을 의미하는 것이 아닙니다. 다양성을 존중하지 않는다는 것도 의미하지 않습니다. 단지 우리가 가장 중요하게 생각하는 것에 대해서 공감하고, 이해하고, 그렇게 행동하기 위해 노력하는 것을 의미합니다.

이것은 우리의 핵심가치이며, 핵심가치를 품은 사람은 우리의 인재입니다. 우리의 핵심가치를 믿고, 행동으로 옮기는 사람 그것이 가장 플랜비디자이너다운 사람입니다. 가장 플랜비디자이너다운 사람은 우리가 모두 존경하는 사람입니다. 그 사람을 우리는 플랜비디자인의 핵심 인재라고 부릅니다.

■ 진정성

플랜비디자이너는 선한 사람입니다. 인간에게는 선함이 있고, 선함이 악함을 이긴다는 사실을 믿기 위해 노력하는 사람입니다.

■ 인간가치존중

플랜비디자이너는 사람의 가능성을 믿는 사람입니다. 다른 사람의 생각, 행동에 대해서 관대함을 가지기 위해 노력하는 사람입니다.

■ 자율성

플랜비디자이너는 자율적인 사람입니다. 스스로 판단하고, 결정하고, 행동하기 위해 노력합니다. 자신의 행동에 대한 책임을 다할 줄 아는 어른입니다.

■ 도전

플랜비디자이너는 도전하는 사람입니다. 안 하던 행동, 안 하던 생각, 안 가지던 느낌을 가지기 위해 노력하는 사람입니다. 하던 행동, 하던 생각, 익숙한 느낌을 안 하고, 안 가지기 위해 노력하는 사람입니다.

■ 열정

플랜비디자이너는 열정적인 사람입니다. "해 보겠다."가 아니라 '행동하는' 사람입니다. 꾸물대지 않고 움직이는 사람입니다. 시작하면 그 행동이 다음 행동을 결정해 준다는 것을 믿고 움직이는 사람입니다.

플랜비디자인에서 함께할 사람을 모시는 방법

1차 면접은 지원자가 대표에게 다섯 가지의 질문을 하고 대표는 지원자의 질문에 대해서 답변합니다. 90분 동안 진행합니다. 이때 질문은 가장 중요한 질문을 1번으로 해야 하며 그 후에도 중요도에 따라 질문을 배치해야 합니다. 질문 이후 대표가 답변합니다. 마지막으로 질문 내용 중에 부족한 것이 있으면 추가 질문 1개를 더 할 기회를 드립니다.

플랜비디자인이 질문을 받고 답변을 하는 방식을 활용하는 것은 지원자가 대표의 답변을 통해 회사의 철학, 스타일, 일하는 방식을 이해하고 함께하고 싶은 회사인지 판단할 기회를 제공하기 위함입니다. 또한, 지원자에게 2차 면접 참여 결정권을 드려 지원자의 시간 낭비를 최소화하는 배려이기도 합니다.

2차 면접은 함께 일할 구성원들과 90분 정도 자유롭게 대화를 나누는 미팅 방식으로 진행됩니다. 함께 팀을 이루어 일할 수 있는 사람인지 서로 생각할 기회를 제공합니다. 이때 실무적으로 본인이 역량을 어필해주셔야 합니다. 왜냐하면, 2차 면접에서는 팀워크, 실무전문성, 빠른 업무 적응 가능성을 판단하기 때문입니다. 2차 면접 이후 구성원들의 의견을 들어서 최종 합류 결정을 합니다. 물론 진짜 최종 결정은 언제나 지원자가 하는 것입니다.

함께 할 기간을 미리 말씀해주셔야 합니다. 예를 들면 다음과 같습니다.

"저는 5년 동안 플랜비디자인과 함께할 계획입니다. 이 기간 동안 ~ ~에 공헌하겠습니다. 1년 차에는 00을, 2년 차에는 00을, 3년 차에는 00을, 4년 차에는 00을, 5년 차에는 00을 공헌하고 플랜비디자인을 떠날 수 있도록 노력하겠습니다. 그리고 저는 플랜비디자인을 통해서 OOO, OOO, OOO 능력을 길러서 나가고 싶습니다. 왜냐하면, 5년 후에 ～ ～～ 어떤 일을 할 계획이기 때문입니다. 5년 후 저의 플랜비를 위해서 회사가 많이 도와줬으면 합니다."

플랜비디자이너에게 일과 공간에 대한 원칙

플랜비디자이너에게 일이란 특정 시간에 특정 장소에서 있는 것이 아니라 어떤 결과를 만들기 위해 무언가를 하는 것을 의미합니다. 우리는 때로 카페에서 일하고, 때로는 집에서 일하고, 때로는 다른 회사의 사무실에서 일하고, 때로는 공원에서 일하고, 때는 길 위에서 일합니다. 일은 시간과 공간의 개념이 아니기 때문입니다. 우리는 자유롭게 일하고 결과에 대한 책임을 집니다. 우리는 자율과 책임의 가치를 믿으며, 상대방의 자율과 책임에 대해서도 믿으려 노력합니다.

* 주 30시간 근무: 계약서상 출퇴근 시간은 10시 ～ 5시입니다. 철저하게 자율로 운영됩니다. 자율은 과정과 결과에 대한 책임을 의미합니다. 우리는 전문가 대 전문가로 일합니다. 전문가는 과정과 결과로 자신을 증명하는 사람입니다. 회사에 출근하는 것을 의미하는 것이 아닙니다. 온전히 집중해서 자기 일을 하고, 결과를 만드는 것, 그리고 그 결과에 책임을 지는 것을 의미합니다.

지속성장 가능한 천년기업의 비밀

** 무조건 7일 휴가 제도 운용: 연차는 7일을 연속으로 사용해야 합니다. 그래야 제대로 쉬니까요. 나머지 연차는 필요할 때 사용할 수 있습니다. 휴가는 승인받는 것이 아니라 통보하는 것입니다. 휴가의 권리는 휴가자 본인에게 있으니 누구의 허락도 받지 않습니다. 본인 쉬고 싶을 때 팀 달력에 자연스럽게 입력하면 됩니다. 그냥 입력하면 됩니다. 대표나 리더에게 말하지 않습니다. 본인 일정은 본인이 관리하는 것입니다. 입력만 최소 1개월 전에 하면 됩니다. 7일 연속 휴가는 2개월 전에 입력합니다. 아침에 일어났는데 회사 가고 싶지 않다거나, 아픈 경우는 휴가를 사용해도 됩니다. 철저하게 본인이 판단합니다.

플랜비디자이너의 일하는 방식

플랜비디자이너는 숫자로 말합니다.

무엇을, 언제까지, 얼마 만큼에 대해서 명확하게 말합니다.

플랜비디자이너는 다른 사람을 궁금하게 하지 않습니다. 궁금하게 만들었다면 이미 진 것입니다.

플랜비디자이너는 무조건 약속을 지킵니다. 지키지 못할 약속은 하지도 않습니다.

플랜비디자이너는 회의를 할 때

회의를 컨설팅하는 회사다워야 합니다. 그러기 위해서 우리는 더 좋은 아이디어가 이긴다는 것을 믿기 위해 노력합니다.

우리는 의견과 싸우지 사람과 싸우지 않기 위해 노력합니다.
우리는 인간의 현명함을 믿기 위해 노력합니다.
우리는 어느 사람도 타인의 생각을 막을 권리를 가지고 있지 않다는 것을 잊지 않기 위해 노력합니다.
우리는 생각하고, 적고, 표현하고, 들어야 할 책임감과 의무감을 가지고 행동해야 함을 알고, 그렇게 행동합니다.

플랜비디자이너들의 행동에 대한 구체적인 약속

작은 행동으로 우리는 타인으로부터 평가받고, 평가하기도 합니다. 플랜비디자이너다운 행동에 대해서 그때그때 구체화해나가고 있습니다. 아래 내용은 최근까지 작성한 내용입니다.

플랜비디자이너가 일할 때 수신 여부를 상대에게 알려주는 것은 "수신했습니다. 알겠습니다. 네." 등이 아니어야 합니다. 플랜비디자이너의 수신 여부는 "당신의 의견을 이해했습니다. 내 의견을 이렇고('저는 조금 다릅니다'에 대한 의견 포함), 저는 이렇게 움직일 계획입니다."라는 앎과 행동에 대한 두 가지를 포함해야 합니다.

지속성장 가능한 천년기업의 비밀

플랜비디자이너는 그 사람이 고객이든, 파트너이든, 같은 플랜비디자이너이든 상관하지 않고 사람을 대하는데 차이를 두지 않으려 노력합니다.

플랜비디자이너는 '정성에 지나침은 없다.'는 생각을 가지고 사람과 일을 대합니다.

플랜비디자이너는 뭔가 문제가 껄끄러워지면 문자나 메일을 보내지 않고 통화합니다. 문제가 더 껄끄러워지면 얼굴 보고 대화를 합니다.

플랜비디자이너에게 필요하면서 중요한 덕목 중 하나는 긍정입니다. 우리가 지나친 조바심을 하게 되면 우리가 만나는 조직과 조직의 구성원들을 피폐하게 만들 수 있습니다. 그렇다고 해서 우리의 긍정이 무비판적 낙관을 의미하지는 않습니다. 플랜비디자이너의 긍정은 비판적 낙관입니다. 상황에 대한 깊은 인식과 통찰로부터 나오는 긍정입니다.

플랜비디자이너는 최고의 플레이어입니다. 다방면에 관심을 두고 거부감 없이 일합니다.

플랜비디자이너는 모호한 상황을 개의치 않는 사람입니다. 우리가 하는 일은 깔끔하게 정리·정돈되어 처리되지 않는다는 것을 잘 알고 있습니다. 변화구가 날아올 때 당황하지 않고 대응할 수 있는 사람입니다.

플랜비디자이너는 제멋대로 행동하는 사람이 아니라 팀 플레이어를 합니다.

플랜비디자이너라면 꼭 답해야 하는 7가지 질문

플랜비디자이너는 다음 7가지 질문에 대해서 답을 해야 합니다.

■ 플랜비디자이너라면 답할 수 있는, 반드시 답해야 할 질문 7가지

Q1 플랜비디자이너의 한 사람으로서 당신에게 플랜비디자인의 미션은 어떤 의미인가요?

Q2 당신이 가장 중요하게 생각하는 가치는 무엇인가요? 그 가치와 플랜비디자인의 철학은 어떻게 연결되어 있나요?

Q3 일에 대한 질문입니다.
- (What) 당신이 하는 일은 무엇인가요?
- (How) 어떻게 하면 그 일을 잘할 수 있나요? 비슷한 일을 하는 사람이 당신에게 질문한다면 어떻게 말씀하시겠습니까?
- (Why) 플랜비디자인에서 당신이 하는 일은 어떤 가치를 가지고 있다고 정의하시나요?
- (Big Question) 당신에게 일은 무엇을 의미하나요(일 자체가 의미하는 바입니다.)?

Q4 플랜비디자이너들이 타인을 대할 때 해야 할 태도에 대한 원칙을 만든다면. 어떤 내용이 포함되어야 할까요? 예) 우리는 상대에게 더 관대해지기 위해 노력합니다. 플랜비디자이너는 사려 깊은 사람입니다.

Q5 플랜비디자인이 사라졌을 때 우리의 고객들이 슬퍼할 이유를 어떻게 정의하면 좋을까요?

Q6 플랜비디자이너로서 바로 눈앞의 목표는 무엇이고, 이를 위해 무엇을 할 계획인가요?

Q7 당신의 5년 후와 당신의 목표를 위해 지금 당신은 무엇을 하고 있습니까? 그리고 플랜비디자인과 대표를 제대로 활용하고 있습니까? 대표가 도와야 할 것은 무엇입니까?

천년기업가 과정
참여자 선언

■ 질문

① 어떤 신념과 원칙을 가지고 있습니까?

② 어떤 일을 합니까?

③ 무엇을 가치 있게 생각합니까?

④ 어떤 사람으로 기억되고 싶습니까?

⑤ 앞으로 무엇을 할 계획입니까?

류호택
천년기업 경영원 대표

1. 어떤 신념과 원칙을 가지고 있습니까?

만권의 책을 읽고 천년기업가를 양성하여 인류사회에 공헌하겠다는 신념과 원칙으로 코칭과 강의와 상담을 하면서 오늘이 마지막 날인 것처럼 중요한 것을 실천하면서 살고 있지만, 영원히 살 것처럼 여유도 가지면서 날마다 최대한 멋있게 살려고 노력하고 있습니다.

2. 어떤 일을 합니까?

인류사회에 공헌하는 사람이 되기 위하여 천년기업가를 양성하고, 코칭과 강의를 통하여 사람들의 운명이 바뀔 수 있도록 성심껏 헌신하는 일을 하고 있습니다.

3. 무엇을 가치 있게 생각합니까?

진정성 있게 사람을 대하며, 시간을 낭비하지 않고, 이웃과 함께 성장할 수 있는 일을 실천하기 위해, 오늘 하루 최선을 다하는 것을 가치 있게 생각합니다.

4. 어떤 사람으로 기억되고 싶습니까?

자신의 성장은 물론 다른 사람의 성장을 지원하기 위해 최선을 다했던 사람으로 기억되고 싶습니다.

5. 앞으로 무엇을 할 계획입니까?

더 많은 천년기업가를 육성하여 인류사회에 공헌하고, 코칭을 통하여 많은 사람이 자신의 잠재력을 최대한 활용할 수 있도록 지원할 것입니다.

김선희

(사)한국식품기술사협회 임원

1. 어떤 신념과 원칙을 가지고 있습니까?

나는 새로운 것을 도전하고 배우고 학습하다 보면 삶 속에서 어느 날 소리 없이 찾아오는 기회를 마주할 때가 종종 있습니다. 그래서 나는 아직도 꿈을 꾸고 도전하는 것이 아닐까? 생각합니다

현재도 히브리어를 배우며 또 내일에 도전하고 있습니다. '두려워하지 않고 스스로 포기하지 않는 한 불가능은 없다.'라는 신념을 갖고 오늘 하루도 꿈 너머의 꿈을 향해 걸어가고 있습니다.

류호택 박사님이 도전하고 계시는 천년기업가의 꿈도 반드시 이루어 질 것으로 나는 믿고 천년기업가의 사고와 행동과 실천이 세상을 변화 시킬 것으로 확신합니다.

2. 어떤 일을 합니까?

기업부설연구소에서 14년을 넘게 근무하였고 현재는 식품기술사로 활동하고 있습니다. 바빠진 현대인들의 식생활 추세가 가정식에서 외식으로 바뀌어 가면서 점점 식품제조가공업체의 역할이 사회적으로 커

지고 있고 국민의 건강과도 밀접한 관계에 있다고 말할 수 있습니다.

가족의 건강을 생각하는 어머니의 마음이 이제는 대량으로 생산하여 공급하고 있는 기업과 외식을 운영하는 분들의 도덕적 책임으로 이동된 이 시기에 천년기업가의 마인드를 갖고 사람의 생명을 존중하는 사회적 기업이 생존할 수 있기를 희망합니다.

3. 무엇을 가치 있게 생각합니까?

고대 그리스 의학의 시조인 히포크라테스가 '음식으로 못 고치는 병은 의사도 못 고친다.'고 했으며 고대 중국에서는 '올바르게 식사하면 병들지 않는다. 병은 식사로 바로잡고 그래도 낫지 않을 때는 약을 쓰면 된다.'고 하는 '의식동원(醫食同源)'이란 고사성어가 있습니다.

허준의 동의보감에서는 '먹는 것이 바르지 못하면 병(病)이 생기고, 병이 생겨도 식(食)을 바르게 하면 병(病)이 낫는다'는 약식동원(藥食同源)의 의미를 말하고 있습니다. 이처럼 선(善)한 음식의 가치는 사람의 생명과도 같다고 할 수 있으므로 그 일을 추구하는데 가치를 두고 있습니다.

4. 어떤 사람으로 기억되고 싶습니까?

신념과 원칙을 실행하며 사람들에게 함께 가치를 나누는 사람이 되고 싶습니다.

5. 앞으로 무엇을 할 계획입니까?

천년기업의 정신과 뜻을 키워 실천할 것이며 주변 사람들과 자녀들에게도 천년기업의 리더가 되어 꿈을 이루어 가도록 선한 영향을 줄 것이고 건강한 먹거리 제공을 위해 그곳에 가치를 두고 일할 것입니다.

김재중 Jerome
SK주식회사 수석

　우리 삶이 오늘보다 내일 더 윤택해질 수 있게 단순 반복적인 일들을 IT를 활용하여 개선하고 비효율적인 일을 개선하기 위해 정보통신을 전공하고 끊임없이 탐구하며 업무에 임하고 있습니다.

　역지사지(易地思之) 자세로 항상 상대방의 처지에서 생각하고 배려하며 경청하고자 노력하고 있으며, 삶의 좌우명인 '코람데오(Coram Deo)' 정신으로 항상 저와 함께하시는 하나님을 신뢰하고 주 앞에서만 아니라 모든 사람 앞에서도 동일한 믿음을 지켜나가는 삶을 살아가고자 합니다.

1. 어떤 신념과 원칙을 가지고 있습니까?

아는 것을 그대로 실천하는 삶을 사는 것이 삶의 신념입니다. 상대방의 이야기를 진정으로 경청할 줄 알고 진정성 있는 공감으로 같이 고민합니다. 모든 일은 고민하고 또 고민하고 고민하면 해결하지 못하는 건 없다는 것을 원칙으로 삼고 있습니다.

2. 어떤 일을 합니까?

우리의 삶이 더욱 윤택하게 살 수 있는 일, 우리의 삶 속에 비효율적 부분을 개선하는 일, 누군가에게 조금이라도 도움이 되는 일 들을 찾아서 하고 있습니다. SK주식회사 소속으로 SK하이닉스에서 DB 총괄 업무를 수행하고 있으며 반도체 생산을 위한 자동화 시스템이 안정적으로 운영되어 양질의 반도체가 생산되고 그 반도체가 인간의 삶에 도움을 줄 수 있도록 작은 도움을 주고 있습니다.

3. 무엇을 가치 있게 생각합니까?

모두가 행복해질 수 있는 삶을 모두 함께 만들어 가야 한다고 생각합니다. 철새들도 혼자서는 멀리 갈 수도 빠르게 갈 수도 없습니다. 함께 가야 멀리 가고 빠르게 갈 수 있습니다. 모두 같은 방향으로 함께 간다면 모두 더욱 행복해질 수 있을 것으로 생각합니다.

4. 어떤 사람으로 기억되고 싶습니까?

말과 행동이 일치하며 정직한 삶을 살아가기 위해 끊임없이 노력하는 사람으로 기억되길 원합니다.

지속성장 가능한 천년기업의 비밀

5. 앞으로 무엇을 할 계획입니까?

　주변의 많은 사람이 더욱 행복해질 수 있도록 스스로 행복을 찾아갈 수 있도록 도움을 줄 수 있도록 하고자 합니다. 사회적 문제를 조금이라도 해결하는 데 도움을 줄 수 있는 회사를 운영하고자 합니다. 정부와 모든 기업이 모두 합심하면 더욱 행복한 사회를 만들어 갈 수 있으리라 생각합니다. 천년기업가 정신으로 회사를 운영한다면 천 년 이상 갈 수 있는 회사가 우리나라에서도 나 올 수 있지 않을까? 조심스럽게 즐거운 상상을 해 봅니다.

박성희
마음의 숲 대표

마음의숲 대표 박성희입니다. 대학원에서 함께 공부하고 마음의 숲에서 교육과 컨설팅을 함께한 인연으로 '친년기업가' 과정에 함께 하게 되었습니다. 항상 열정적이고 '불가능한 것에 도전하라!'라는 선배님의 말씀이 기억에 남습니다.

1. 어떤 신념과 원칙을 가지고 있습니까?

사람들은 모두 행복할 권리가 있고, 그 무엇보다 자신의 내면의 목소리와 욕구를 충실하게 따르며 자신이 원하는 삶을 살아야 한다고 생각합니다.

2. 어떤 일을 합니까?

사람들이 좀 더 건강하고 행복한 삶을 사는데 이바지하는 상담과 교육업무를 하고 있습니다.

3. 무엇을 가치 있게 생각합니까?

소소하지만 소중한 일상을 잘 살고, 하면 기분 좋은 일을 하며, 자신이 원하는 삶을 사는 것입니다. 사람들과 힘을 합쳐서 함께 일하며, 그 일을 통해 보람과 재미를 느끼고, 다른 사람들에게 도움을 주는 것입니다.

4. 앞으로 무엇을 할 계획입니까?

지금은 회사를 잘 성장시키는 것이 중요합니다. 기존에 하던 일, 늘 하는 일에서 좀 더 나아가 세상에 없는 새로운 일에 도전하고, 세상에 존재하는 것들을 유기적으로 연결하고. 새로운 관점을 더해 좀 더 창의적이고 재밌고 신나는 일을 기획하고 만들어 갈 것입니다.

우리가 하는 일은 사람들이 좋아하고 재밌어하며, 성장과 치유에 도움이 되는 일입니다.

그리고 회사를 잘 운영할 수 있는 후계자를 키우고 싶습니다.

자연과 사람을 벗하며 그 속에서 영적인 일체감과 감동을 느끼며 살고 싶습니다.

5. 당신에게 마음의 숲은 어떤 조직입니까?

어쩌다 보니 너무 사랑하게 되었습니다.

적당한 거리를 두고 사랑하겠습니다.

개인과 고객, 회사와 사회의 행복과 성장에 기여하는 조직이 되었으면 합니다.

그리고 천년 후에도 계속 성장하는 회사로 키워 나가겠습니다.

엄상경 Bruce
SK주식회사 수석

LG반도체에서 사회생활을 시작하였고, 현재는 SK주식회사 소속으로 SK하이닉스에서 시스템 관리업무를 하고 있습니다. 좋아하는 작가 책 보기, 좋아하는 가수 음악 듣기, 스포츠 특히 축구와 골프에 관심이 많으며, 천년기업가, 리더십, 리더의 역할과 책임에 관심이 많습니다. 특히 천년기업 만들기, 천년기업의 리더십을 주제로 공부 중입니다. 앞으로 글쓰기 방법을 공부하여 나만의 책 쓰기에 도전하고 싶습니다.

1. 어떤 신념과 원칙을 가지고 있습니까?

어떤 일, 관계, 조직에서도 사람이 가장 중요하고 변화시킬 수 있다고 믿으며, 열정과 도전정신을 가지고 행동하고자 노력합니다.

지속성장 가능한 천년기업의 비밀

2. 어떤 일을 합니까?

현재는 정보시스템의 서비스를 위한 시스템 인프라에 대한 설치, 운영, 관리업무를 수행하는 시스템 관리자의 역할을 하고 있습니다. 천년기업가의 역할을 할 수 있도록 리더, 리더십, 경영에 대한 학습하고 있습니다. 나만의 책 쓰기에 도전하기 위한 글쓰기 방법을 공부하고 있습니다.

3. 무엇을 가치 있게 생각합니까?

'비가 올 때까지 지내는 인디언들의 기우제 염원은 반드시 이루어진다.'는 것과 같이 무엇이든지 끊임없는 노력은 결과를 가져온다는 것을 믿으며, 이러한 사람의 노력을 가치 있게 생각합니다.

4. 어떤 사람으로 기억되고 싶습니까?

내 아이들뿐만 아니라 많은 사람에게 좋은 영향을 줄 수 있는 사람으로 기억되고 싶습니다.

매일 새로워지기 위해 노력하는 사람으로 기억되고 싶습니다.

5. 앞으로 무엇을 할 계획입니까?

천년기업 리더십에 대한 학습을 통해 천년기업가가 되기 위해 노력할 것입니다. 글쓰기 방법을 공부하여 나의 아이들이 알면 좋은 것과 알아야 할 그것에 관한 책을 쓰고 싶습니다.

이대우 Yabez
CS consultant / 자동차 정비 기능장

자동차 정비 기능장으로 25년 동안 자동차 정비업계에 몸담고 있으며 현재는 수입 자동차 회사에서 Workshop Controller 업무를 하고 있습니다.

1. 어떤 신념과 원칙을 가지고 있습니까?

끝날 때까지는 끝난 것이 아니다.

조직 구성원들이 하나의 목표를 가지고 도전하는 과정에서 어려운 문제에 봉착할지라도 서로 무한한 신뢰와 믿음을 주며 포기하지 않는다면 목표를 이룰 수 있을 것이라는 게 저의 신념이며 원칙이기도 합니다.

말보다는 행동으로 성실히 살아가기 위해 하루하루 최선을 다해 노력하고 있습니다.

2. 어떤 일을 합니까?

회사에서 조직의 구성원들이 각자 주어진 중요한 일에 효율적으로 집중할 수 있도록 도와주는 일을 하고 있으며 CS를 통한 고객의 만족도와 충성고객 유지 수준을 증대시키기 위해서 노력하고 있습니다.

3. 무엇을 가치 있게 생각합니까?

'나와 함께하는 사람들을 소중히 여기고 그들과 함께 배우기를 힘쓰며 천년기업가를 꿈꾸는 리더로써 동반 성장할 수 있도록 섬기는 삶에 가치를 두고 있습니다.

4. 어떤 사람으로 기억되고 싶습니까?

어떤 어려운 일이든 포기하지 않고 끝까지 도전하는 것을 게을리하지 않는 사람 작은 것이라도 신뢰를 중요시하는 사람으로 기억되고 싶습니다.

5. 앞으로 무엇을 할 계획입니까?

우리가 서로 다름을 인정하고 어떻게 하면 일에 집중할 수 있도록 도움 줄 수 있는지 노력할 것입니다. 고객의 서비스 가치를 소중히 여기며 설득하기보다 인정하고 문제를 해결하기 위해 노력할 것입니다.

천년기업가 리더의 역량을 키우기 위해 낮은 자세로 배우고 실천하는 데 노력할 것입니다.

이지미

한국엠에쓰씨소프트웨어 이사

1. 어떤 신념과 원칙을 가지고 있습니까?

저는 오늘을 눈부신 하루를 만들기 위해 최선을 다하며 살고 있습니다. 저와 함께하는 사람들이 저와 함께하면서 그들의 숨겨진 장점을 찾고 삶의 긍정적인 에너지로 충만하게 되기를 바랍니다. 삶의 책무는 제가 살아가는 이 사회가 더 나은 사회가 되는데 이바지할 수 있도록 최선을 다해야 한다고 믿습니다.

2. 어떤 일을 합니까?

기계공학 관련의 시뮬레이션 소프트웨어를 판매하는 회사에서 경영진의 Business Partner로써 회사의 성장과 조직 구성원의 성장을 어떻게 도울 수 있을까 고민하며, 또한 회사가 안정적으로 운영될 수 있도록 재원 관리에도 힘쓰고 있습니다.

3. 무엇을 가치 있게 생각합니까?

모든 사람은 옳습니다. 다만 우리가 그 사람의 행동 원인과 배경을 알지 못할 뿐입니다. 소통으로 서로에 대한 이해와 공감을 바탕으로 우리가 속한 사회가 더 나은 곳이 되기 위해 배움과 실천을 통해 이바지해야 합니다.

4. 어떤 사람으로 기억되고 싶습니까?

통찰력이 있어 이면에 감춰진 문제를 파악하여 그것을 해결하기 위해 노력하는 사람. 주변인으로부터 함께 해 긍정적인 에너지를 갖게 되고 더 많은 것을 깨닫고 할 수 있게 되었다는 이야기를 듣고 싶습니다.

5. 앞으로 무엇을 할 계획입니까?

조직 구성원의 성장을 위한 프로그램에 좀 더 신경을 쓰고 싶습니다. 그리고 우리 회사가 저를 비롯한 속한 사람들이 출근길의 발걸음이 가볍게 될 수 있고, 인생의 자랑스러운 회사로 자리매김할 수 있도록 회사의 조직문화 개선에 집중하고 싶습니다. 또한, 시스템의 부재로 인해 더 이상 사회적 재난이 발생하지 않도록 제도화하는 데 힘쓰도록 하겠습니다.

이흥민

㈜뉴본인터내셔널 대표이사

2010년 5월 처음 경험한 전국경제인연합회 조찬모임 풍경에서, 세계적인 기업을 만들고 글로벌 기업가가 되겠다는 목표를 정하였습니다.

예술경영(ART MBA)을 공부하였고, 모든 영역에 감성 Design을 중요하게 생각하고 있습니다.

의료, 제약, 화장품 용기 제조 및 부자재 유통 사업을 하고 있습니다.

1. 어떤 신념과 원칙을 가지고 있습니까?

이상적인 말이 아닌, 겸손함을 바탕으로 감사와 사랑, 존중을 실천하는 신념을 가지고 있습니다. 어떤 상황에서도 내가 먼저 손해를 보고, 양보해야 한다는 원칙을 지킵니다.

2. 어떤 일을 합니까?

경영에 있어서 열정이 식지 않도록 끊임없이 집중하길 노력합니다. 신제품 기획과 디자인 부분에서 개척자 정신으로 가장 용기 있게 앞장섭니다. 회사 구성원 모두가 정신적인 행복과 경제적인 풍요로움을 이룩할 수 있도록 헌신합니다.

지속성장 가능한 천년기업의 비밀

3. 무엇을 가치 있게 생각합니까?

나로 인해 상대방이 행복해지는 것에 가치를 두고 있습니다. 인간은 누구나 행복을 추구하고 갈망합니다. 그 행복을 실현하게 해 주는 것을 가치 있는 것으로 생각합니다.

4. 어떤 사람으로 기억되고 싶습니까?

사회에서는 마음이 따듯하고, 봉사와 기부를 가장 많이 하는 사람으로 기억되고 싶습니다.

회사에서는 명확한 목표와 비전을 제시하고, 일관성을 유지하여 신뢰 있는 탁월한 리더로 기억되고 싶습니다. 무엇보다도 구성원들에게 사랑받는 사람이 되고 싶습니다.

가정에서는 부모님께 효도하고, 아내를 사랑하고, 자녀들에게 존경받는 사람으로 기억되고 싶습니다.

5. 앞으로 무엇을 할 계획입니까?

글로벌 리더가 될 것입니다. 국가 발전에 보탬이 되는 사람이 될 것입니다.

40대~50대에는 치열하고 과감하고 후회 없이 사업을 하고

60대~70에는 전 세계가 주목하며 사회에 선한 영향력을 발휘하는 글로벌 기업가가 되고

80대~90에는 후학을 양성하고 선교, 봉사, 나눔을 실천하는 삶을 살고 싶습니다.

최익성 Daniel
플랜비디자인 대표

개인과 조직이 더 중요한 일을 발견하고, 집중하고, 잘 해낼 수 있도록 돕는 삶을 살기로 하고 회사를 창업했습니다. 철학이 남다른 기업 플랜비디자인이 천년기업이 될 수 있도록 노력하고 있습니다.

1. 어떤 신념과 원칙을 가지고 있습니까?

지키지 않아도 되는 약속은 없다는 것이 삶의 신념입니다. '일은 치열하게 한 치의 양보 없이, 말은 아끼되 옳지 않은 것에 주저하지 않으며, 관계는 더 겸손하게'를 행동의 원칙으로 하고 있습니다.

2. 어떤 일을 합니까?

플랜비디자이너와 플랜비 프렌즈들이 더 자유롭게, 더 현명하게 일할 수 있도록 돕는 일을 하고 있습니다. 더 좋은 사람, 더 좋은 콘텐츠를 찾아서 세상에 알리는 일을 하고 있습니다. 개인적으로 조직에 가짜 리더가 들끓지 않도록 막는 일, 가짜 회의를 진짜 회의로 바꾸는 일, 진짜 팀을 만드는 일을 좋아합니다.

3. 무엇을 가치 있게 생각합니까?

함께 하는 것의 가치를 믿습니다. 집단이 개인보다 현명할 수 있다는 것을 증명하기 위해 노력하고 있습니다.

4. 어떤 사람으로 기억되고 싶습니까?

말과 말, 말과 행동, 행동과 행동의 일관성을 위해 부단히 노력한 사람으로 기억되길 원합니다. 가운데 서 있기 위해 노력한 사람(중립), HRD가 틀리지 않았다는 것을 실제로 증명한 사람이 되고자 합니다.

5. 앞으로의 무엇을 할 계획입니까?

많은 사람이 자신의 가진 능력을 활용하여 더 자유롭게 일하고, 더 많은 공헌을 하여 수익을 창출할 수 있는 사회적 생태계를 조성해 나갈 계획입니다. 40대에는 현명하게 사업을 하고, 50대에는 정직하게 사회에 공헌하고, 60대에는 따뜻하게 후학을 양성하고, 70대에는 여유롭게 인생을 알아가고, 80대에는 한가하게 마음을 돌아보고, 90대에는 삶을 반추하며 『살아 보니…(가제)』라는 책을 한 자 한 자 정성을 다해 쓸 생각입니다.

천년기업가 1기 과정 졸업생들의 감동적인 선언서로 에필로그를 시
작하겠다.

"2018년 3월 우리는 천년기업 만들기 아카데미 1기 과정에 참여하였습니
다. 세상 사람 모두가 '미친놈'이란 말을 할 것입니다. 하지만 천년기업 꿈을
가진 사람 중에 천년기업가가 나올 것이기에 우리는 첫 START를 향해 출
발할 것입니다.

이제 우리는 선언하려고 합니다. 우리는 천년기업가로 성장할 수 있
는 잠재력을 최대한 활용하기 위하여 NYME(New Young Millennium
Entrepreneur) 교육과정 속에서 배우고 통찰한 모든 것을 실천할 것입니다.

우리는 굉장히 높은 목표와 천 년 이상 지속 가능한 기업을 만들기 위한
철학과 시스템, 역량과 실행력을 가지고 구성원들을 한 방향 정렬시켜 문
화로 정착시키는 데 열정을 다 할 것입니다.

우리는 이를 실행하기 위해 자신이 많은 분야의 업무를 실행 방안을 찾기
위해 최선을 다할 것입니다.

이와 같은 실행 약속을 반드시 지켜 위대한 NYME 리더로 성장할 것임을
선언합니다."

– NYME 1기 졸업생 일동

　천년기업가 과정 1기 졸업생들이 이렇게 통찰을 하고 다짐까지 할 것
이라고는 생각조차도 하지 못했다. 참으로 고마운 일이다.

　그런데 사실은 천년기업가 과정을 운영하면서 나 자신 더 많은 배움
과 통찰의 시간을 가졌다. "천년기업이란 무엇인가? 어떤 기업이 천년
기업이 될 수 있는가? 인간의 근본은 무엇인가? 인간은 어떻게 동기부
여 되고 보람을 느끼는가? 어떻게 하면 인간의 마음을 얻을 수 있을
까? 천년기업가가 되면 무엇이 달라질까?" 이런 질문을 자신에게는 물
론 만나는 사람들에게 끊임없이 해 댔다.

　이런 과정을 통해 많은 통찰을 하게 됐다. 만권의 책을 읽겠다는 불
가능한 목표를 설정한 후 자투리 시간도 활용해서 책도 읽었다. 이런
과정을 통해 천년기업 리더십에 대한 지식이 조금씩 쌓여갔다. 1기 졸
업생과 1년 과정을 함께 하면서 이들에게 많은 도움도 받았다. 이제는
2기가 출범하여 새로운 통찰의 시간을 갖게 될 것으로 생각한다.

　이 책에 대해 추천서를 써 주신 윤정구 박사는 "책을 읽어보면 천년
기업은 실제적 의미보다는 은유적 의미가 담겨 있다. 한 마디로 시간을
초월해서 작동하는 기업의 원리가 있다면 어떤 원리일까를 규명한 책
이다. 천년 기업이 되었다는 것은 어떤 원리가 시간의 검증을 통과했다

는 뜻이다.

저자는 자신이 체득한 경영의 노하우와 코치로서의 경영자들과의 대화, 천년기업 리더십 과정을 운영하면서 성찰한 모든 지식을 원리로 단순화해서 이 책에 녹였다. 인생을 살아가면서 많은 고난을 극복해 얻은 체득한 값진 지혜들을 이 책 한 권을 통해서 습득할 수 있다는 사실이 놀랍다."라고 했다.

윤은기 회장은 추천사에서 "지금 대한민국 경제가 어렵다고 아우성이다. 경제뿐만 아니라 사회적으로도 대변혁과 그에 따른 불확실성으로 불안감이 퍼지고 있다. 사실 이럴 때가 통찰력과 지혜, 그리고 도전정신이 필요하다. 저자는 바로 이 문제를 지적하고 있다. 지금 새롭게 도전해서 천년기업의 씨앗을 뿌리자는 것이다. 참으로 시의적절한 제안이다. 코칭의 소중함도 새삼 일깨워주고 있다. 담대한 꿈을 실행하는 것은 자신의 역량만으로는 불가능하다. 지혜로운 코치가 필요한 것이다."고 했다. 참으로 고마운 분들이다.

천년기업가 과정 1기에 이어 2기가 2019년 3월 4일 10명으로 출범하였다. 1기 졸업생 중에 천년기업가 과정 교수도 탄생하였다. 천년기업은 한두 세대에 완성되는 것이 아니라 몇백 세대를 이어가야 가능하다. 매년 1기씩 탄생한다면 1,000기가 졸업해야 천년기업 1세대가 완성된다.

지속성장 가능한 천년기업의 비밀

　이 책은 완성된 것이 아니다. 탈무드처럼 이 과정에 참여한 사람들이 계속 보완하고 새로운 것을 추가하면서 만들어질 것이다. 그런 점에서 이 책은 시발점이라고 할 수 있다. 이 과정이 진행되면 진행될수록 자료가 늘어날 것이다. 이를 요약하여 알기 쉽고 간단하게 정리하는 것도 필요할 것이다.

　이 책을 쓰면서 가끔 이런 생각을 한다. 내가 만약 빌 게이츠나 손정의 회장 또는 이나모리 가즈오 회장처럼 성공한 기업인으로 천년기업가 과정을 운영하면서 이 책을 썼으면 얼마나 좋을까? 그렇게 되면 상당히 많은 천년기업가가 우리나라에서도 나오지 않을까? 지금처럼 어려운 시기에 나라 발전에도 기여하지 않을까? 하는 아쉬움이 든다. 하지만 그렇게 되면 내 욕심 때문에 천년기업리더십 과정 운영에 대해 생각조차 하지 못했을 거라는 생각도 든다. 모든 걸 고맙게 생각해야지! 일본의 하급 무사 '료마'가 그랬듯이 "내가 꿈꾸는 천년기업가를 양성하면 그들 중 누군가 천년기업을 만들 거야! 나는 단지 내가 할 수 있는 데까지만 최선을 다하면 되는 거야!" 이렇게 생각하니 마음이 편해진다. 용기도 더 생긴다. 감사한 일이다.

　세상에 없던 이 책이 많이 팔린다는 보장은 없다. 그런 상황에서도 흔쾌히 출판을 허락해 주신 지식공감 김재홍 대표에게 무엇보다 많이

감사드린다. 교정교열을 맡아준 김진섭님과 이근택 디자이너님에게도 감사를 드린다. 고마운 분이다. 이 책의 교정을 위해 애써준 2기생들에게도 감사함을 전한다. 추천서를 써 주신 윤정구 박사와 윤은기 회장께도 감사드린다. 이외에 많은 도움을 준 사람들에게도 감사드린다.

　1기 과정에 참여하면서 작성한 것과 자기 생각을 정리해서 제공해 준 졸업생에게도 감사드린다. 천년기업리더십이 발휘되어 지금까지 없었던 천년기업이 대한민국에서도 많이 나오길 고대한다. 그런 점에서 이 책이 조금이나마 도움이 될 것으로 믿는다.

2019년 6월

대표저자 **류호택**

부록

HTQ-Line 코칭 질문과 만다라트 질문

천년기업가가 되려면?

	어떤 상황?			그것이 중요한 이유나 의미는?			바람직한 상태는?	
			어떤 상황?	그것이 중요한 이유나 의미는?	바람직한 상태는?			
	매일 할 것은?		매일 할 것은?	천년기업 리더	내가 해결할 것은?		내가 해결할 것은?	
			새로운 시도는?	버릴 것은?	도움 받을 것은?			
	새로운 시도는?			버릴 것은?			도움 받을 것은?	

천년기업 철학

			경영철학	핵심가치	비전			
			사회공헌	천년기업 철학	인사철학			
			회계철학	영업철학	제품철학			

천년기업 시스템

			후계자 육성	인사	회계			
			마케팅	천년기업 시스템	영업			
			서비스	품질	생산			

천년기업리더 개인 실행

			몸	마음	영혼			
			하루 생활	천년 기업 리더개인 실행	독서			
			인간관계	사회 공헌	경영자문			

사례

■ 「박성희 사례」

천년기업 리더가 되려면?

조직정비 중	매출 상승 미비	수익률 낮음	직원이 만족하는 즐거운 기업	내가 없어도 지속가능한 기업	직원임금 인상	일을 맡길 수 있는 핵심역량, 책임자가 있음	내가 아니어도 조직이 살아 움직인다.	지속적 매출상승
솔루션 개발	어떤 상황?	신규영업 미비	경제적 자유 & 궁극의 휴식	그것이 중요한 이유나 의미는?	새로운 시도,도전, 성취, 호기심 현실화	직원들이 업무에 만족하고 성장함	바람직한 상태는?	임대업으로 월 임대료 수익 창출
정부지원금 신청	비지니스 네트워크 확장	신사업개발	사회공헌이 가능	나의 욕구	재미, 신난다.	좋은 회사 다닌다는 직원	수익으로 사회기여	수익 직원공유
신사업 관련 정보, 자료 수집	현재와 미래의 고객관리	마음관리	어떤 상황?	그것이 중요한 이유나 의미는?	바람직한 상태는?	새로운 시장 정보파악	중간리더십 양성	재원마련
3줄 희망쓰기	매일 할 것은?	오늘/내일의 할일 점검하기	매일 할 것은?	천년기업 리더	내가 해결할 것은?	좀 더 완벽하려는 노력	내가 해결할 것은?	역량에 맞는 적합한 업무배치
몸관리(영양제, 운동)	경영, 트랜드 관련 독서, 자료검색	새로운 것에 대한 아이디어 구상	새로운 시도는?	버릴 것은?	도움 받을 것은?	시간관리	시스템이 일하게 하라	영업능력 보완
정부연구 개발지원받기	고용노동부 지원받기	투자/벤처캐피탈 정보수집	약한 체력	게으름	안전추구	마켓팅, IT 역량	정부지원금 신청 도와줄 사람	심리상담 네트워크 확장
SNS 활동	새로운 시도는?	요가나 자건거 타기	시간죽이는 일들	버릴 것은?	불안 & 압박감	직원들의 관심과 열정, 협업	도움 받을 것은?	주주와 협의
새롭게 시도할 일 아이디어짜기	재충전을 위한 리프레쉬	잠재고객에게 뉴스레터 보내기	의심 & 회의	닥치는 대로 일하기	지나친 유연성	심리상담 & 경영 멘토	BNI, 중기융합회, 형경, 동창 등을 통한 상호지원	신사업

천년기업 철학

새로운 것 시도	고객이 만족하는 기업	경영책에 나오지 않는 철학이 필요	고객,직원, 회사가 같이 행복	세상의 모든 마음에 치유와 성장을 빛을!	협업	호기심의 현실화	도전정신	나의 꿈이 현실이 되리라
시스템에서 미래를 열자	경영철학	세상 사람들에게 도움이 되는 기업	사람들과 사회에 도움을 주고 보람을 느끼는 업	핵심가치	고객만족	긍정성 & 낙천성	마인드	웃으며 일하자
	직원이 성장/ 행복한 기업	자율성 존중	백년이 지나도 유지되는 전문아이템	도전	자발적 자율적	발을 땅에 내딛고	미래의 가능성 추구	안되면 되게 하자
일주일에 한번 직원과 밥먹기	집중해서 일하기	밝게 인사하며 출근하기	경영철학	핵심가치	마인드	오해하지 말고 질문한다	한가지씩 업무처리	직원 생일 챙기기
신문이나 자료보며 트랜드 파악	매일 행동	현실에 쫓기지 말고 현실을 이끌자	매일행동	천년기업 철학	행동	경영에 대한 고민을 정리해보기	행동	직원들이 생각하고 결정하도록
하루 한번 직원칭찬	책상정리 정돈 (퇴근 10분전)	순간순간 알아차림	사회공헌	조직운영	태도	CEO와 경험교류	조찬모임 참석으로 배우고 관계형성	빠른 실행
지역 아동청소년 지원	청년상담 지원	사회활동가 상담	모범적 업무사례 포상	핵심인재 세우기	쉴땐 쉬고 일할땐 일하고	솔선수범	직원에 대한 신뢰	노력하고 있나요
활동단체 기부금	사회 공헌	사회활동가 모임 참석	소풍으로 분위기 환기	조직 운영	1+1=100이 되는 팀웍	배우는 자세	태도	열려있지만 때로는 단호한
단체와의 교류	단체지원사업	사회단체와의 협업	시간만 질질 끌지말고	효율적으로 일하기	내가 한번 해보겠습니다.	창의적인 도전	관점의 전환	잘나면 잘난척 안해도 돼

천년기업 시스템

직책 및 업무 단계별 역량강화	격려	조직내에서 인정받을 수 있는 사람	일을 즐겁게 할 수 있는 사람 선발	적재적소	조직문화와 합치되는 직원선발	지출내역 규정 세분화	효율적 관리	나부터 회계공부
선발필요	후계자	적절한 역할	소통이 되는 사람 선발	인사	승진심사 위원회	일주일 2-3회 체크하기	회계	도덕성
미래의 자신의 모습 그려주기	믿어주기	성장에 도움주기	중간리더십 양성	역량과 실적에 따른 성과배분	인사업무 전문가 지원필요	시스템 정비	세무법인 일상소통	재무재표 관리
네이버 검색 키워드	외부 전문가 자문	담당자 채용	후계자	인사	회계	고객 데이타베이스 구축	고객에게 정기적 연락	블로그 영업
광고를 하고 받고	마케팅	책내기	마케팅	천년기업 시스템	영업	SNS 관리	영업	정기적 뉴스레터
고객친화적 커뮤니케이션	소셜마케팅	온라인 홍보	A/S	품질	생산	충성고객 만들기	정부싸이트 지속확인	제안서 up-grade
친철하게 전화받기	고객의 니즈반영	외부협업으로 line-up	만족도 높은 교육실시	역량있는 상담사망 구축	고객요청 바로 응대	교육프로그램 업그레이드	교육강사풀 강화	상담새로운 서비스라인 개발
고객과 약속지키기	A/S	고객맞춤형	기존상품 업그레이드	품질	새로운 상품개발	상담사망 확대	생산	전국 네트워크망 구축
빠른 대처		불만을 서비스로 전환	검사보고서 양식 재정비	상담만족도	솔루션으로 업무효율화	시스템화	신상품 개발	신사업관련 전문가 확보

천년기업 리더가 되려면?

천년 기업가가 되기 위한 준비가 되어 있는가? 아니다	천년 기업은 어떤 기업인가? 잘모름	천년 기업가가 되기 위해 무엇이 필요한가? 잘모름	천년 기업가 마인드가 필요	지속 성장하는 기업으로 만들어야 함	천년 기업가에게 무엇이 필요한지 알아야 준비할 수 있음	천년 기업가가 되기 위해 필요한 것에 대한 이해	기업가 정신 고취	천년기업/ 기업가가 무엇인지 알기
천년 기업가에게 어떤 철학이 필요한가? 경영철학?	어떤 상황?	천년 기업의 기업문화란 어떤 것일까? 잘모름		그것이 중요한 이유나 의미는?		천년 기업 철학에 대한 이해와 방향성 수립	바람직한 상태는?	기업문화에 대한 이해와 어떻게 만들어가야 하는지에 대한 마음 준비
천년 기업 꿈꾸기	천년 기업가 계획 단계					HR 시스템 알기		경영시스템 이해
핵심가치가 무엇인지 매일 적는다	경영철학이란 무엇인가?에 대한 고민	천년 기업의 미션은 무엇인가?에 대한 고민	어떤 상황?	그것이 중요한 이유나 의미는?	바람직한 상태는 ?	천년 기업가/ 천년 기업의 의미 다지기	천년 기업가로서 갖춰야 할 것 준비하기	미션, 핵심가치, 비전의 의미 알기
천년 기업에는 어떤 시스템이 있어야 할까에 대한 고민	매일 할 것은?	실행할 것	매일 할 것은?	**천년기업 리더**	내가 해결할 것은?		내가 해결할 것은?	
			새로운 시도는?	버릴 것은?	도움 받을 것은?			
경영에 대한 공부	성공사례에 대한 공부	실패사례에 대한 공부	현재 알고 있는 것들	성공/실패에 대한 두려움	익숙한 것들에 대한 이별	미션, 핵심가치, 비전 수립하기	기업 문화 정착	경영 자문
	새로운 시도는?		선입견	버릴 것은?	기존 운영방식	코칭 질문하기	도움 받을 것은?	목표를 향해 바르게 가고 있는지에 대한 피드백

천년기업 리더십 실행

몸의 반응에 귀기울이기	적절한 휴식	비타민과 유산균 먹기	알아차림	감사일기	위로를 주는 서점가기	아침에 번뜩이는 지혜챙기기	지혜의 신에 따르기	영감을 주는 좋은 그림
때때로 주말 낮잠	몸	먹고 싶은 거 먹기	마음챙김	마음	유튜브 좋은 영상	잠자기전 희망일기	영혼	동시성
아침 가벼운 스트레칭	계절따라 적절한 운동	요가	가족과의 대화	지인과의 마음나눔	가끔 바람쐬기	계절의 변화느끼기	자연의 감동 자주 느끼기	내면의 소리 귀기울이기
일상업무 (결재, 회의)	바빠도 신문 보기	잠자기전 내일의 할일 점검하기	몸	마음	영혼	선배경영자의 사례	경제신문읽기	경영관련 읽기
직원들의 업무협의 논의	하루 생활	밝게 인사	하루생활	천년 기업 리더십 실행	독서	문제해결, 미래구상 관련 책	독서	전자서점 이용
일상적 정보수집	아침 to-do list	업무 관련 정보파악	인간관계	사회공헌	경영자문	읽은 책 잘 정리해두기	정리해둔 자료를 모아서 sns	모아둔 자료를 책으로
가족과 즐거운 시간	만난 사람에게 감사문자 하기	BNI 협업	금천구 네트워크 참석	금천구 공헌사업	치유센터 정비	이사회 협의	외부 경영전문가 협조	세무사 등 맥 도움
직원들과 적절한 거리를 두고 편하고도 긴장되는	인간관계	대학동기	통통 네트워크결합	사회 공헌	k단체지원	직원협의	경영자문	친구, 동창자문
나를 도와줄 사람	행정과 정보교류 친분	중기청 서디모 기업방문	사회활동가 교육/상담	업 자체가 사회공헌	k단체협업	내가 가진 네트워크	멘토가 생김	

천년기업 시스템

핵심인재 육성 프로그램 개발/운영	후계자 후보군 관리체계 운영	구성원에 좋은 영향력을 미치는 사람	최고 보다는 최선 선택 (충성도 높은 인재 관리)	인간미 넘치는 HR 시스템 가동	적재적소 배치	투명한 회계시스템 운영	모든 것 공유	편리한 접근
나이, 성별 불문	후계자 육성	존경받는 사람	소통이 잘되는 사람	인사	리더십 교육		회계	
			New HRD					
네트워크 구성과 활용	트렌드 주도하기	SNS 활용	후계자 육성	인사	회계	고속 PDCA	민첩한 조직	신속한 의사결정
고객이 마케팅하게	마케팅		마케팅	천년기업 시스템	영업	고객이 영업하게	영업	만남 만들기
			서비스	품질	생산			
맞춤 서비스	만족도 조사	빠른 대응	믿음	품질은 타협의 대상이 아니다	최고 지향	불량율 제로	원가 절감	적기 투자
제품으로 행복주기	서비스		신뢰	품질	정직		생산	

천년기업 리더십 실행

운동	건강한 음식	잠 잘자기	천년기업가 정신	누구나 질문할 수 있다	긍정 마인드	믿음	신뢰	생각 정리
간헐적 단식	몸	자연과 친하기	기도	마음	명상	바른 생각	영혼	언행일치
소식	회복력	스트레칭	내면과의 대화	잠시 멈춤	양보	헌신	무소유	지행합일
매일 미션, 비전을 쓴다	삼일마다 작심삼일	일정 리뷰	몸	마음	영혼	독서노트 쓰기	자기 개발서	경영, 조직 관리 부문 책읽기
명상	하루 생활	좋은 글 읽기	하루 생활	천년 기업 리더십 실행	독서	리더십	독서	매일 책읽기
소중한 것 먼저하기	폐기	생각하는 시간 가지기	인간관계	사회 공헌	경영자문	인문/역사 등 다른 분야 책읽기	세무/회계	시간관리
도움을 주는 사람되기	네트워크 만들기	신뢰 관계	지역 발전에 기여	지역에 필요한 기업되기	정기적인 봉사활동	코칭 받기	바르게 가고 있는지 피드백 받기	롤모델
나를 도와줄 사람 만들기	인간관계	화목한 가정 만들기		사회 공헌			경영자문	

NYME 아카데미의
로고 및 상징물

NYME Academy
(New Young Millennium Entrepreneur Academy)

로고

상징물 – (왼쪽)메타세쿼이아, (오른쪽)앨버트로스

참고 문헌

- IGM 세계경영연구원 저/세상 모든 CEO가 묻고 싶은 질문/위즈덤하우스/2012
- KCERN 저/4차 산업혁명의 일자리 진화/디투스튜디오/2017
- 강일수 저/이기는 사장은 무엇이 다른가?/비즈니스맵/2016
- 게랄트 휘터 저/이상희 역/우리는 무엇이 될 수 있는가/추수밭/2012
- 공병호 저/공병호의 변화경영/21세기북스/2011
- 권경민 저/마케팅 천재가 된 홍 대리/다산라이프/2013
- 권오현 저/ /김상근 정리/초격차/쌤앤파커스/2018
- 김경복 저/겸손의 리더십/랜덤하우스코리아/2005
- 김경준 저/사장이라면 어떻게 일해야 하는가/원앤원북스/2015
- 김경훈 저/비즈니스의 99%는 예측이다/리더스북/2012
- 김남인 저/태도의 차이/어크로스/2013
- 김민주/300 : 29 : 1 하인리히 법칙/미래의창/2014
- 김형수 저/선견술/시학사/2015
- 닐 도시 린지 맥그리거/유준희,신솔잎 공역/무엇이 성과를 이끄는가?/생각지도/2016
- 대니얼 코일 저 /윤미나 역/ 탤런트 코드/웅진지식하우스/2015
- 데이비드 버스 저/이충호 역/최재천 감수/진화 심리학/웅진씽크빅/2014
- 데이비드 버커스 저/경영의 이동/한국경제신문사(한경비피) /2016
- 데이비드 알레드/이은경 역/포텐셜/ 비즈니스북스/2017

- 도널드 설 저/안진환 역/기업혁신의 법칙/웅진지식하우스/2003
- 래리 킹 저/대화의 신/위즈덤하우스/2015
- 랜디 스트리트 외/이주만 역/사장의 질문/부키/2016
- 레이 달리오/고영태 역/원칙/한빛비즈/2018
- 로리 바시외 3명 저/굿 컴퍼니/틔움출판/2014
- 로버트 그린 저/안진환,이수경 역/권력의 법칙/웅진지식하우스/2014
- 로버트 그린 저 /안진환,이수경 역/전쟁의 기술/웅진지식하우스/2007
- 로버트 하그로브/마스터풀 코칭/김신배외 공역/쌤앤파커스 / 2016
- 로자베스 모스캔터저/ 경영이란 무엇인가?/한빛비즈/2015
- 류량도 저/일을 했으면 성과를 내라/쌤앤파커스/2016
- 류호택 저/상사와 소통은 성공의 열쇠/지식공감/2017
- 류호택/코칭전문가의 영성 연구/박사학위 논문/2014
- 리드 호프만,벤 케스노차 저/차백만역/어떻게 나를 최고로 만드는가?/알에이치 코리아/ 2013
- 린다 로텐버그 저/주선영 역/미쳤다는 칭찬이다/한국경제신문사/2016
- 마스시타 고노스케 저/사업은 사람이 전부다/중앙경제평론사/2015
- 마이클 레빈 저/김민주,이영숙 역/깨진 유리창 법칙/흐름출판/2019
- 마틴 셀리그만 저/마틴 셀리그만의 긍정심리학/물푸레/2014
- 메건 맥아들 저/신용우 역/실패의 사회학/처음북스/2014
- 모리야 히로시/사장은 혼자 울지 않는다/유노북스/2017
- 모리타 나오유키 저/김진연 역/아메바 경영 매뉴얼 /예문/2015
- 미셀 부커 저/이주만 역 /회색 코뿔소가 온다/비즈니스북스/2016
- 미야모토 무사시 저/ 박화 역/ 오륜서/원앤원북스/2017
- 미야모토 무사시 저/안수경 역/오륜서/사과나무 / 2012
- 미키 다케노부 저/김정환 역/초고속성장의 조건 PDCA/청림출판/2018
- 박상욱 외/ 리더의 조건/북하우스/2013
- 박영준 저/혁신가의 질문/북샵일공칠/2017
- 브라이언 트레이시 저/황선영 역/위대한 협상의 달인/시드페이퍼/2014

- 사마광 저/권중달 역/자치통감/삼화/2009
- 셸리 케이건 저/박세연 역/죽음이란 무엇인가?/ 엘도라도/2012
- 서광원 저/사장으로 산다는 것/흐름출판/2012
- 서광원 저/사장의 자격/걷는나무/2016
- 세실리 사머스 저/이영구외공역/미래학자처럼 생각하라/골든어페어/2017
- 수전 M 오실로,리자베스 로머 저/한소영역/불안을 치유하는 마음챙김 명상법/
  소울메이트/2014
- 수전 파울러 저/최고의 리더는 사람에 집중한다/가나출판사/ 2015
- 스티븐 코틀러, 피터 디아만디스 저/이지연 역/볼드/비즈니스북스/ 2016
- 시바 료타로 저/ 료마가 간다/동서문화사/2011
- 신동준 저/ 남다르게 결단하라- 한비자처럼/미다스북스/2015
- 신동준 저/ 리더라면 한비자처럼, 참모라면 마키아밸리처럼/위즈덤하우스/2015
- 신동준/리더의 비전/미다스북스(리틀미다스)/2017
- 신시아 A. 몽고메리/이현주 역/당신은 전략가입니까/리더스북/2014
- 신인철 저/ 팔로워십 리더를 만드는 힘 /한스미디어/2012
- 신현만 저/ 보스가 된다는 것 /21세기북스/2013
- 신현만 저/사장의 생각/21세기북스/2015
- 싱커스50 /이윤진 역/사장은 어떻게 일해야 하는가/앳워크/2018
- 아루트수 쇼팬하우어 저/권기대 역 /이기는 대화법/베가북스/2016
- 안상헌 저/이건희의 서재/책비출판/2011
- 알랜 랭어 저/마음 챙김/이양원 역/더퀘스트/2015
- 알랭 드 보통 외 공저/전병근 역/사피엔스의 미래/모던아카이브/2019
- 알프레드 아들러 저/ 박미정 역/인생에 지지안을 용기/와이즈베리/2014
- 앤드류 머리 저/원광연 역/겸손/CH북스(크리스천다이제스트)/2018
- 앤젤라 더크워스 저 /김미정 역/그릿/비즈니스북스/2019
- 앨런 파머 저/문지혜 역/정중하지만 직설적으로/처음북스/2016
- 에드워드 기번 저/조성숙,김지현 역/로마제국 쇠망사/민음사/2010
- 에이미 휘태커 저/정지현 역/아트씽킹/예문아카이브/2017

- 와다 가즈오 저/실패의교훈/현대미디어/2012
- 와타나베 아이코 저/정윤아 역/세계의 엘리트는 왜 명상을 하는가?/반니라이프/2017
- 요시 세피 저/유종기손경숙 공역/무엇이 최고의 기업을 만드는가?/프리이코노미북스/2016
- 우종민 저/우종민 교수의 심리경영/해냄/2013
- 웨인 다이어 저/서양이 동양에게 길을 묻다/나무생각/2014
- 윌리암 코헨/이수형 역/드러커의 마케팅 인사이트/중앙경제평론사/2015
- 윌리엄 코헨 저 /이수형 역/마케팅 인사이트/중앙경제평론사 /2015
- 유발 하라리 저/조현욱 역/사피엔스//김영사//2015
- 윤경훈 저/잘 되는 회사는 실패에서 배운다/ 원앤원북스/2013
- 윤정구 저/ 100년 기업의 변화경영/지식노마드/2010
- 윤정구 저/진성리더십/라온북스/2015
- 윤정구 저/황금수도꼭지/쌤앤파커스/2019
- 이기화 저/스트레스 파워/라온북/2014
- 이나모리 가즈오 저/김욱송 역/회계경영/다산북스/ 2010
- 이나모리 가즈오 저/김지영 역/왜 사업하는가/다산북스/2017
- 이나모리 가즈오 저/노경아 역/인생을 바라보는 안목/쌤앤파커스/2017
- 이나모리 가즈오 저/불패 경영의 원칙/황금지식/2015
- 이나모리 가즈오 저/양준호 역/생각의 힘/한국경제신문사/2018
- 이나모리 가즈오 저/양준호 역/생각의 힘/한국경제신문사/2018
- 이나모리 가즈오 저/양준호 역/일심일언/한국경제신문사/2013
- 이나모리 가즈오저 /노경아 역/인생을 바라보는 안목/쌤앤파커스/2017
- 이마모리 가즈오 저 /양준호 역/아메바 경영/한국경제신문사/2017
- 이민규 저/실행이 답이다/더난출판/2014
- 이서정 저/ 이기는 대화/머니플러스/2013
- 이우람 저/우리 회사가 망하는 이유/u-paper(유페이퍼)/2016
- 이재규 저/ 피터 F. 드러커와 지식 통섭

- 이정훈 저/ 성과를 내는 1%의 비밀/리더북스/2011
- 이종훈 저/사내 정치의 기술/정치경영컨설팅/2018
- 이타가키 에이켄 저/김정환 역/손정의 제곱법칙/한국경제신문사/2015
- 임홍택 저/90년생이 온다/웨일북/2018
- 자오위핑 저/박찬철 역/능굴능신의 귀재 유비/위즈덤하우스/2015
- 자오위핑 저/ 박찬철 역/승부사 제갈량/위즈덤하우스/2012
- 자오위핑 저/ 박찬철 역/승부사 조조/위즈덤하우스/2014
- 자오위핑 저/박찬철 역/자기 통제의 승부사 사마의/위즈덤하우스/2013
- 장현갑 저/명상에 답이 있다/담앤북스/2018
- 전무송 외 저/삼십육계/반디출판사/2010
- 정용민 저/기업 위기 시스템으로 이겨라/프리뷰/2013
- 제프 스마트, 랜디 스트리트 저/전미영 역/누구를 어떻게 뽑을 것인가?/부키/2012
- 제프 스마트, 랜디 스트리트, 앨런 포스터 공저/이주만 역/사장의 질문/ 2016
- 제프리 크레임스 저/장진원 역/드러커의 마지막 인터뷰/틔움출판/2018
- 조 지라드 저/대화의 기술/경영자료사/2015
- 조미옥 저/성공하는 기업의 DNA/넥서스BIZ/2015
- 조선경 저/ 위대한 CEO가 우리에게 남긴 말들/위즈덤하우스/2013
- 조셉 머피 저 /김미옥 역/ 잠재의식의 힘/미래지식/2017
- 조지프 A 마시아리멜로 저/ 신민석 역/당신은 어떤 리더입니까?/한국경제신문사/ 2015
- 존 더글라스/최유리 역/신뢰가 실력이다/함께/2014
- 존 레이티,에릭 헤이거먼 저/운동화 신은 뇌/녹색지팡이/2009
- 존 맥스웰 / 김홍식 역/태도, 인생의 가치를 바꾸다/꿈꾸는별/2014
- 존 엘킹턴,요헨 자이츠 저/김동규 역/21세기 기업가 정신/마일스톤//2016
- 존 카밧진 저/존 카밧진의 처음 만나는 마음챙김 명상/불광출판사/ 2015
- 존 코터 저//한정곤 역/기업이 원하는 변화의 리더//김영사/2007
- 진무송 저/김찬연 역 /삼십육계/ 반디출판사/2010

- 짐 콜린스 저/좋은 기업을 넘어 위대한 기업으로/김영사/2002
- 짐 콜린스, 제리 포라스/성공하는 기업들의 8가지 습관/김영사/2002
- 차드 멍탄 저/권오열 역/ 너의 내면을 검색하라/알키/2012
- 찰스 두히그 저/강주헌 역/습관의 힘/갤리온/2012
- 채사장 저/지적 대화를 위한 넓고 얕은 지식/한빛비즈/2014
- 최송목 저/사장의 세계에 오신 것을 환영합니다/유노북스/2017
- 최진석 저/생각의 힘, 노자 인문학/위즈덤하우스/2015
- 최진석 저/탁월한 사유의 시선/21세기북스/2018
- 최철규 저/ 협상의 신/한경비피/2015
- 케빈켈러 저/이한음 역/인에비터블 미래의 정체/청림출판/2017
- 켄블렌차드/켄블렌차드의 리더의 심장/빅북/2011
- 켈리 맥코니컬 저 /신예경 역/스트레스의 힘/21세기북스/2015
- 쿠모니카 저/ 사장 수업/M&K/2012
- 클라우드 M 브리스 / 이학수 역/신념의 마력/아름다운사회/2004
- 클라우디오 페르난테즈 아라오즈 저/ 어떻게 최고의 인재를 얻는가?/ 2015
- 토잔 토마스 저 /서유라 역/태도의 품격/다산북스/2018
- 톰 피터스 저/최은수,황미리 역/The Little Big Things/더난출판사/ 2010
- 패트리셔 애버딘 저/윤여중역/메가트렌드/청림출판/2010
- 패트릭 렌치오니 저/홍기대, 박서영 역/무엇이 조직을 움직이는가?/전략시
  티/2015
- 패티 맥코드 저/허란,추가영 역/파워풀/한국경제신문사/2018
- 프 스마트,랜디 스트리트,앨런 포스터 공저/이주만 역/사장의 질문/부키/2016
- 피터 F. 드러커 외 2명 저/피터 F. 드러커의 최고의 질문/다산북스/2017
- 피터 F. 드러커 저/전미옥,권영설 공역/위대한 혁신/한경비피/2014
- 피터 F. 드러커 저/리더의 도전/한국경제신문사(한경비피)/2014
- 피터 F. 드러커 저/ 박종훈,이왈수 공역/혼란기의 경영/한경비피/2013
- 피터 F. 드러커 저/기업가 정신/한국경제신문사(한경비피)/2004
- 피터 F. 드러커 저/남상진 역/매니지먼트/ 청림출판/2007

- 피터 F. 드러커 저/박종훈, 이왈수 역/혼란기의 경영/한경비피/2013
- 피터 F. 드러커 저/전미옥,권영설 공역/위대한 혁신/한경비피/2006
- 피터 F. 드러커 저/피터 드러커 리더의 도전/한경비피/2014
- 피터 F. 드러커 외저/피터 드러커의 최고의 질문/다산북스/2017
- 피터 피스크 저/게임 체인저/인사이트앤뷰/2016
- 필립 코틀러 저/방영호 역/필립 코틀러의 마케팅 모험/다산북스/2015
- 필립 코틀러 저/허병민 편/최고의 석학들은 어떤 질문을 할까?/웅진지식하우스/2014
- 한근태 저/중년 예찬/미래의창/2012
- 허달 저/천년기업 만들기/비움과소통/2013
- 호아킴 데 포사다, 레이먼드 조 저/전지은 글/바보빅터/한경비피/2012
- 홈름 프레베 저/배명자 역/당신이 원하는 기회는 아직 오지 않았다/비즈니스북스/2014
- 훗포 마사토,쿠보 순스케 공저/김진연 역/인이관지/예문/2015
- 황농문/몰입 Think hard!/알에이치코리아/2007
- 후쿠시마 분지로 저/사장같은 사원 만들기/동양북스(동양books)/2011

지속성장 가능한 천년기업의 비밀